평생교육경영론

Management in
Lifelong Education

평생교육경영론

안병환 · 가영희 · 임성우 · 조현구 공저

동 문 사

현대사회는 첨단과학기술 및 정보통신기술의 급격한 발달로 인해 전 세계의 정보화가 가속화되고 있다. 이를 기반으로 세계는 지구촌화되어 가고 있으며, 이는 다시 개인, 기업, 국가의 생존 및 번영 양상을 전면적으로 변화시키고 있다. 이러한 급속한 경영환경의 변화에 대응하고 경쟁우위를 확보하기 위해 기업들은 경영혁신을 가속화하고 있으며, 경영적 측면을 중요하게 부각시키고 있다.

이러한 환경의 변화는 교육에도 영향을 미치게 되었다. 즉, 급변하는 사회에 적응하고 나아가 보다 높은 삶의 질을 향상시키기 위해서는 교육이 기존의 정규 학교교육만으로 끝나는 것이 아니라 평생을 통해서 끊임없이 이루어지는 평생교육이 대단히 중요한 위치를 차지하게 되었다.

우리나라에서도 평생교육에 대한 관심이 높아졌고 평생교육 관련기관의 수도 많아지면서, 평생교육현장에서 경영자나 지도자의 역할과 자질이 중요하게 부각되고 있다. 이런 자질을 갖춘 평생교육경영자나 지도자를 양성하기 위하여 각 대학이나 기관에서는 다양한 평생교육프로그램이나 평생교육사 자격과정을 운영하고 있다.

평생교육경영은 평생교육기관을 지속·가능하게 창의적으로 발전시켜 나갈 수 있는 기관경영을 통하여, 조직운영의 원리와 이론, 모형과 기법, 의사소통과 의사결정, 경영전략과 마케팅 등을 연구한다. 평생교육경영의 기본적인 업무는 프로그램개발, 재무관리, 인사관리, 마케팅 등을 들 수 있다.

이 책은 평생교육사 자격과정의 강의교재로 활용할 수 있도록 그동안 평생교육경영학 분야에서 다루었던 내용들과 기존의 교재들 그리고 평생교육 관련 선행연구 등을 참고하였다.

머리말

이 책은 총 12장으로 구성되었다. 제1장에서는 평생교육경영의 이해, 2장에서는 평생교육 관련 법규, 3장에서는 평생교육지원체제, 4장에서는 평생교육경영의 조직, 5장에서는 평생교육기관론, 6장에서는 평생교육기관 경영자론, 7장에서는 평생교육기관 의사소통, 8장에서는 평생교육기관 의사결정, 9장에서는 평생교육기관 지도자, 10장에서는 평생교육기관 조직관리론, 11장에서는 평생교육기관 경영전략 그리고 12장에서는 평생교육기관 홍보 등의 내용으로 구성하였다.

이 책에서는 꼭 다루어야 할 핵심이론들을 중심으로 학습자들이 이해하기 쉽도록 저술하고자 노력했기 때문에 평생학습이나 평생교육사 자격을 취득하고자 하는 학습자들이나 교육 일선에서 학생들을 가르치고 있는 교수자들 그리고 평생교육기관의 경영자나 지도자에게도 참고문헌이 될 수 있으리라고 기대된다.

끝으로 이 책을 출판하는데 수고해주신 동문사 이중수 사장님과 직원 모든 분들께 감사의 마음을 전하고 싶다.

2018년 2월

저자 일동

차 례

CHAPTER 01

평생교육경영의 이해

1. 평생교육경영의 개념
2. 평생교육경영의 하위요소
3. 평생교육경영의 필요성
4. 평생교육경영의 원리

1 평생교육경영의 개념

평생교육경영이란 평생교육기관을 효율적으로 운영할 수 있도록 기관의 외형적·내재적 특색, 구조적 측면, 경제적 측면 등을 연구하는 것으로 정의할 수 있다. 평생교육경영의 개념은 평생교육기관이 '경영'에 강조점을 두는 경우와 '평생교육원리'를 조직경영에 적용하는 경우, 두 가지 차원에서 정리할 수 있다. 첫째, 평생교육기관의 경영에 강조점을 두는 경우는 단위 평생교육기관이나 조직이 평생교육기관으로서의 목적달성을 위해 기관의 인적·물적·재정적 자원을 효율적으로 활용하는 과정을 의미하며, 둘째, 평생교육 원리를 조직경영에 적용하는 경우에 중점을 두는 경우는 모든 조직의 경영에 있어 평생학습, 자아실현, 조직학습 등의 평생교육 원리에 입각한 경영을 의미한다.

급속한 경영환경의 변화에 대응하고 경쟁우위를 확보하기 위해 기업들은 보다 경영적인 측면을 중요하게 여기고 있으며, 평생교육경영에 있어서도 예외는 아니다. 평생교육의 수요증가로 평생교육기관의 규모는 점차 확대되고 있으며 평생교육기관 수의 증가로 인해 기관 간의 경쟁이 심화되고 있다. 또한 평생교육기관의 사회적 책무성에 대한 요구가 증가되고 있음에 따라 체계적인 평생교육경영의 필요성이 대두되고 있다. 이에 평생교육과 경영은 상호배타적인 관계가 아니라 평생교육은 지속적 경영을 위해 필요한 부차적 기능이며, 경영은 평생교육의 가치실현을 위해 유용하고 필수적인 수단임을 인식하여 조직의 효과성과 효율성을 극대화할 수 있도록 해야 한다.

1) 평생교육의 개념

평생교육이란 인간의 삶의 질을 개선하기 위해 교육권을 실질적으로 보장해주기 위한 교육이념으로서 유아교육·청소년교육·성인교육·노인교육 등 발달단계에 따른 교육활동의 수직적 통합과 가정교육·학교교육·사회교육 등으로 각기 다르게 전개되는 형식·비형식·무형식적인 교육활동의 수평적 통합을 통하여 "삶이 곧 교육"인 "학습사회"를 건설하고자 하는 모든 형태의 교육활동이다.

랭그랑(Lengrand, 1970)은 "평생교육은 개인의 출생부터 죽을 때까지 전 생애에 걸친 교육(수직적 차원)과 개인 및 사회 전체의 교육(수평적 차원)의 통합"이라고 하면서 교육의 통합성과 종합적 교육체계를 강조하였다. 다베(Dave, 1976)는 "평생교육은 개인과 집단 모두의 생활의 질을 향상시키기 위하여, 개인의 전 생애를 통한 개인적·사회적·직업적인 생활을 성취시키는 과정"이라고 정의하였다. 또한 한국의 평생교육은 평생교육법 제2조 1항에서 "평생교육이란 학교교육을 제외한 모든 형태의 조직적인 교육활동"이라고 정의하고 있다. 교육부(2000)에서는 평생교육을 다음과 같이 정의하고 있다.

첫째, 평생교육의 개념은 실정법상으로 광의, 협의의 두 가지 범주로 구분할 수 있다. 광의로는 학교교육과 학교 외 교육을 포괄하는 개념으로 사용되며, 협의로는 정규 학교교육에 대비되는 학교 외 교육을 의미한다.

둘째, 평생교육법상의 평생교육은 '학교교육을 제외한 모든 형태의 조직적인 교육활동'으로 정의함으로써 협의의 개념으로 사용되고 있다. 즉, 정규 학교에서 행하는 정규 교과학습을 제외한 학교 또는 학교 외의 장소에서 정규 교과 외의 모든 형태의 조직적·의도적·체계적인 교육활동으로 규정하여, 학교가 주체가 되는 비정규 교과과정도 본 법의 적용대상으로 하고 있다. 또한 평생교육법 제4조의 평생교육 이념은 다음과 같다.

① 모든 국민은 평생교육기회를 균등하게 보장받는다.
② 평생교육은 학습자의 자유로운 참여와 자발적인 학습을 기초로 이루어져야 한다.
③ 평생교육은 정치적·개인적 편견의 선전을 위한 방편으로 이용되어서는 안 된다.
④ 일정한 평생교육 과정을 이수한 자에게는 그에 상응하는 자격 및 학력인정 등 사회적 대우를 부여해야 한다.

이상에서 제시된 내용을 토대로 살펴보면, 평생교육은 학교 정규교육과정을 제외한 모든 형태의 조직적인 교육활동으로서 개인 및 집단의 생활의 질을 향상시키기 위해 개인적·사회적·전문적 발달을 도모하는 과정이라고 볼 수 있다(성낙돈 외, 2009).

2) 경영의 개념

사전적 의미의 경영(經營)이란 첫째, 기업이나 사업을 관리하고 운영한다. 둘째, 기초를 닦고 계획을 세워 어떤 일을 해나감이라고 정의하고 있다. 드러커(P. F. Drucker)는 경영이란 "기업의 목표를 달성하기 위해 나아갈 방향을 제시하며, 리더십을 발휘하고 경영자원을 사용하는 방법을 결정해 나가는 과정"이라고 하였다. 경영이란 "사업이나 기업 등의 조직을 효과적이고 효율적으로 관리, 운영하는 활동이다" 경영이란 재정분야를 뺀 가계·기업 등의 국민경제를 구성하는 개별 경제단위 또는 그 개별 경제단위를 운영하는 일로서 경영학의 연구대상인 경영은 경영학파에 따라 제각기 다른 개념 정의를 내리고 있다. 전자의 의미로 경영은 기업의 운영체로서의 단위체를 가리키며, 독일어의 'Betrieb'에 해당한다. 주로 독일의 경영경제학(Betriebslchre)이 이러한 입장에 서고 있다. 반면 기업 등의 개별 경제단위의 경제적 목표를 합리적으로 달성할 수 있도록 계획·통제하는 과정을 경영(administration)이라고 보는 후자의 개념 규정은 미국의 경영관리학(Business administration)에서 주장되는데, 주로 영리기업이 주된 연구대상이 된다. 그러나 최근에는 행정·교육·종교 등과 같이 모든 관리대상 조직체도 연구대상으로 삼고 있다.

경영이라는 말은 대한민국의 학계나 실업계에서 그 개념이 극히 모호하게 또 추상적으로 사용되고 있다. 경영한다는 것은 어느 경제단위를 그 설립목적에 부합하도록 의식적으로 계획·유도하고 지휘하는 것을 말한다. 예를 들면, 학교·병원·고아원 등과 같은 비영리적 경제단위나 영리적 경제단위인 주식회사를 경영한다는 것은 이들 경영체의 설립목적에 부응하도록 계획하고 낭비 없이 추진해 나간다는 것을 말한다.

2 평생교육경영의 하위요소

평생교육경영의 하위요소는 크게 과제별과 과정별로 구분할 수 있다. 과제별 하위요소는 프로그래밍, 인사관리, 재무 및 시설관리, 마케팅으로 구성되며, 과정별로는 기획, 조직, 충원, 지도, 조정의 기본과정으로 구성된다.

1) 과제별 구성요소

과제별 구성요소를 살펴보면 첫째, 프로그래밍은 학습자 요구의 다양화와 직장으로의 학습환경이 전이됨에 따라 학습자의 정확한 수요에 걸맞은 차별화된 프로그램을 개발하여 개설하고 폐지하는 것 등을 의미한다. 둘째, 인사관리는 전문가 채용, 자원봉사자 배치, 직원의 성장지원, 네트워크 구축,

강사 확보 등 평생교육기관과 관련된 인적자원을 확보하여 배치하고 직무능력을 계발하는 총체적인 일을 의미한다. 셋째, 재무 및 시설관리는 평생교육경영에 필요한 예산을 확보하고 지출하는 일, 기금을 개발하는 일, 회계결산 등의 업무와 평생교육시설 등 자산을 관리하는 일을 진행한다. 마지막으로 마케팅은 평생교육기관과 학습자 사이의 의사소통을 원활히 하는 일들로, 프로그램에 대한 학습자 요구분석 및 평생교육기관과 평생교육 프로그램의 홍보업무를 의미한다.

2) 과정별 구성요소

평생교육기관 경영의 기본과정으로서 구성요소는 평생교육기관 교육사업의 타당성과 효율성을 제고하기 위해 목표를 설정하고 실천전략과 활동계획을 수립하는 기획(planning), 학습자 집단구성, 직원조직, 각종 협의체 구성 등 목표달성을 위한 조직을 구성하는 조직(organizing), 평생교육기관의 각 부문에 필요한 인원을 적재적소에 배분하는 충원(staffing), 직원이나 학습자의 동기를 유발하고 관련 활동을 수행하도록 지원하고 관리하는 지도(directing), 마지막으로 평생교육기관의 각 부문 활동들이 계획대로 시행되고 있는지를 측정, 평가하는 기능인 조정(controlling)이라는 5단계의 과정으로 이루어진다.

3 평생교육경영의 필요성

현대사회는 첨단과학기술 및 정보통신기술의 급격한 발달에 힘입어 전 세계의 정보화가 가속화되고 있다. 이를 기반으로 세계는 지구촌화되어 가고 있으며, 이는 다시 개인, 기업, 국가의 생존 및 번영 양상을 전면적으로 변화시키고 있다. 급속한 경영환경의 변화에 대응하고 경쟁우위를 확보하기 위해 기업들은 경영혁신을 가속화하고 있으며, 경영적 측면을 중요하게 부각시키고 있다. 최근에 경제에서 "지식기반"이라는 말을 사용하고 있으며, 기업에서는 "지식경영"을 주장한다. "지식기반"이란 지식이 사회의 구조적 변화에 작용하는 새로운 기능적 특징을 지닌다는 의미로 사용되고 있고, "지식경영(Knowledge Management)"이란 지식의 창출, 공유, 활용을 극대화하여 조직의 문제해결 능력과 경쟁력을 제고시키는 경영방식이다. 지식경영은 사람에 의존적인 활동이면서 동시에 정보기술의 의존도 또한 높다. 21세기 정보사회에서는 단지 열심히 일하는 것만으로는 발전의 한계가 있기 때문에 지식이나 정보가 경제적 재화, 즉 중요한 생산요소가 된다. 실제로 정보기술의 급속한 발전은 지식의 전송과 관리에 드는 비용을 획기적으로 감소시켰다. 개인이나 조직, 국가가 지식을 얼마나 창출하고 공유하며 활용하느냐가 발전 정도를 좌우한다. 개인은 지식근로자가 되어야 하며, 조직은 지식근로자가 창출한 지식을 확장시켜야 한다.

최근 우리나라에서는 평생교육에 대한 관심이 높아지면서 다양한 평생교육기관들이 증가하였고, 치열한 경쟁을 하게 되면서 체계적이고 효율적인 경영에 대한 관심이 높아지게 되었다. 평생교육기관으로 하여금 효율적인 경영을 하지 않으면 안 되게 만드는 요인들을 몇 가지로 나누어 제시하면 그림 1-1과 같다(권두승, 최운실, 2009)

따라서 평생교육기관들에서도 경쟁의 가속화, 정보통신기술의 발전, 지식노동의 보편화, 다원주의화, 학교교육의 한계점 등의 요인들을 고려해볼 때 효율적인 경영을 하기 위해서는 정보화시대에 부응하는 지식경영을 통해서 평생교육기관의 경쟁력을 향상시키고, 학교교육의 한계점을 보완할 필요성이 요구되고 있다.

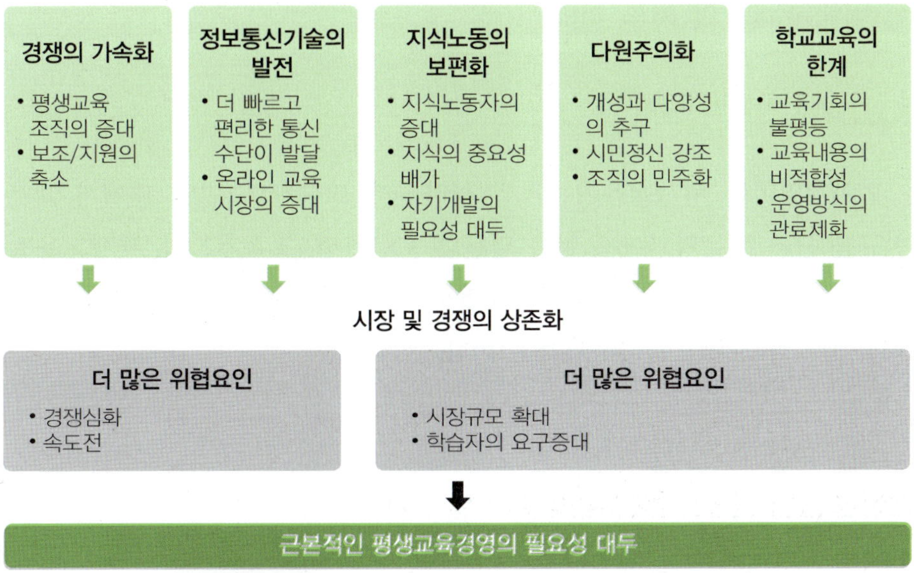

그림 1-1 평생교육경영 필요성의 사회적 요인

4 평생교육경영의 원리

평생교육경영의 원리는 평생교육기관을 경영하는데 있어서 행정 면이나 운영 면에서 실제적으로 나타나는 문제를 해결하는데 지침이 되는 원칙이나 준거이다. 평생교육의 원리를 법제 면과 운영 면의 두 가지로 나누어 살펴보고자 한다.

1) 법제 면에서의 기본 원리

(1) 법치경영의 원리

법치경영이란 평생교육기관을 경영하면서 교육관련 법규 내에서 모든 법규를 근거로 운영되어야 함을 말한다. 즉, 헌법, 교육기본법, 평생교육법, 평생교육법시행령 그리고 평생교육법시행규칙 등을 근거로 하여 평생교육기관에서 교육경영이 이루어져야 한다.

(2) 기회균등의 원리

평생교육법 제4조(평생교육의 이념)에서는 "모든 국민은 평생교육의 기회를 균등하게 보장받는다"라고 규정되어 있고, 교육기본법 제3조에서는 "모든 국민은 평생에 걸쳐 학습하고 능력과 적성에 따라 교육받을 권리를 가진다"라고 규정함으로써 우리나라 국민은 누구나 차별받지 않고 교육을 균등하게 받을 기회에 대한 권리를 명문화하고 있다.

특히 평생교육기관에서는 개개인이 학습의 기회를 보장받을 수 있는 지원체제가 마련되어 남녀노소 누구나 학습을 받을 기회를 제공해야 한다.

(3) 자주성 존중의 원리

평생교육법 제4조 2항에서는 "평생교육은 학습자의 자유로운 참여와 자발적인 학습을 기초로 이루어져야 한다" 3항에는 "평생교육은 정치적·개인적 편견의 선전을 위한 방편으로 이용되어서는 아니 된다"라고 명시되어 있고, 헌법 제31조와 교육기본법 제5조와 제6조에서는 교육의 자주성과 중립성을 강조하고 있다. 교육에서 교육의 자주성과 정치적 중립성을 지키는 것은 매우 중요하다. 따라서 평생교육경영에서도 법령에 제시한 범위 내에서 교육이 이루어져야 한다.

(4) 적도집권의 원리

적도집권의 원리란 집권과 분권 사이에 적절한 권한의 균형을 유지하고자 하는 원리이다. 평생교육경영에서도 경영자와 교수자 사이에 경영자는 민주적이고 합리적인 경영을 하고, 교수자는 경영방침에 근거하여 창의적이고 효율적인 역할을 수행함으로써 권한의 균형을 적절히 유지할 수 있게 된다.

2) 운영 면에서의 기본 원리

(1) 민주성의 원리

평생교육기관에서는 교수자와 이해관계집단 등의 광범위한 참여를 통하여 경영계획수립, 경영전략, 경영활동 및 평가 등이 이루어져야 한다. 즉, 교육경영을 하는데 있어서 여러 부문의 광범위한 인사들을 직접 참여시킴으로써 교육경영의 민주화가 실현될 것이다. 평생교육기관의 경영자는 민주성의 원리에 입각하여 경영해야 한다.

(2) 능률성의 원리

능률성의 원리란 경제적 원리로서 최소의 인적·물적자원과 시간을 투입하여 최대의 산출을 얻자는 원리이며, 효과성은 이미 설정된 목표의 달성 정도를 의미한다. 교육경영에서도 능률성과 효과성을 확보할 수 있어야 한다.

(3) 타당성의 원리

타당성의 원리란 명확하고 구체적인 목적을 제시하거나 또는 설정된 목적을 달성할 수 있는 수단으로서 타당하며 목적달성에 공헌할 수 있어야 한다는 것으로 합목적성의 원리라고도 한다. 평생교육기관에서는 기관목표와 교육목적을 뚜렷하게 설정하고 타당한 경영활동이 이루어져야 하며, 경영자는 이를 효율적으로 달성하기 위해 노력해야 한다.

(4) 안정성의 원리

안정성의 원리란 지나친 수정을 피하고 정책의 일관성과 안정성에 기여할 수 있어야 한다. 교육계획이 지나치게 수정이 이루어지면 교육의 본질이나 정책도 흔들려서 교육의 안정성을 기대할 수 없다. 따라서 평생교육경영은 미래의 교육발전과 직접적으로 관련되므로 계속적인 수정과 보완의 과정을 거쳐야 하며 꾸준히 진행되어야 한다.

(5) 균형성의 원리

균형성의 원리란 능률성과 민주성, 안정성과 적응성 간에 균형을 이루는 조화된 원리이다. 평생교육경영에서 정책수립과 집행과정에서 경중을 분별하여 우선 순위를 정하여 노력과 경비의 공정한 분배가 이루어져야 한다.

(6) 적응성의 원리

적응성의 원리란 사회변화에 따라 신축성있게 대처해 나감으로써 조화적 관계와 능률적 성과를 계속 확보할 수 있어야 한다는 원리이다. 평생교육경영에서 획일적인 통제보다 변화하는 환경에 적응할 수 있는 합리적인 방안이 마련되어야 한다.

CHAPTER 02

평생교육 관련 법규

1. 평생교육 관련 법규에 대한 이해
2. 평생교육 관련 법규의 위계 관계
3. 평생교육 관련 법규의 주요 내용

1 평생교육 관련 법규에 대한 이해

한국의 평생교육에 있어서 평생교육제도는 1982년 헌법에 국가가 평생교육을 진흥하여야 한다는 조항이 삽입되면서 본격적으로 시작되게 되었다. 특히 2007년 개정 교육기본법 제3조에서 모든 국민은 평생에 걸쳐 학습하고, 능력과 적성에 따라 교육받을 권리를 가진다고 명시함으로써 전 국가적인 학습권을 법으로 보장하게 되었다. 1982년 12월 사회교육법이 제정되고 1999년 8월 평생교육법으로 법명과 내용이 개정되었으며, 2007년 평생교육법이 전부 개정되기까지 지식기반사회라는 새로운 문명사적인 변화에 대응하여 학교교육과 함께 학교 밖 교육에 대한 제도를 확립하고, 국가의 책무를 규정함으로써 교육제도를 체계화시키는 데 의미를 갖게 되었다. 이후 2009년 평생교육법 일부 개정과 함께 평생학습계좌제 제도 등의 기반을 마련하였다.

표 2-1 한국평생교육 관련 법령의 변천

1980년대 사회교육정책 추진	1990년대 평생교육 개념 도입	2000년～2007년 평생교육진흥정책 대두	2008년～현재 평생교육정책의 전환
• 1980년 헌법에 '국가의 평생교육진흥 의무' 명문화 • 1982년 「사회교육법」 제정 공포	• 1990년 정부조직법 개편, 교육부장관에게 평생교육 관련 업무 수행할 의무 명시 • 1990년 「독학에 의한 학위 취득에 관한 법률」(제4227호) 제정 • 1997년 「학점인정 등에 관한 법률」(제5275호) 제정 • 1999년 「사회교육법」에서 「평생교육법」으로 개정	• 2007년 「평생교육법」 전부 개정 ※ 2002년 「인적자원개발기본법」 제정	• 2009년 「평생교육법」 일부 개정, 평생학습계좌제 제도 기반 마련

출처: 평생교육백서(2013)

구분	1980년대 사회교육 정책 추진	1990년대 평생교육 개념 도입	2000 ~ 2007년 평생교육진흥정책의 대두	2008년 ~ 현재 평생교육정책의 전환
시대적 특성	• 평생교육진흥을 국가 차원의 의무로 규정 • 평생교육정책 추진의제도적 기반 마련	• 성인의 고등교육 참여 확대를 위한 평생교육정책 사업 추진 (독학학위제, 학점은행제)	• 중앙 및 지역 단위 평생교육지원체제 기반 마련 • 소외계층 대상 평생교육 프로그램 운영 본격화 • 평생학습도시 조성, 평생학습 문화 관련 사업 시작	• 광역 및 기초자치단체장에게 평생교육진흥 임무 부여 • 중앙–광역–기초 지역 단위 평생교육추진체제 구축 • 대학평생교육 활성화 및 평생학습 계좌제 추진
평생교육 행정조직 (부)	• 문교부		• 2001년 교육인적자원부로 개편, 교육부총리제 도입	• 2008년 교육과학기술부로 개편
평생교육 행정조직 (국)	• 1983년 사회직업교육국에서 평생교육 업무 담당 • 1986년 사회국제교육국으로 명칭 변경	• 1996년 평생교육국으로 명칭 변경	• 2001년 평생직업교육국으로 명칭 변경 • 2004년 인적자원개발국으로 명칭 변경 • 2005년 평생학습국으로 명칭 변경	• 2008년 평생직업교육국으로 명칭 변경
평생교육 전담기구		• 1990년 독학학위제 학위검정부 설치 • 1998년 학점은행제 운영사업 개시 (한국교육개발원)	• 2000년 한국교육개발원 내 평생교육센터 설치 • 2000년 16개 시 · 도 지역평생교육정보센터 지정	• 2008년 국가평생교육진흥원 설립 • 2011년 부산광역시, 대전광역시, 충청북도 평생교육진흥원 개원 • 2012년 경기도, 울산광역시, 제주특별자치도, 충청남도 평생교육진흥원 개원 • 2013년 인천광역시, 광주광역시, 경상북도 평생교육진흥원 개원
평생 교육법	• 1980년 헌법에 '국가의 평생교육진흥 의무' 명문화 • 1982년 「사회교육법」 제정 공포	• 1990년 정부조직법 개편, 교육부 장관에게 평생교육 관련 업무 수행할 의무 명시 • 1990년 「독학에 의한 학위취득에 관한 법률」(제4227호) 제정 • 1997년 「학점인정 등에 관한 법률」(제5275호) 제정 • 1999년 「사회교육법」에서 「평생교육법」으로 개정	• 2007년 「평생교육법」 전부 개정 ※2002년 「인적자원개발기본법」 제정	• 2008년 국가평생교육진흥원 설립 • 2009년 「평생교육법」 일부 개정, 평생학습계좌제 제도 기반 마련 • 2011년 부산광역시, 대전광역시, 충청북도 평생교육진흥원 개원 • 2012년 경기도, 울산광역시, 제주특별자치도, 충청남도 평생교육진흥원 개원 • 2013년 인천광역시, 광주광역시, 경상북도 평생교육진흥원 개원
평생교육 진흥 기본계획		• 1996년 평생교육종합계획 수립	• 2002~2006년 제1차 평생교육진흥기본계획 ※제1,2차 국가인적자원개발기본계획 수립 및 시행	• 2008~2012년 제2차 평생교육진흥기본계획 • 2013~2017년 제3차 평생교육진흥기본계획
주요 정책사업	• 학력인정평생교육시설 운영 • 대학사회교육원(평생교육원) 설치 • 학교와 연계된 지역사회교육 확대 • 언론사 및 백화점 부설 문화센터 등 민간 평생교육기관 확대 • 사내대학 설치	• 1990년 독학학위제 운영 시작 • 1997년 평생교육백서 발간 시작 • 1998년 학점은행제 운영 사업 개시	• 2000년 평생교육사 양성 · 자격 제도 시행 • 2001년 평생학습도시 조성사업 시작 • 2001년 제1회 전국평생학습 축제 개최 • 2004년 제1회 평생학습대상 개최 • 2006년 성인문해교육 지원사업 시작	• 2008년 대학 중심의 평생학습 활성화 지원 사업 시작 • 2010년 평생학습계좌제 운영 시작 • 2012년 제1회 대한민국 평생학습박람회 개최 • 2012년 다모아 평생교육정보망 구축 사업 시작

그림 2-1 평생교육 역사

해방 이후 「평생교육법」은 1982년 「사회교육법」의 제정을 통해 시작되었다고 볼 수 있다. 「사회교육법」은 학교중심 교육법의 하위법의 형태로 법의 적용범위가 극도로 한정된 문제점을 가지고 있었다. 1995년 교육개혁위원회는 5.31 교육개혁안에서 문제가 많은 「사회교육법」을 폐지하고 「평생교육법」을 새로 입법할 것을 제안하였고, 이에 따라 「사회교육법」은 「평생교육법」으로 대체되어 1999년 8월에 제정되고, 2000년 3월에 공포·시행되었다. 1999년 「사회교육법」이 「평생교육법」으로 개정된 이후, 정치 변화와 시대 변화, 법 체제 등의 이유로 2007년 12월 14일 「평생교육법」이 전면 개정되었고, 2008년 2월 15일 시행되었다. 이때 제정된 「평생교육법」과 「사회교육법」의 주요 특징과 한계를 비교 정리하면 표 2-2와 같다.

표 2-2 「사회교육법」과 「평생교육법」의 특징 및 한계

구분	특징	한계
「사회교육법」 (1982)	• 평생교육의 개념을 제도적으로 처음 규정 • 국가의 평생교육진흥 전략 제시 • 한국평생교육제도의 기본골격 구축 • 평생교육 전문가 자격인정을 위한 국가제도 신설	• 국가 및 지방자치단체가 사회교육진흥을 위하여 수행하여야 할 임무는 단지 선언적인 수준에 머무름 • 평생교육 추진체제에 대한 내용이 구체화되지 않음
「평생교육법」 (1999)	• 「교육기본법」 하에 「초·중등교육법」, 「고등교육법」, 「평생교육법」 체제 정비 • 학습 휴가 및 학습비 지원에 관한 사항 신설 • 평생교육 사업을 추진할 수 있는 조직 체제 구축 • 평생교육시설 세분화 • 국민의 학습관리를 위한 제도적 기반 마련	• 평생교육에 대한 정의와 국가와 지방자치단체의 책무 등의 개념에 관한 사항은 구 「사회교육법」 내용을 그대로 유지 • 여전히 선언적 의미의 평생교육 진흥 조항으로 남음
「평생교육법」 (2007)	• 평생교육 기회균등을 보장하기 위한 수단 및 제도 체계화 • 평생교육의 총괄적인 추진기구인 '평생교육진흥원' 설립 • 국가와 광역 기초자치단체 단위의 평생교육 추진 체제 정비 • 문해교육 및 성인문해 학력 인정제도와 평생학습계좌제 신설	• 일반자치행정과 교육자치행정간 평생교육 추진체제 혼선 발생 • 평생교육사 자격제도, 평생교육시설 관리 등 시행상의 문제점 발생 • 평생교육 개념 정의에 대한 모호함과 영역 제한에 대한 문제 제기

출처: 변종임 외(2014). 100세 시대 평생교육 체제 구축을 위한 평생교육법 정비방안 연구. p. 30.

「평생교육법」은 2008년 전면 개정 이후 지속적으로 개정되어 왔다. 개정된 주요 내용은 표 2-3과 같이 평생교육사 자격제도, 평생교육기관 관리, 평생학습계좌 등이다.

표 2-3 평생교육법 개정 주요 내용(2007. 9 ~ 2013. 5)

시기	내용	관련 법령
2013년 5월	평생교육사 자격증 교부·재교부 업무	제44조
2011년 7월	원격교육방식 학교교과학습 학원 관련	제33조 제2항
2009년 5월	평생학습프로그램에 대한 평가인정 외 사후관리 방안 규정	제23조
	평생교육사 자격제도 개선	제24조
	사내대학 설립조건 완화 및 입학대상 확대	제32조

출처: 변종임 · 이세정 · 위영은(2013). 100세 시대 평생교육 체제 구축을 위한 평생교육법 개정 이슈와 정비방향. 평생교육법 개정방향 검토를 위한 공청회 자료집 p. 8.

1) 평생교육법의 법적 근거

(1) 헌법상의 평생교육의 정의

[헌법]

제31조

제1항 모든 국민은 능력에 따라 균등하게 교육을 받을 권리를 가진다.

제5항 국가는 평생교육을 진흥해야 한다.

제6항 학교교육 및 평생교육을 포함한 교육제도와 그 운영, 교육재정 및 교원의 지위에 관한 기본적인 사항을 법률로 정한다.

헌법 제31조 1항의 '모든 국민'의 '교육을 받을 권리'의 법적 성질은 현대국가에 의해 적극적으로 보장받아야 한다는 취지에서 자유권뿐만 아니라 사회권으로 받아들여지고 있다. 이러한 법적 권리에 대한 기능은 다음과 같다고 볼 수 있다.

첫째, 교육을 통해 개인의 잠재적 능력을 계발시켜 줌으로써 인간다운 문화생활과 직업생활을 할 수 있는 기초를 마련해준다는 의의와 기능을 가지고 있다고 볼 수 있다.

둘째, 문화적이고 지적인 사회풍토를 조성하고 문화창조의 바탕을 마련함으로써 헌법이 추구하는 문화국가실현을 촉진시킬 수 있는 의의와 기능을 가지고 있다.

셋째, 합리적이고 계속적인 교육을 통하여 민주주의가 필요로 하는 민주시민의 윤리적 생활철학을 습관화시킴으로써 헌법이 추구하는 민주주의 정착에 이바지하는 의의와 기능을 가지고 있다.

넷째, 능력에 따라 균등한 교육을 통하여 직업생활과 경제생활에서 실질적인 평등을 실현시킴으로써 헌법이 추구하고 있는 이상적 사회국가에 가까이 다가가는 의의와 기능을 가지고 있다.

'모든 국민'의 법적인 개념은 교육의 대상을 누구로 하는 것인가로 볼 때, 태교에서 노인교육에 이르기까지의 전 생애에 걸친 모든 국민의 학습권으로 평생교육의 개념을 해석할 수도 있다. 또 '교육을 받을 권리'에서 교육은 다양한 모든 종류의 교육을 포함하는 개념이라고 볼 수 있다. 그렇다면 국가의 모든 국민에게 평생교육의 기회를 보장할 의무를 가지고 있으며, 평생교육기회를 보장하기 위하여 국가는 당연히 평생교육을 진흥하지 않으면 안 된다.

(2) 헌법상의 평생교육진흥의무

현행 헌법 제31조 5항 "국가는 평생교육을 진흥해야 한다"는 조항의 의미는 국가는 모든 국민에게 평생교육의 기회를 보장할 의무를 지니고 있으며, 평생교육기회를 보장하기 위하여 국가는 당연히 평생교육을 진흥하지 않으면 안 된다. 이 조항은 평생교육이 절실한 시대적 요청에 부응하고 나아가 개인의 능력개발과 국가발전에 기여하도록 하기 위한 평생교육을 강조한 조항으로 볼 수 있다. 평생교육진흥을 국가의 의무로 규정한 것은 국민의 학습권을 평생에 걸쳐 보장해야 함을 특별히 명시한 것이라고 볼 수 있으며, 평생교육의 진흥이 국가의 주요 시책으로 추진되는 이상 평생교육의 제도화 내지 평생교육 체제의 정립 여부를 규정한 것으로 해석해야 할 것이다.

헌법상 평생교육진흥 조항은 다른 나라에서는 찾아볼 수 없는 독특한 규정으로, 평생교육의 진흥이 국가의 의무이자 권리라고 해석할 수 있을 것이다.

(3) 교육기본법상의 평생교육의 의의

교육기본법은 1997년 12월 13일에 헌법 제31조의 제1항과 제5항에 근거하여 교육을 받을 권리, 평생교육진흥정신을 이어받아 교육제도법률주의 원칙에 근거하여 제정된 우리나라 최초의 교육에 관한 기본법률로 제정되었다. 이 법은 모든 국민의 학습권을 보장하기 위하여 학교교육 및 평생교육을 포함한 교육제도와 그 운영에 관한 기본적인 방향을 설정하고, 모든 교육당사자의 권리와 의무를 규정한 교육의 헌법과 같은 한국교육의 기본적인 틀을 정하고 있다고 볼 수 있다.

[교육기본법]

제1조(목적) 이 법은 교육에 관한 국민의 권리·의무 및 국가·지방자치단체의 책임을 정하고 교육제도와 그 운영에 관한 기본적 사항을 규정함을 목적으로 한다.

제2조(교육이념) 교육은 홍익인간(弘益人間)의 이념 아래 모든 국민으로 하여금 인격을 도야(陶冶)하고 자주적 생활능력과 민주시민으로서 필요한 자질을 갖추게 함으로써 인간다운 삶을 영위하게 하고 민주국가의 발전과 인류공영(人類共榮)의 이상을 실현하는 데에 이바지하게 함을 목적으로 한다.

제3조(학습권) 모든 국민은 평생에 걸쳐 학습하고, 능력과 적성에 따라 교육받을 권리를 가진다.

제4조(교육의 기회균등) ① 모든 국민은 성별, 종교, 신념, 인종, 사회적 신분, 경제적 지위 또는 신체적 조건 등을 이유로 교육에서 차별을 받지 아니한다.
② 국가와 지방자치단체는 학습자가 평등하게 교육을 받을 수 있도록 지역 간의 교원 수급 등 교육 여건 격차를 최소화하는 시책을 마련하여 시행하여야 한다.
제9조(학교교육) ① 유아교육·초등교육·중등교육 및 고등교육을 하기 위하여 학교를 둔다.
② 학교는 공공성을 가지며, 학생의 교육 외에 학술 및 문화적 전통의 유지·발전과 주민의 평생교육을 위하여 노력하여야 한다.
③ 학교교육은 학생의 창의력 계발 및 인성(人性) 함양을 포함한 전인적(全人的) 교육을 중시하여 이루어져야 한다.
④ 학교의 종류와 학교의 설립·경영 등 학교교육에 관한 기본적인 사항은 따로 법률로 정한다.
제10조(사회교육) ① 국민의 평생교육을 위한 모든 형태의 사회교육은 장려되어야 한다.
② 사회교육의 이수(履修)는 법령으로 정하는 바에 따라 그에 상응하는 학교교육의 이수로 인정될 수 있다.
③ 사회교육시설의 종류와 설립·경영 등 사회교육에 관한 기본적인 사항은 따로 법률로 정한다.
제12조(학습자) ① 학생을 포함한 학습자의 기본적 인권은 학교교육 또는 사회교육의 과정에서 존중되고 보호된다.
② 교육내용·교육방법·교재 및 교육시설은 학습자의 인격을 존중하고 개성을 중시하여 학습자의 능력이 최대한으로 발휘될 수 있도록 마련되어야 한다.
③ 학생은 학습자로서의 윤리의식을 확립하고, 학교의 규칙을 준수하여야 하며, 교원의 교육·연구 활동을 방해하거나 학내의 질서를 문란하게 하여서는 아니 된다.
제17조(국가 및 지방자치단체) 국가와 지방자치단체는 학교와 사회교육시설을 지도·감독한다.
제21조(직업교육) 국가와 지방자치단체는 모든 국민이 학교교육과 사회교육을 통하여 직업에 대한 소양과 능력을 계발하기 위한 교육을 받을 수 있도록 필요한 시책을 수립·실시하여야 한다.
제23조(교육의 정보화) 국가와 지방자치단체는 정보화교육 및 정보통신매체를 이용한 교육을 지원하고 교육정보산업을 육성하는 등 교육의 정보화에 필요한 시책을 수립·실시하여야 한다.
제29조(국제교육) ① 국가는 국민이 국제사회의 일원으로서 갖추어야 할 소양과 능력을 기를 수 있도록 국제화교육에 노력하여야 한다.

> ② 국가는 외국에 거주하는 동포에게 필요한 학교교육 또는 사회교육을 실시하기 위하여 필요한 시책을 마련하여야 한다.
> ③ 국가는 학문연구를 진흥하기 위하여 국외유학에 관한 시책을 마련하여야 하며, 국외에서 이루어지는 우리나라에 대한 이해와 우리 문화의 정체성 확립을 위한 교육·연구 활동을 지원하여야 한다.
> ④ 국가는 외국정부 및 국제기구 등과의 교육협력에 필요한 시책을 마련하여야 한다.

(4) 평생교육의 공공성의 의미

교육기본법 제9조 제2항은 교육활동은 공공성의 의미를 지니고 있기 때문에 공적으로 운영되어야 하며, 이는 학생의 교육뿐 아니라 학술과 문화적 전통을 유지·발전시키는 활동도 해야 하며, 아울러 지역주민의 평생학습을 촉진시키기 위한 각종 교육활동도 실시해야 한다고 규정하고 있다.

또한 모든 국민에게 평생교육기회를 균등하게 보장하고 학습자의 자유로운 참여와 자발적인 학습을 기초로 하며, 일정한 평생교육 과정을 이수한 자에게는 그에 상응하는 사회적 대우를 부여하도록 하는 것을 평생교육 이념으로 정하고 있다. 이를 토대로 하여 평생학습사회 건설의 구축방안으로 다양한 형태의 제도가 도입되고 있는 것이다.

2 평생교육 관련 법규의 위계 관계

1) 법규의 위계

일반적으로 법규는 헌법을 정점으로 하여 단계적인 구조를 가지고 형성되어 있다. 헌법 밑에 법률과 조약이, 그 밑에 명령, 그 밑에 자치법규인 조례－규칙이라는 위계를 가지고 있다.

헌법은 국가의 근본법으로 주권자인 국민에 의하여 제정된 최고법으로서, 국민의 기본권을 보장하고 국가의 정치제도와 국가작용의 원리를 정하고 있다. 헌법은 법률·명령·규칙의 제정기준이나 해석기준이 되며 헌법에 위반되는 하위 법령은 그 효력을 상실하게 된다.

법률은 일반적으로 법·법령이라는 말과 같은 의미로 사용되기도 하지만 입법기관인 국회의 의결에 의하여 제정되는 법을 말한다. 법률이 효력을 발생하려면 첫째, 법률안 제출권자인 국회의원 또는 정부가 법률안을 제출하고, 둘째, 제출된 법률안에 대하여 헌법 또는 법률에 특별한 규정이 없는 한 재적의원 과반수의 출석과 출석의원 과반수의 찬성으로 의결되어야 하고, 셋째, 의결된 법률안은 정부에 이송되어 15일 이내에 대통령이 공포해야 하며, 특별한 규정이 없는 한 공포한 날부터 20일을 경과함으로써 효력을 발생한다. 헌법 제31조 제6항에 학교교육 및 평생교육을 포함한 교육제도와 그 운영, 교육재정 및 교육기본법을 위시한 교육관계 법규의 체계가 형성된 것이다. 명령은 국회의 의결을 거치지 않고 행정관청에 의하여 제정되는 법규를 말한다. 행정기관이 법조문의 형식으로 만들기 때문에 행정입법이라고도 한다. 국민의 권리와 의무에 관한 기본적인 사항만 법률로 정하고 그 집행에 관한 보다 구체적인 사항을 행정기관이 만든 것이 명령이다. 명령은 대통령이 발하는 대통령령, 국무총리가 발하는 총리령, 행정 각부의 장이 발하는 부령으로 구별된다. 명령은 크게 위임명령과 집행명령으로 구별하기도 한다. 위임명령이란 법률에서 일정한 범위를 정하여 위임받은 사항에 관하여, 집행명령이란 법률을 집행하는데 있어 필요한 절차를 규정하기 위하여 대통령, 국무총리 또는 행정 각부의 장이 발하는 명령이다.

조례와 규칙은 지방자치단체가 제정하는 법규로서 자치 법규라고 한다. 조례는 법령의 범위 안에서 지방의회의 의결을 거쳐서 제정된 것이고, 규칙은 지방자치단체의 장이 법령 또는 조례에 위임한 범위 안에서 그 권한에 속하는 사무에 관하여 제정한 것을 말한다.

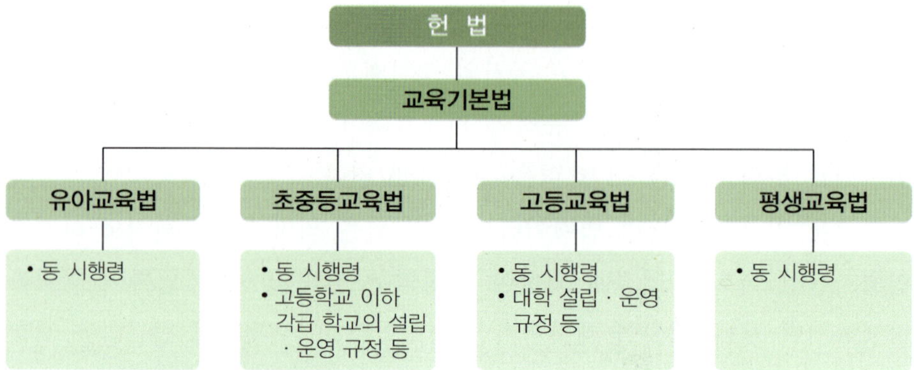

기타: 사립학교법과 동 시행령
특수교육진흥법과 동 시행령 등
영재교육진흥법과 동 시행령 등

그림 2-2 교육관계법규의 위계관계

2) 법규 적용 원칙

동일한 사안에 대하여 관련 법규를 적용할 때는 다음과 같은 원칙에 의하여 적용한다.

첫째, 교육기본법과 초·중등교육법의 관계는 상위법과 하위법의 관계에 있다. 하위법이 상위법에 위배되는 경우 동 규정은 무효이며 상위법이 적용된다.

둘째, 신, 구법이 상충되는 경우 신법이 우선 적용된다. 실제에는 신법의 부칙에 구법과의 관계를 규정하는 규정을 두어 상충하는 경우가 발생하지 않도록 하고 있다.

셋째, 국가공무원법과 교육공무원법, 초·중등교육법과 특수교육진흥법, 지방자치법과 지방교육 자체에 관한 법률에서 적용범위가 보다 큰 전자를 일반법이라 하고, 적용범위가 한정된 후자를 특별법이라고 하는데, 양자 간에 다른 규정이 있는 경우에는 특별법이 우선 적용되고, 그 외의 경우에는 일반법이 적용된다.

3 평생교육 관련 법규의 주요 내용

1) 평행교육법의 제정 및 개정 배경

평생교육법은 다음과 같은 취지 속에서 제정 및 개정되었다.

첫째, 국가의 교육제도를 체계화하고 평생교육 개념을 명확히 한다. 평생교육법의 법적 체계를 헌법 제31조 제1항 및 제5항, 교육기본법 제10조 등에 근거하여 학습자의 학습권과 평생학습의 원리에 맞춘 학습자중심의 새로운 법적 체계를 마련하고자 하였다. 또는 평생교육의 개념 규정에 있어서 평생교육의 영역을 구체화한 것은 기존의 법령상에 있어서 평생교육의 영역과 대상이 명확하지 않아 정책조정 및 재정지원 시 혼란을 초래하고 있다는 인식에 따른 조치이다.

둘째, 평생교육법 제정 및 개정은 지식기반사회, 창조경제사회에 있어서 '인재대국' 건설을 위한 평생학습 기반을 조성한다는 의미를 지닌다. 평생교육법은 급변하는 세계화·정보화·창조경제사회에서 누구나, 언제, 어디서나 배울 수 있는 평생학습 기회확대에 이바지한다. 평생학습은 학령기에 놓친 교육기회를 보상하는 소극적 차원을 넘어서 산업사회에서 지식사회로 변환함에 따라 필연적으로 도래하는 새로운 교육문명이며, 이에 따라 총체적인 평생학습 지원체제구축이 필요하다는 점에서 법개정은 무엇보다 의미가 있다. 또한 평생교육의 효율적인 추진을 통한 '학습강국, 인재대국'의 건설을 위하여 평생교육 추진체제의 개편 및 평가 인정체제의 구축이 필요하다.

셋째, 국가 및 지방자치단체의 평생교육에 대한 지원 책무를 강화하기 위하여 법개정은 필수불가결하였다. 국가 및 지방자치단체는 평생교육기관의 학습비 지원, 평생교육기관 상호 간의 네트워크 구축, 평생학습도시사업,

중앙단위 평생교육진흥위원회 및 지역단위 평생교육협의회의 설치·운영을 통하여 지역주민을 위한 평생교육 관련 사업을 조정하고 협력을 증진하며, 한국교육개발원의 평생교육센터·학점은행센터, 한국방송통신대학교의 독학학위검정원 등 3개의 독립된 기관에서 분산·운영 중이던 여러 제도와 정책을 평생교육진흥원으로 통합함으로써 평생교육의 활성화를 위한 책무성과 효율성을 강화할 수 있는 제도를 마련하고자 하였다.

넷째, 평생학습과정 이수자의 사회적 대우를 강화하고 학습의욕을 고취시킨다는 점에서 법개정은 의미가 있다. 종래 초·중등 학력인정 중심이었던 학력인정평생교육시설을 전문대학학력인정 수준으로 확대함과 동시에 초·중등학력인정 문자해득교육프로그램의 지정·운영을 통한 성인기초교육 대상자의 평생학습 의욕을 고취하며, 유·무급학습휴가제, 학습계좌제 및 학습비 지원 등 금전적·비금전적 보상을 통해 평생학습 기회를 촉진할 수 있다.

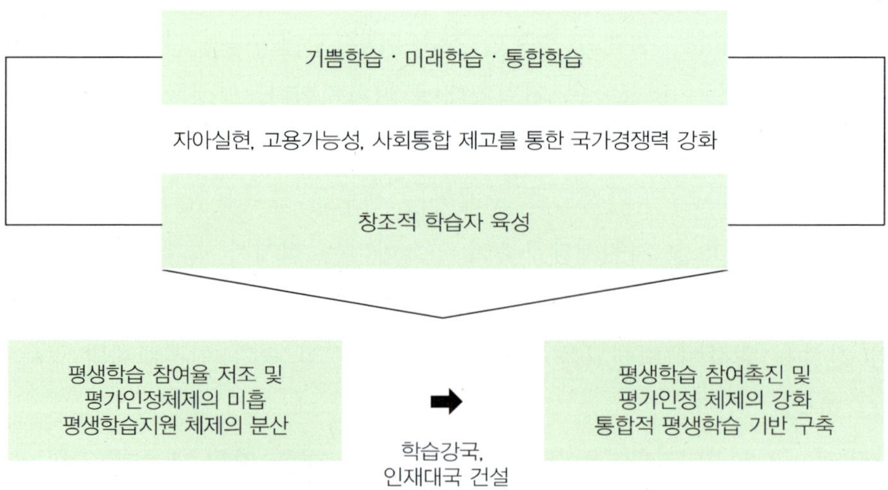

그림 2-3 평생교육법(2007. 12)의 제정 배경

다섯째, 기초교육 기회확대와 더불어 고등교육 수준의 평생학습 기회를 확대한다. 대학의 평생교육원 등 다양한 평생교육기관을 통해 성인교육의 기회를 확대하고 학점은행제, 전공대학, 사내대학 및 원격대학형태의 평생교육시설 등 다양한 학력인정제도를 통해 고등교육 수준까지 국민의 능력 향상에 중점을 둔다는 것이 개정법의 취지이다.

2) 평생교육법 주요 개정 내용

2008년 「평생교육법」 전면 개정 이후 평생교육 법령 및 시행 규칙 내용은 「평생교육법」 8장 제46조, 「평생교육법시행령」 6장 제78조, 「평생교육법시행규칙」 제24조로 구성되어 있으며, 다음과 같은 내용을 담고 있다.

표 2-4 현행 「평생교육법」의 구성 체계 및 내용

구분	「평생교육법」	「평생교육법시행령」	「평생교육법시행규칙」
기본 체계	8장 제46조, 부칙	6장 제78조, 부칙	제24조, 부칙
주요 내용 및 범위	총칙 평생교육진흥기본계획 평생교육진흥원 평생교육사 평생교육기관, 문자해득교육 평생학습결과의 관리·인정	총칙 평생교육진흥기본계획 평생교육진흥원 평생교육사 평생교육기관, 문자해득교육	평생교육실무조정위원회 전문인력정보은행제 학습계좌제 평생교육사 자격증 평생교육사 양성기관 평생교육시설설치기준 문자해득교육
평생교육정책 방향성	• 국가 및 지방자치단체 • 평생교육추진체제 정비 • 평생교육추진기구 제시 • 평생교육사 자격 및 평생교육사 양성기관 정비 • 문자해득교육 및 학력인정제도 도입 • 평생학습계좌제 도입 및 시행	• 평생교육기본계획 및 시행계획 추진사항 • 평생교육진흥위원회 운영 • 평생교육진흥원 운영 • 평생교육사 및 양성기관 운영 세부사항 • 평생교육시설 설치기준 확정 • 문자해득교육프로그램 활성화 세부 사항	• 전문인력정보은행체 운영 활성화 • 평생교육사 및 평생교육사 양성기관 설치기준 제시 • 평생교육시설 설치기준 제시 • 문자해득교육프로그램 • 운영기준 및 학력인정 절차 제시

개정된 「평생교육법」의 주요 내용은 총칙, 평생교육진흥기본계획, 평생교육진흥원, 평생교육사, 평생교육기관, 문자해득교육, 평생학습 결과의 관리·인정 등이며 구체적인 내용은 다음과 같이 설명할 수 있다.

첫째, 총칙에서는 평생교육에서 다루고자 하는 개괄적인 내용에 대하여 구체적으로 명시하고 있다. 총칙에는 「평생교육법」의 목적, 평생교육 관련 개념의 정의, 다른 법률과의 관계, 평생교육의 이념, 평생교육과정, 국가 및 지방자치단체의 임무, 공공시설의 이용 규정, 학습휴가 및 학습비 지원 등이 있다.

평생교육의 개념은 넓은 의미와 좁은 의미로 해석될 수 있다. 넓은 의미의 평생교육은 학교교육과 학교 외 교육 모두를 포함하는 개념이다. 흔히 말하는 요람에서 무덤까지 수직적으로 통합한 교육과 가정교육, 사회교육, 학교교육을 수평적으로 통합한 교육을 포괄한다. 좁은 의미의 평생교육은 정규 학교교육에 대비되는 학교 외 교육을 의미하지만, 학교가 주체가 되는 비정규 교과도 평생교육의 범주에 포함된다. 「평생교육법」상의 '평생교육'은 좁은 의미의 개념으로 사용되고 있으며, 법적용의 범위에 있어서는 「교육기본법」 및 종전의 「사회교육법」상의 '사회교육'과 동일한 의미이다. 평생교육의 이념은 평생교육의 기회균등, 자발성 및 자기주도성, 중립성, 평생교육과정 이수자의 사회적 대우 등과 같이 「헌법」 또는 「교육기본법」상의 교육 일반에 관한 기본적 원칙과 권리를 보장하고 있다.

둘째, 평생교육진흥기본계획은 교육부장관이 5년마다 수립하고, 시·도지사는 평생교육진흥기본계획에 따라 연도별 평생교육진흥시행계획을 시·도교육감과 협의하여 수립·시행해야 한다(「평생교육법」 제9조 및 제11조). 평생교육진흥시행계획의 수립과 시행을 위하여 「평생교육법」은 평생교육진흥위원회 설치, 시·도 평생교육협의회, 시·군·자치구 평생교육협의회, 관계 행정기관장 등의 협조, 평생학습도시, 경비보조, 지도 및 지원, 평생교육 통계조사 등에 관한 사항을 규정하였다. 이렇게 함으로써 공공의 평생교육 영역에서 기획뿐 아니라 추진과정과 성과를 지속 점검할 수 있는 기반을 갖추게 되었다.

셋째, 평생교육 추진체제의 변화 또한 이루어졌다. 평생교육진흥원 등에 관한 내용에 국가는 평생교육진흥 관련 업무를 지원하기 위하여 평생교육진흥원을 설립하고, 시·도지사는 대통령령이 정하는 바에 따라 시·도 평생교육진흥원을 설치 또는 지정·운영할 수 있도록 명시하고 있다. 또한 시·도교육감은 관할구역 내의 주민을 대상으로 평생교육프로그램 운영과 평생교육 기회를 제공하기 위하여 시·군·구에 평생학습관을 지정 또는 설치·운영하도록 하고, 기초자치단체의 장은 평생학습관의 설치 또는 재정 지원 등 지역평생교육진흥사업을 실시할 수 있도록 명시하고 있다(「평생교육법」 제19조, 제20조, 제21조).

넷째, 평생교육사에 관한 내용에서 자격 및 업무, 양성기관, 배치 및 채용, 경비보조 등을 규정하고 있다.

다섯째, 평생교육기관의 내용은 평생교육기관의 설치자에 관해 규정하고 있으며, 평생교육기관으로서 학교의 평생교육, 학교부설, 학교 형태, 사내대학 형태, 원격대학형태, 사업방 부설, 시민사회단체부설, 언론기관 부설, 지식·인력 개발사업 관련 평생교육 시설 등이 명시되고 있다.

여섯째, 문자해득교육에 관련한 내용은 문자해득교육의 실시, 문자해득교육프로그램의 교육과정 및 학력인정에 관하여 제시하고 있다.

일곱째, 평생학습 결과의 관리·인정은 각급 학교 및 평생교육시설 장의 학점, 학력 등에 관한 인정을 규정하고 있다.

「평생교육법시행령」의 주요 내용은 제1장 총칙, 제2장 평생교육진흥계획 등, 제3장 평생교육진흥원 등, 제4장 평생교육사, 제5장 평생교육기관, 제6장 문자해득교육, 부칙 등이며, 구체적인 내용은 다음과 같다.

첫째, 총칙은 목적과 공공시설의 이용에 관하여 규정하였다.

둘째, 평생교육진흥계획은 기본계획 및 연도별 시행계획의 수립·시행, 진흥위원회의 심의사항, 진흥위원회의 구성·운영, 진흥위원회의 간사 및 수당 등, 전국평생학습도시협의회 등의 내용을 규정하고 있다.

셋째, 평생교육진흥원 등에 관한 내용은 출연금의 요구 및 지급, 출연금의 관리, 결산서의 제출, 잉여금의 처리, 시·도 평생교육진흥원의 운영, 전문인력정보은행제의 운영, 학습계좌제의 운영 등을 담고 있다.

넷째, 평생교육사에 관한 내용은 평생교육사의 자격요건, 평생교육사의 등급, 직무 범위, 이수과정, 연수, 평생교육사의 자격증 교부절차 등, 평생교육사 양성기관의 지정, 평생교육사의 배치 대상기관 및 배치기준 등을 규정하고 있다.

다섯째, 평생교육기관에 대한 내용은 학습비의 반환, 학교부설 평생교육시설에 관한 사항, 학교형태 평생교육시설에 관한 사항, 학력인정시설에 관한 사항, 전문대학 학력인정 평생교육시설에 관한 사항, 사내대학에 관한 사항, 원격교육 형태의 평생교육시설에 관한 사항, 사업장 부설 평생교육시설의 설치신고, 시민사회단체 부설 평생교육시설의 설치 신고, 언론기관 부설 평생교육시설의 설치 신고, 지식·인력 개발사업 관련 평생교육시설의 설치 신고 등이다.

여섯째, 문자해득교육에 관련한 내용은 문자해득교육프로그램의 설치·운영 및 지정, 무자해득교육의 지원, 문자해득교육프로그램 이수자의 학력인정절차, 문자해득교육프로그램 이수자의 학력인정기준, 문자해득교육심의위원회 구성 등의 내용을 규정하고 있다.

마지막으로 「평생교육법시행규칙」은 「평생교육법」과 「평생교육법시행령」에서 위임된 사항과 그 시행에 필요한 보다 구체적인 절차에 관한 사항을 규정하고 있다.

CHAPTER 03

평생교육지원체제

1. 중앙단위체제
2. 광역단위체제
3. 기초단위체제
4. 평생교육정보망 구축

2008년도부터 평생교육은 제2차 평생학습진흥종합계획(2008~2012년)이 추진되었다. 이 계획은 세 가지 의미를 지니고 있었다.

첫째, 평생교육정책의 연속적이고 안정적 추진을 도모한다는 점이다. 이 계획은 제1차 평생학습진흥종합계획(2002~2006년)이 종료되면서 그동안의 성과를 반영하여 더욱 발전적인 평생교육정책을 추진하기 위하여 수립되었다. 제 1차 계획은 지역평생교육정보센터, 평생학습관 설치 등 평생교육의 추진 기반을 마련하였고, 평생학습도시 지정 및 소외계층에 대한 평생교육지원 등 국민의 평생교육 참여를 증가시키고 사회통합을 이끄는 데 기여하였다. 제2차 계획은 이러한 성과 위에 국민의 평생교육 참여를 더욱 조장하고, 이를 위한 기반 추진체제를 확보하려는 목적을 지닌다.

둘째, 한국 사회 저변에 평생교육진흥에 대한 공감대가 형성되었음을 보여 준다. 제2차 평생학습진흥종합계획의 수립은 평생교육법의 전면개정작업과 함께 추진되었다. 이 과정에서 둘 사이에는 주요 내용의 공유가 이루어졌고, 제2차 계획은 한국평생교육의 방향성을 제시하고, 평생교육법은 그 내용의 추진을 위한 제도적 틀을 갖추어 하나의 큰 그림을 형성할 수 있었다. 이러한 사실은 정부뿐 아니라 국회 등 사회 각 부문에서 평생교육이 한국사회에 중요한 가치를 지닌다는 점을 공유하였음을 의미한다.

셋째, 정부가 평생교육 관련정책을 효과적으로 추진하려는 의지를 보여준다. 인적자원개발기본법에 따라 국가인적자원위원회를 출범시켰고 제2차 국가인적자원개발기본계획 등과 연계하여 효과적인 정책사업을 추진할 필요가 있었다. 이외에도 제2차 평생학습진흥종합계획은 자격기본법 등 국민평생학습과 관련한 제도적 변화를 포괄적으로 고려하여 국가의 평생교육 정책방향을 제시함으로써 정책수행의 효율화를 도모하고자 하였다.

제2차 평생학습진흥종합계획은 산업사회에서 지식사회로 전환하는 새로운 문명시대의 개막이라는 특성에 주목하여 교육정책 방향을 수립하고 있다. 오늘날 사회의 패러다임은 창조성이 강조되는 사회경제적 패러다임으로 전환되고 있고, 이에 따라 교육의 패러다임 역시 창조적인 일터 안의 학습조직과 유연한 평생학습체제의 구축 등에 초점을 맞추고 있는 것이 세계적인 동향이다.

제2차 평생학습진흥종합계획은 '배우는 즐거움, 일구어 가는 내일, 함께 살아가는 평생학습 사회구현'을 비전으로 제시하고 있다. 우선, '배우는 즐거움'이란 인간에게 내재한 학습본능을 자극하고 되살려 자아실현의 즐거움의 원천으로서 평생학습을 다룬다는 의미를 담고 있고, 달리 말하면 '기쁨 학습'이라 할 수 있다. '일구어 가는 내일'은 급변하는 사회에서 더욱 불확실해지고 있는 미래에 대하여 언제든지 필요한 것을 익혀 나갈 수 있도록 함으로써 국민 스스로 사회변화를 제어할 수 있는 주체성을 획득한다는 뜻으로서 '미래학습'이라 할 수 있다. 끝으로, '학습 살아가는 평생학습 사회'는 고령화, 양극화, 새로운 빈곤 등에 대응하는 사회적 안전판으로서 학습, 고용, 복지, 문화 등 사회 각 부문을 연계하여, 차이를 인정하고 더불어 살아가는 방법을 익힌다는 의미로서 '통합학습'이라 부를 수 있다.

1 중앙단위체제

1) 평생교육 행정조직: 교육부

국가평생교육에 관한 기본·종합정책을 수립하고 실행하기 위한 중앙수준의 행정조직은 교육부이며, 주무부서는 평생학습정책과이다. 주요업무는 평생교육진흥에 속한 종합정책의 수립 및 시행, 5년마다 평생교육진흥 기본계획 수립, 평생교육에 관한 법령의 제정·개정, 평생교육진흥위원회의 구성·운영지원, 국가평생교육진흥원 운영 지원, 시·도 평생교육진흥원, 시·군 자치구 평생학습관의 운영지원 등 지방자치단체의 평생교육진흥에 관한 사항, 전문대학 학력인정 평생교육시설의 운영지원·지도, 학점은행제와 독학에 의한 학위취득에 관한 사항, 시간제 등록제 운영지원, 평생학습중심대학 등 고등교육기관의 평생교육지원에 관한 사항, 평생학습도시의 지정 · 운영지원 및 평생학습도시협의회의 운영지원, 대학부설평생교육원 등 각종 평생교육시설·단체의 육성 및 운영지원, 평생학습계좌제 운영, 문해교육의 실시 및 문해교육프로그램의 운영지원, 평생교육 통계조사 등 평생교육 인프라구축, 평생교육 관련 국제교류의 증진 및 대회개방에 관한 사항, 학원 관련 법령의 재·개정 및 한국학원총연합회의 운영지원·지도 등의 내용을 담고 있다.

2) 평생교육 전담기구 : 국가평생교육진흥원

국가평생교육진흥원은 「평생교육법」 제19조에 의거, 국가평생교육진흥 관련 업무를 지원하기 위하여 2008년에 설립되었다. 국가단위 평생교육 관련정책의 집행, 평생교육프로그램의 개발지원, 평생교육사를 포함한 평생교육 종사자 양성·연수, 평생교육 종합정보시스템 구축, 평생학습계좌제, 학점은행제, 독학학위제 운영 등 평생학습결과의 인정 기능을 수행하는 업무를 담당한다.

2012년에는 '팽생교육진흥원'을 '국가평생교육진흥원'으로 명칭을 변경하고, 1처 3본부, 5센터, 1사업단, 1감사실, 16실로 체제를 재정비하였다. 국가평생교육 전담기구인 국가평생교육진흥원의 기능과 역할은 다음과 같다.

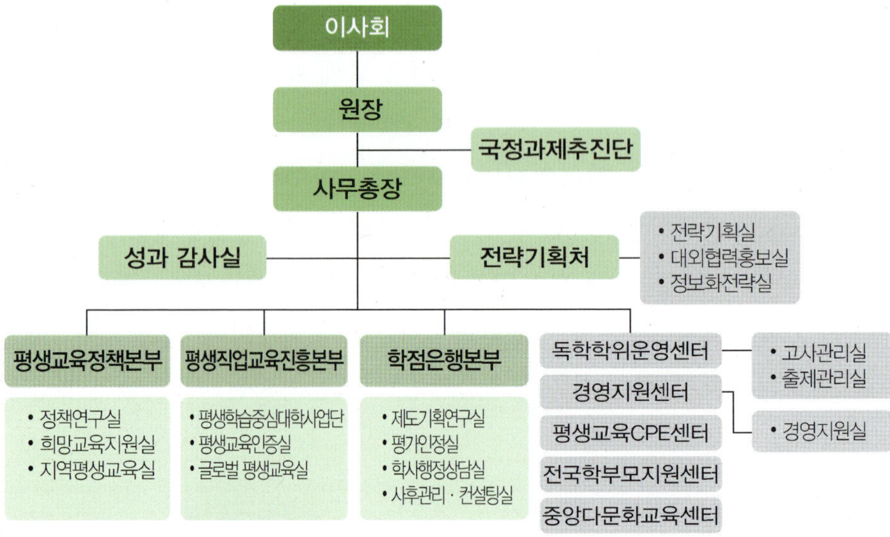

그림 3-1 국가평생교육진흥원 조직 및 기능

이와 같이 국가평생교육진흥원은 대학중심의 평생학습 활성화 사업, 저학력 성인의 생애기초능력 향상을 위한 성인문해교육 지원사업, 전 국민평생학습참여 인프라를 구축하기 위한 평생학습계좌제와 학점은행제, 독학학위제 등과 같은 주요 사업을 수행하고 있다.

또한 평생교육관계자들의 전문성 향상을 위한 평생교육 연수사업, 평생교육사 자격제도운영, 평생교육 국제교류 등 평생학습진흥과 관련된 다양한 지원사업들을 수행할 뿐 아니라 학부모교육, 다문화교육, 100세 시대 인재개발사업 등 다양한 영역으로 활발하게 평생교육 사업을 확장해 나가고 있다. 2013년에는 정부로부터 대학중심의 평생학습 활성화사업에 대한 대폭적인 예산을 지원받아 사업을 추진하였고, 지방자치단체의 평생학습 참여를 활성화하기 위하여 평생학습도시를 118개로 확대하였다.

2 광역단위체제

1) 평생교육 행정조직: 시·도 평생교육팀(과)

현행 「평생교육법」은 평생교육에 대한 지방자치단체의 기능과 역할뿐만 아니라 시·도교육청의 역할을 함께 고려하고 있다. 가장 대표적인 기능은 '협의'로, 평생교육시행계획의 수립·시행에 관한 사항, 시·도 평생교육협의회의 위원 구성에 관한 사항, 시·도지사가 조례에 따라 실시하거나, 지원하는 평생교육진흥사업에 관한 사항 그리고 시·도 평생교육진흥원의 설치나 지정에 관한 사항(「평생교육법시행령」 제12조)이 교육감 협의 대상이 된다.

시·도 평생교육협의회의 부의장은 부교육감을 당연직으로 두도록 함으로써 지방평생교육에 대한 시·도교육청의 참여를 유도하고 있다.

광역자치단체의 역할을 살펴보면, 「평생교육법」 제5조는 지방자치단체에 대하여 지역평생교육계획의 수립·수행의 임무를 부과시킴으로써 광역자치단체는 평생교육행정조직을 구축하고, 지역평생학습의 업무를 수행해야 한다고 명시하고 있다. 「평생교육법」 제11조에 따르면 시·도지사는 교육부장관이 5년마다 수립하는 '평생교육진흥기본계획'에 따라 광역지방자치단체의 '연도별 평생교육진흥시행계획을 수립·시행'하고, 「평생교육법시행령」 제3조 제3항에 따라 매년 다음 해의 평생교육진흥시행계획을 수립하여 교육부장관에게 제출하여야 한다고 강제함으로써 광역단위 지방자치단체에 대한 평생교육의 책무성을 강조하고 있다. 또한 「평생교육법」 제12조는 시행계획의 수립·시행에 필요한 사항을 심의하기 위하여 시·도지사 소속의 시·도 평생교육협의회를 두도록 하고 있으며, 「평생교육법」 제20조 제1항과 제2항은 광역의 지방 평생교육 사업을 추진할 수 있도록 시·도 평생교육진흥원을 설치 또는 지정·운영을 권고하고 있다.

한편, 시·도교육청의 평생교육에 관한 중요한 업무는 평생교육시설의 인가 및 등록에 관한 사항으로 교육감의 직접 관리대상이 되는 시설로서 학교의 평생교육, 학교 부설평생교육시설(단, 대학소속 시설은 제외), 학교형태의 평생교육시설(등록사항), 사업장부설 평생교육시설, 시민사회단체부설 평생교육시설, 언론기관부설 평생교육시설, 지식·인력개발 관련 평생교육시설이 있다. 이들 시설에 대해서 교육감은 설치인가 또는 등록을 취소할 수 있는 강력한 권한을 부여받고 있다. 교육청이 직접 실시하고 있는 평생교육진흥사업으로는 문자해득교육이 있으며 교육감이 책임을 지도록 하고 있다. 또한 현행 「평생교육법」은 경과규정을 두어 교육감은 시·도 평생교육진흥원과 사실상 동일한 기능을 수행하는 지역평생교육정보센터를 지정·운영할 수 있도록 하였다.

이상에서 보는 바와 같이 현행 「평생교육법」에는 교육감도 평생교육 사무를 계속 추진할 수 있는 경과조치를 두고 있어, 사실상 시·도지사와 같이 의지에 따라 계속평생교육 사무를 추진할 수 있다. 「평생교육법」에서의 광역 지방자치단체와 교육자치단체의 평생교육 역할을 요약하여 제시하면 다음 표 3-1과 같다.

표 3-1 「평생교육법」에서의 광역 및 교육자치단체의 평생교육에 대한 역할

구분	시·도청	시·도교육청
평생교육 진흥시행계획	• 수립·지원(제11조) • 교육부장관 제출(제3조)	• 시·도지사의 수립·시행에 협의(제11조)
행정권한	• 시행계획 수립을 위해 관련기관에 자료요구(제13조) • 평생교육통계조사(제18조)	• 평생교육시설 설치인가 또는 등록 관리(제28 ~ 38조) • 평생교육시설 설치인가 또는 등록 취소(제42조)
시·도 평생교육협의회	• 협의회 구성·운영(제12조) • 시·도지사 당연직 위원장(제12조)	• 협의회 위원 구성 협의(제12조) • 부교육감은 당연직 부의장(제12조)

(계속)

구분	시·도청	시·도교육청
평생교육기관 지도 및 지원	• 기관요청시 평생교육활동 지도 또는 지원 (제17조)	• 좌동
평생교육사업 추진기구 운영	• 시·도 평생교육진흥원 설치 또는 지정·운영 (제20조) ※시행령 제13조에 따라 '전문인력정보은행제' 위탁 가능	• 지역평생교육정보센터 지정운영 (부칙 경과조치) • 시·도 평생교육진흥원 설치 또는 지정에 대한 협의(시행령 제12조)
평생교육진흥 사업 내용	• 평생교육진흥사업 실시 또는 지원(제16조) – 평생교육기관의 설치·운영 – 평생교육사의 양성 및 배치 – 평생교육프로그램의 개발 – 그밖에 국민의 평생교육 참여를 촉진하기 위하여 수행하는 사업 등 • 조례에 따라 주민을 위한 평생교육진흥사업 (제16조) • 전문인력정보은행제 운영(시행령 제13조)	• 좌동 • 시·도청의 평생교육진흥사업에 대한 협의 (제16조)
평생교육진흥 사업 영역	• 법이 규정한 모든 평생교육 사업 – 정규교육과정을 제외한 학력보완교육, 성인기초 문자해독교육, 직업능력향상교육, 인문교양교육, 문화예술교육,, 시민참여교육 • 정보화 관련 평생교육(제22조)	• 문자해독교육(제39조) • 좌동

출처: 고영상 외(2011). 시·도-시·군·구 평생교육 연계체제 구축방안 연구.

2) 평생교육 전담기구: 시·도 평생교육진흥원

「평생교육법」 제20조는 시·도의 평생교육진흥사업의 효율적 추진을 위하여 시·도 평생교육진흥원을 교육감과 협의하여(「평생교육법시행령」 제12조) 설치 또는 지정·운영할 수 있도록 명시하고 있다. 시·도 평생교육진흥원 임무를 해당 지역의 평생교육기회 및 정보의 제공, 평생교육상담, 평생교육 프로그램 운영, 해당 지역의 평생교육기관 간 연계체제구축, 그밖에 평생교육진흥을 위하여 시·도지사가 필요하다고 인정하는 사항 등을 규정하고 있다. 이러한 「평생교육법」 규정에 따라 각 시·도 지방자치단체는 조례를 제정하여 시·도 평생교육진흥원을 설치 또는 운영하고 평생교육진흥사업을 추진하도록 하고 있다.

시·도 평생교육진흥원의 사업에 대한 각 시·도 지방자치단체의 조례는 「평생교육법」의 내용에 비하여 상당히 구체적으로 제시하고 있다. 다만 평생교육진흥사업의 구체적 내용은 「평생교육법」 제16조를 비롯하여 평생교육사 배치, 평생교육시설 등에 대한 경비지원, 시·도 평생교육진흥원의 업무 등 여러 조항 속에 담겨 있는 사항을 정리한 수준이지만 법령보다는 훨씬 구체적으로 제시되고 있다. 하지만 조례의 내용이 지역에 따라 다른데, 이들의 구체적인 내용은 ① 평생교육프로그램 개발, 운영, 보급, 지원, ② 자치구와 평생교육기관 간의 연계체계 구축, ③ 평생교육 관계자 연수, ④ 평생교육 기회 및 정보제공, ⑤ 평생교육상담, ⑥ 전문인력정보은행제, ⑦ 학습계좌제 운영, ⑧ 평생교육 관련 통계조사 및 자료구축, ⑨ 평생교육기관의 설치·운영, ⑩ 평생교육사의 양성·배치, ⑪ 평생학습축제 등 시민의 평생교육 참여확산을 위한 사업, ⑫ 문자해득교육지원, ⑬ 평생교육관련 정책개발 및 연구, ⑭ 학습동아리 육성 및 활동 지원, ⑮ 소외계층에 대한 평생교육 참여 지원, ⑯ 지역평생교육진흥 컨설팅 시행 또는 자치구 및 평생교육기관에 대한 장학 및 평가, ⑰ 저소득층에 대한 평생교육지원, ⑱ 장애인 평생교육과정 설치·운영 및 지원, ⑲ 자치구 및 평생교육기관 등에 대한 평생학습진흥사업 지원, ⑳ 그밖에 평생교육 진흥을 위하여 자치단체장(시·도지사)이 필요하다고 인정하는 사항 등이다.

한편, 광역자치단체는 평생교육추진 전담기구인 시·도 평생교육진흥원을 설치하고 있다. 지방 평생교육진흥사업을 추진하기 위한 시·도 평생교육담당부서와 시·도 평생교육진흥원의 설치현황을 살펴보면 다음 표 3-2와 같다.

표 3-2 시·도 평생교육진흥원 설립현황 및 지원부서

지역	시·도 평생교육진흥원		시·도
	설립형태	지원부서	담당부서
서울	지정예정	서울연구원	교육협력국 평생교육과
부산	지정	부산인적자원개발원	교육협력과 평생교육담당
대구	지정	대구경북연구원	기획관리실 교육협력담당관
인천	지정	인천인재육성재단	교육기획관 평생교육담당
광주	지정	광주발전연구원	창조도시정책기획관실 인재육성팀
대전	재단법인	대전평생교육진흥원	교육협력담당관 평생교육담당
울산	지정	울산발전연구원	교육혁신도시협력관실 평생교육팀
경기	재단법인	경기평생교육진흥원	평생교육국 평생교육과
강원	지정예정	강원발전연구원	기획관실 교육협력팀
충북	지정	충북발전연구원	정책기획관실 교육지원팀
충남	지정	충남인재육성재단 위탁	교육법무담당관실 평생교육담당
전북	미정	전북발전연구원	교육법무과 인재양성담당
전남	미정	전남발전연구원	행정과 교육지원담당
경북	지정	대구대학교	인재양성과 인재육성담당
경남	미정	경남평생교육진흥원	정책기획관실 교육지원담당
제주	지정	제주발전연구원	인재개발원 평생교육과
세종	미정	미정	행정복지국 자치행정과

출처 : 국가평생교육진흥원(2013). 국가평생교육진흥원 내부자료.

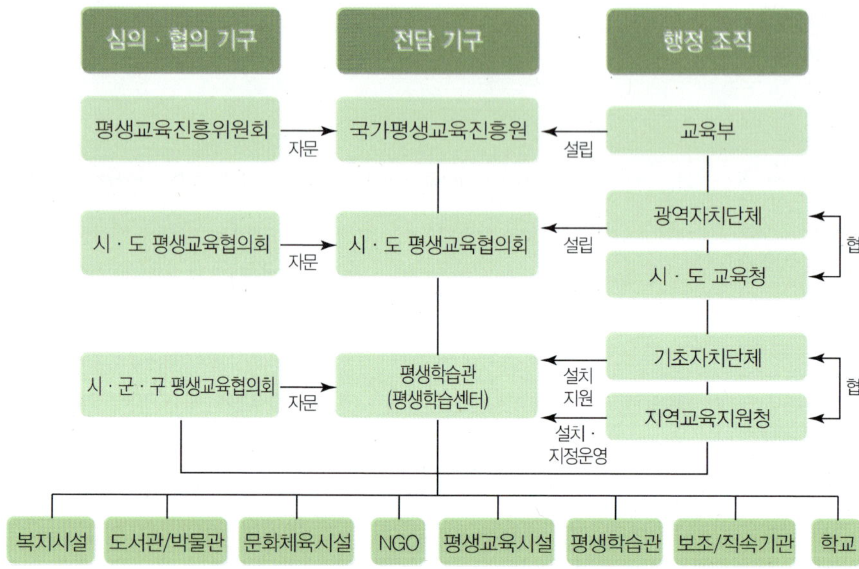

출처 : 2013 평생교육백서.

그림 3-2 평생학습 지원 추진체제

3 기초단위체제

1) 평생교육행정조직: 시·군·구 평생교육담당(과)

기초자치단체는 국가 및 지방의 평생교육진흥기본계획을 통보받을 뿐만 아니라 자체의 평생교육시책을 수립하여 국가와 함께 주민을 위한 평생교육을 시행해야 할 책임이 있다. 「평생교육법」 제14조에서는 시·군·구의 "지역주민을 위한 평생교육의 실시와 관련되는 사업 간 조정 및 유관기관 간 협력증진을 위하여 시·군자치구 평생교육협의회를 둔다"고 정하고 있으며, 시·군·구는 조례에서 정하는 바에 따라 주민을 위한 평생교육진흥사업을 실시하거나 지원할 수 있다. 정부로부터 평생학습도시로 지정된 지방자치단체들은 대부분 평생교육을 지원하는 팀, 과, 국 수준으로 행정조직을 구축하고, 지역의 평생학습사업의 전반에 걸친 정책개발 및 사업추진에 대한 행·재정적 지원을 하며, 시·군·구 지역평생학습추진을 위한 전담기구인 평생학습센터 또는 평생학습관을 지원하는 역할을 한다.

2) 평생교육 전담기구: 시·군·구 평생교육센터(평생학습관)

「평생교육법」에서는 시·군·구청장이 평생학습관을 설치·운영하도록 규정하고 있다(제21조). 시·군·구의 평생학습전담기구로서 평생학습관을 살펴보면 다음과 같다.

(1) 평생학습관

「평생교육법」 제21조에 의하면, 교육감뿐만 아니라 시장·군수·자치구의 구청장도 평생학습관의 설치 또는 재정적 지원 등 해당 지방자치단체의 평생교육을 진흥하기 위하여 필요한 사업을 실시할 수 있도록 규정하고 있으며, 이를 위해서는 조례를 제정하여 실시하도록 규정하고 있다. 기초수준의 지방평생교육과 관련하여 교육감은 평생학습관을 설치 및 지정할 수 있으나 기초자치단체장은 지정권한은 없고 설치·지원만을 할 수 있다. 평생학습관은 2001년 208개에서 시작하여 2012년 기준 421개의 기관이 운영 중에 있다(교육부·한국교육개발원, 2013). 또한 시·군·구청은 기초자치단체의 평생학습계획의 수립과 실행, 평생학습기관 간 네트워크, 평생교육프로그램 개발 및 운영, 평생학습정보제공, 평생학습상담 등을 총괄하는 전담기구의 필요성 때문에 평생학습관 또는 평생학습센터를 설치·운영하고 있다. 시·군·구의 평생학습센터는 지역 내 도서관, 학교, 평생교육시설, 각종 복지관, 사회체육문화시설, 기업 및 산업체 등과의 네트워크를 통하여 지역의 평생학습 프로젝트를 실행한다.

4 평생교육정보망 구축

2008년 평생교육법 개정 이후 국가수준의 평생학습을 진흥하고자 평생교육 중추기관으로서 평생교육진흥원을 설립하였다. 교육부와 평생교육진흥원은 평생교육 유관기관들과 파트너십을 구축하여 평생학습 네트워크를 형성하고 평생학습 활성화를 위한 지원 사업을 운영하며 국민들에게 평생교육관련 정보를 제공하고자 평생교육정보망 운영사업을 진행하고 있다. '정보화 관련 평생교육의 진흥'(「평생교육법」 제22조)에 따라 2001년부터 서비스를 시작한 '평생교육정보망'은 평생교육관련 정보화와 이와 관련된 평생교육과정 개발을 위해 노력하고 있으며, 평생교육 종사자의 양성·연수, 평생교육기관 간 연계체제의 구축(「평생교육법」 제19조)을 위하여 평생교육관련 정보를 수집하고 제공하고 있다.

평생교육정보망 구축 및 운영사업의 목적은 다음과 같다. 첫째, 평생교육 정보시스템의 구축 및 운영을 통해 평생학습 기반을 구축하고 국민의 평생학습 참여를 촉진하는데 있다. 이는 평생교육정보의 창구 일원화를 통해 평생교육 종사자, 수요자, 관리자의 편익을 도모하는 데 있다. 둘째, 평생교육정책 및 사업 관련 정보의 DB화를 통해 정책 품질 및 업무 효율성 향상에 있다. DB를 활용한 평생교육 관련 정보의 다각적, 입체적 분석을 통해 체계적인 평생교육정책 수립 및 추진을 지원하는 데 있다.

평생교육진흥원(구 한국교육개발원 평생교육센터)에서 2000년 하반기부터 시작한 평생교육정보망(구 평생교육종합정보시스템)은 평생교육관련 정보의 수집 및 제공을 목적으로 국민들에게 유용한 정보의 원스톱 정보체제, 평생교육기관 및 시설 간의 수직적·수평적 네트워크 구축을 통해 국민의 학습활동을 지원하고 있다. 또한 상호연계체제를 바탕으로 평생교육기관 및 프로그램, 평생교육사, 연구, 연수, 동영상자료 등에 관한 각종 평생교육을 수집하여 제공하고 있다. 초기 정보시스템은 ASP(Application Service Provider) 모형을 기반으로 개발되었다. 이는 평생교육 관련 데이터베이스를 집중적으로 개발·구축하고 지속적으로 구축해 나가기 위한 접근으로, 모든 지역평생교육정보센터 및 교육기관이 중앙의 플랫폼을 호스팅하여 사용하도록 하였다. 2002년부터 사이버교육 운영시스템을 통해 평생교육기관 종사자 및 일반학습자를 위한 13종의 콘텐츠를 개발하여 제공하고 있다. 또한 2007년부터는 평생학습지도를 구축하여 평생교육기관 및 프로그램 정보를 전자지도 상에서 서비스하고 있다. 2008년부터는 평생교육정책의 효율적 집행과 사업지원을 강화하고 평생교육정보서비스의 정책 정보 기능 및 정보 연계를 강화하기 위해 평생교육정보망으로 개편하여 운영 중이다.

표 3-3 평생교육정보망 연도별 구축현황

연도	구축내용
2000	평생교육 정보시스템 구축, 교・강사 DB 구축
2001	지역센터별 홈페이지 구축지원 및 콘텐츠 2종 개발
2002	사이버교육시스템 구축, 검색로봇 개발 및 웹진 서비스, 콘텐츠 10종 개발
2003	CM으로 구조변경, DB 보완, 콘텐츠 9종 개발
2004	DB보완 및 확충 콘텐츠 6종 개발
2005	평생교육 ISP 수립, 콘텐츠 5종 개발
2006	평생교육 센터 및 지역 평생교육정보센터(16개) 홈페이지 개편 및 성인 문해 학사관리 시스템 개발
2007	평생교육센터 홈페이지 개선 및 평생학습지도 구축, 성인문해 학사관리시스템 업그레이드
2008	평생교육 7개 유관기관(단체) 홈페이지 구축, DB 구조 고도화, 평생교육정책 지원 사업 안내 추가 평생교육정보망 기능 개선
2009	평생교육 연수 온라인 신청 관리 시스템 구축, 연계강화를 위한 중계시스템 구축

출처: 2009 교육정보화 백서.

평생교육정보망의 주요 기능을 영역별로 나눠 보면 크게 다섯 가지로 구분할 수 있다. 첫째, 평생교육과 관련된 정보의 제공이다. 평생교육정보망은 평생교육정책 현황을 비롯하여 평생교육기관, 평생교육프로그램, 평생교육사 등 평생교육관련 DB 구축 및 제공과 지역평생교육정보센터 및 평생학습 도시, 평생교육관련 기관 및 단체와 연계체제를 구축하고, 정보나눔터를 통해 공지사항, 관련뉴스, 행사안내, 상담, 자료, 사진자료 등 평생교육관련 정보를 제공함으로써 누구나 손쉽게 평생교육관련 정보를 찾을 수 있도록 하였다. 또한, 사이버교육시스템을 통해 평생교육 관련 종사자의 연수프로그램 및 일반학습자의 평생학습 프로그램을 제공하고 있다.

둘째, 평생교육 관련 정보의 데이터베이스 제공이다. 평생교육정보망에서 탑재하여 제공하고 있는 데이터베이스는 전국의 평생교육기관(2,638건), 평생교육프로그램(총 316,961건, 검색가능 30,129건), 연구자료(272건), 연수자료(104건), 행정자료(151건), 동영상자료(290건) 등이 제공되고 있다. 이 DB는 주기적인 업데이트를 통해 최신의 정보를 제공하고 있으며, 연계체제를 통해 공개 데이터를 공급하고 있다. 기존 텍스트 위주의 평생교육관련 정보 제공의 차원을 넘어 학습자가 보다 쉽게 정보를 찾을 수 있도록 '평생학습지도' 검색서비스를 제공하고 있다. 이 서비스는 강좌검색과 기관검색 기능을 제공하고 있으며, 학습자가 원하는 지역(시·도, 시·군·구)을 선택한 후 강좌의 키워드(예: 서예)를 검색하면 해당 지역의 지도상에서 수강할 수 있는 기관을 아이콘 형태로 표시해줌으로써 쉽게 접근할 수 있도록 설계되었다.

셋째, 평생학습 사이버교육의 운영이다. 평생교육관련 기관 및 단체 실무자, 평생교육사를 대상으로 직무교육과정 및 전문교육과정과 일반 학습자를 대상으로 일반 교육과정으로 구성되어 있다. 나의 학습실을 통해 개인 학습자의 수강결과와 진행현황을 파악할 수 있으며, 학습도우미(공지사항, FAQ, Q&A)를 통해 학습자의 사이버교육에 대한 도우미 역할을 하고 있다.

표 3-4 **평생학습 사이버교육 운영현황**

구분	과정명	학습시간
직무교육 (2개 과정)	문해교육	12시간
	평생학습 실무	12시간
전문교육과정 (7개 과정)	원격교육활용론	10시간
	인적자원개발론	10시간
	성인학습론	10시간
	평생교육방법론	10시간
	평생교육경영학	8시간
	평생교육프로그램 개발	8시간
	평생교육개론	10시간
일반교육과정 (4개 과정)	시민생활백서	12시간
	경쟁력 있는 노후 만들기	12시간
	건강한 노후를 위한 관리 노하우	12시간
	환경의식을 심어주는 체험학습 프로그램	10시간

출처: 2009 교육정보화 백서.

넷째, 평생교육기관 및 단체 간 정보공유체제 구축이다. 평생교육진흥원은 지역평생교육정보센터, 평생학습관, 평생학습도시 외 다양한 평생교육기관 및 단체와의 연계체제를 바탕으로 정보의 수집 및 제공, 교류를 통해 추진사업을 공유하고 관련기관 및 단체 간 연계를 주도함으로써 평생교육정보 연계허브시스템 구축을 목표로 평생교육정보망을 운영하고 있다.

다섯째, 평생교육관련 사업과의 연계이다. 평생교육진흥원은 많은 평생교육관련 사업을 수행 중에 있다. 평생학습도시 조성사업, 평생학습중심대학 지원사업, 평생교육 연수사업, 성인 문해 지원사업, 소외계층 평생교육프로그램 지원사업, 주말과정 평생교육프로그램 지원사업, 대학부설 평생교육원 활성화사업, 평생학습축제, 평생학습대상 외 수탁사업으로 평생학습결과 표준화 시범운영사업, 지역과 함께하는 학교사업 등이 있다.

2008년 '지역과 함께하는 학교'사업 전담 홈페이지(http://school.lll.or.kr)를 구축하고 관련 업무를 홈페이지를 통해 진행함으로써 사업에 대한 대 국민 홍보 및 운영기관 실무자와 정보를 공유할 수 있는 시스템을 운영 중이다. 그동안 개최 기초자치단체에서 구축 운영되었던 전국평생학습축제 홈페이지를 평생교육진흥원에서 전담 홈페이지(http://festival.lll.or.kr)를 구축·운영 중에 있으며, 향후 평생교육관련 모든 사업별 전담 홈페이지를 구축함으로써 사업 홍보 및 업무 운영의 효율을 극대화하고 사업을 활성화시키고자 한다. 또한 평생학습결과 표준화 시범운영사업으로 선정된 7개 평생학습도시는 평생학습결과 표준화(현 평생 학습계좌제)와 관련된 학습이력관리 정보시스템을 구축·운영 중에 있다. 이 정보시스템은 평생학습계좌제의 시범운영 성격을 가지고 학습자 평생에 걸쳐 이수한 학습결과 및 경력에 대한 누적 기록, 관리를 통해 학습자의 형식적·비형식적 평생학습 이력관리 기능을 가지고 있다. 이를 바탕으로 2008년부터 평생 학습 계좌제 시범운영 사업의 일환으로 대덕구, 청주시, 이천시, 부산(연제구, 사상구, 진구), 군산시 등 5개 기초지자체와 함께 평생학습 이력관리 시스템을 개발하였고, 2009년도 시범운영단(17개 기초지자체)과 함께 학습이력관리 제도를 운영하고 있다.

CHAPTER 04

평생교육경영의 조직

1. 조직의 정의
2. 조직의 목표
3. 조직의 구성요인
4. 조직의 형태
5. 조직의 원리
6. 조직의 유형

인간은 조직을 떠나서 살 수 없으며, 우리 주변에는 수많은 조직이 존재하고 있다. 인간을 위한 최초의 조직이라 할 수 있는 가정으로부터 시작하여 학교조직, 기업조직, 정치조직, 정부조직 그리고 국제조직 등의 사회조직이 산재해 있다. 이러한 이유에서 우리들이 살고 있는 사회는 조직사회이다.

1 조직의 정의

조직(organization)이란 인간이 힘을 합쳐서 공동의 목표를 달성하는 인간집단이다. 사이먼(Herbert A. Simon)이 적절하게 지적하고 있듯이 조직은 인간들의 습관을 형성하고 생활의 질을 발전시키는 힘을 제공할 수 있는 환경자체를 갖고 있기 때문에 인간에게 중요하다. 그러므로 우리 인간과 밀접한 관계를 형성하면서 영향을 주고받고 있는 조직이론을 올바르게 이해하고 분석할 필요가 있다. 바나드(C. I. Barnard)는 조직은 "집단이라기보다는 협동의 관계이며, 인간의 상호작용의 체제(system)"라고 하여 조직을 집단이라는 개념에서 배제하고, 조직을 두 사람 이상의 의식적으로 조정된 행동 또는 힘의 체제라고 하였다. 그리고 조직의 구성요소로서 ① 의사소통(communication), ② 협동의욕(willingness to cooperate), ③ 공동목적(common purpose)을 들고 있다. 사이먼(Herbert A. Simon)은 행정조직을 의사결정구조(decision-making structures)로 보았다. 특히 조직의 기능으로서 ① 과업의 분담, ② 과업 수행상 표준의 설정, ③ 권한과 영향력의 행사, ④ 의사소통, ⑤ 교화와 훈련 등을 들고 있다.

어윅(L. F. Urwick)은 "조직은 통치과정에서 어떤 목적을 수행하기 위해 존재하며, 조직의 각 부분은 그 목적에 대하여 명확하고도 권위 있는 공헌을 한다"고 정의하였고, 바나드(C. I. Barnard)는 "조직은 일정한 목적을 실현하기 위하여 2인 이상의 협동자가 일정한 방법으로 업무를 분담하고, 일정한 권위하에서 권한의 위양과 의사소통에 의하여 연락·조정·통제를 기도하여 형성된 활동체계"라고 정의하였으며, 파슨스(T. Parsons)는 "조직은 그 조직이 속해 있는 더 큰 사회의 기능에 공헌하는 특정한 목적을 달성하기 위한 사회단위"라고 정의하였다.

이 이외에도 학자들의 관점에 따라 여러 가지 정의가 있다. 조직은 주로 의사결정의 구조이고, 주로 업무분담, 업무수행상 표준의 설정, 권한과 영향력의 구사, 의사소통, 교화와 훈련 등 다섯 가지의 기능을 수행한다(Herbert A. Simon). 조직은 또한 개방체제인 사회적 체제의 일종이다(Katz & Kahn). 홀(Richard H. Hall)은 조직이란 대체로 확인이 가능한 경계, 규범적인 질서, 권한의 계층, 의사전달 체제 및 구성원을 조정하는 체제를 가진 집합체로 보았다. 이러한 집합체는 비교적 지속적으로 환경 속에 존재하며 대개 하나의 목적 또는 일련의 목적에 관련된 활동에 종사한다.

이러한 견해들의 공통점을 토대로 조직에 대한 개념을 정의하면 조직이란 '모든 인간은 달성해야 할 개별적 목표를 갖고 있는데 이러한 목표를 합리적으로 달성하기 위해 두 사람 이상이 모여 분업과 통합의 활동체제를 갖춘 사회적 단위'라 할 수 있다. 보다 간단히 정의한다면 조직이란 '어떤 공동의 목적을 달성하기 위해 두 사람 이상이 과업을 분담하여 협동하는 사회체제' 또는 '공동목적을 효율적으로 달성하기 위하여 의도적으로 구성된 협동의 체제'라고 할 수 있을 것이다(안병환 외, 2008).

이 같은 조직의 정의에는 기본적으로 아무리 간결한 형태라 하더라도, 헨클러(Stephen P. Hencly)가 지적하는 대로 몇 가지 요소를 내포하고 있다. 첫째, 조직은 운영 그 자체보다 설계와 계획을 의미한다. 둘째, 조직이란 조직의 목적에 이르는 수단을 의미한다. 셋째, 조직구성원들의 계속적인 과업수행이다.

이찬교·김재웅(2005)이 정리한 바에 따르면 이러한 요소들은 다음과 같은 몇 가지 특징으로 요약된다.

① 조직은 달성하고자 하는 특정한 목표 내지 목적을 가진다.

② 조직은 이러한 목표 내지 목적을 달성하기 위한 개인들의 집합체이다.

③ 조직은 목표 내지 목적을 달성하기 위한 여러 과업을 수행하는 부분요소들로 구성되며, 이들은 상호의존하면서 상호작용을 하는 분업체제이다.

④ 조직은 넓은 의미의 사회적 환경 속에 존재하며, 이러한 사회적 환경과 상호의존된 일종의 사회체제이다.

⑤ 조직은 사회체제 속의 한 부분체제 또는 하위체제일 뿐만 아니라, 자체 내에 여러 하위체제가 포함되어 있다.

⑥ 사회체제로서의 조직은 목표달성기능·적응기능·관리유지기능·통합기능을 수행하며, 비교적 장기간 존속하는 지속성을 지니고 있다.

조직의 특징은 인간의 행위, 조직의 구조, 조직의 과정을 이해하는 것이다.

첫째, 인간의 행위란 인지, 직무만족감, 동기부여, 학습행위 등이다.

둘째, 조직의 구조란 집단의 기구이다. 조직 내의 조직과 조직의 연계성, 책임관계, 업무관계 등을 나타내는 조직의 종횡의 관계이다.

셋째, 조직의 과정이란 조직에서 일하는 사람들의 관계이고, 의사소통, 의사결정, 리더십 그리고 조직개발 등을 가르치는 것이다. 이러한 내용은 조직의 과정을 효율적이고, 원만하게 진행하도록 조직을 설계하는 것이다.

조직은 인간의 필요에 의하여 만들어졌으며 조직이 없으면 다양한 제품이나 서비스를 제공받을 수 없게 된다(가재환 외, 2005).

2 조직의 목표

조직의 목표(organizational goal)는 조직이 달성하려고 하는 소망스러운 상태(desired state)를 의미한다. 조직의 목표는 조직활동의 방향을 제시하고 현재 활동에 실질적 영향을 미치는 사회적 힘을 가지고 있으며, 조직의 합법성 및 정당성의 근거를 제공하고, 조직구성원의 행동 기준을 제공하고 동기를 부여하며, 의사결정의 지침을 제공하고, 나아가 효과성 평가의 기준을 제공하는 기능을 수행한다.

조직이 명백한 목표를 추구한다는 가정하에 합리성의 극대화의 추구가 조직의 구성논리이다. 가장 단순한 의미에서의 조직합리성은 목표달성에 가장 효율적인 수단을 취함으로써 극대화된다고 정의된다. 조직의 각 요소들은 목표에 대해 맡은바 분명한 기여가 전제되었으며, 조직구조는 최고의 효율성이 확보되도록 설계된다. 따라서 합리적 관점에서 보는 조직목표란 무엇보다도 일련의 대안적 행위들이 고려되고 선택되는 기준이다. 즉, 조직목표가 갖는 조직 내 의사결정과 행위를 이끄는 인지적 기능에 주안점을 두는 것이다.

자연적 조직관에서 보는 조직은 분명한 목표로서 항상 합리성의 최우선하에 행동하는 행위자가 아니다. 오히려 조직 내외의 상황에 그때그때 적응하며, 이 과정에서 경우에 따라서는 목표도 같이 변화하게 된다. 우선 조직에는 산출목표와 구분되는 체계유지목표가 있다. 여기에서 산출목표란 합리적 관점에서 강조하는 조직이 달성하고자 하는 미래의 바람직한 상태와 직접적인 관련을 갖는다. 그 이상의 자원을 체계유지와 조직생존을 위해 할애한다.

1) 개인목표와 조직목표

조직의 구성원은 조직목표와는 구분되는 개인적 목표를 갖는다. 개인목표는 조직구성원 개인이 갖는 동기이다. 고전적, 합리적 조직관에서는 조직에서의 보상에 의해 개인목표를 포함한 바람직스럽지 못한 개인적 요소들을 완전히 배제시킨다는 전제하에 조직의 설계를 꾀하였으며, 조직이 그러한 전제하에 운영되는 것을 가정하였다. 사람들이 개인적으로 갖는 개인목표와 조직에 참여하여 공적으로 수행하는 조직목표는 일치하지 않는다. 설사 어느 정도 개인목표와 조직목표가 일치되는 경우가 있다 해도 특정 조직들에 극히 제한적이다. 이에 따라 개인목표와 조직목표의 조화라는 문제가 중요하게 등장하게 되었다.

바나드(Chester Banard, 1938)와 사이먼(Herbert Simon, 1976)은 조직구성원 개인의 동기로서의 목표와 조직이 추구하는 목표 간의 조화는 계약에 의해 이루어진다고 보고 유인-헌신계약을 강조했다. 이것의 핵심은 보상이다. 구성원에 대한 보상은 조직의 유형에 따라 달라진다. 예를 들어, 규범적 조직에서는 도덕, 공리적 조직에서는 경제적 보상, 강제적 조직에서는 물리적 강제이다. 유인-헌신계약으로써 개인의 조직행동에서의 한계가 설정되고, 조직에서 개인적인 행동은 제한된다.

조직목표와 개인목표의 통합에 관한 모형은 크게 교환모형, 교화모형, 수용모형이 있다.

첫째, 교환모형은 조직과 개인 사이의 거래협상의 관계를 활용하는 방법이다. 즉, 외재적 보상에 기초한 모형으로 조직의 입장에서 개인의 목표에 도움이 되는 유인을 제공하고, 개인은 대가로서 시간과 노력을 조직의 목표달성에 제공하는 것이다.

둘째, 교화모형은 조직의 목표를 위해 개인의 목표를 포기하도록 설득하는 방법이다. 개인으로 하여금 조직의 목표에 도움이 되는 행동을 가치 있는 것으로 받아들이게 하기 위하여 설득, 감화 등 바람직한 것으로 인식시켜서 목표를 통합하는 것이다.

셋째, 수용모형은 조직이 목표를 설정할 때, 개인들의 목표를 충분히 고려하여 수용하는 방법이다. 조직의 구성과 운영 시 조직의 목표를 추구하는 것 자체가 개인에게 가치 있는 것으로 느껴지도록 하는 것으로 개인을 의사결정 과정에 참여시킨다.

이 세 모형은 모두 혼재하여 조직의 목표에 몰입하도록 하지만 개인이 그 조직에서 바라는 바가 없다면 그 조직구성원은 이직을 하게 된다.

2) 조직목표의 기능

조직의 목표가 구체화되면 그것은 다음과 같은 여러 가지 기능을 가지게 된다.

❶ 조직의 지침 제공

조직의 목표란 조직의 바람직한 미래 상태에 조직운영과 활동을 위한 방향과 지침을 제공한다. 즉, 여러 행동대안 중 적절한 선택기준을 제시해 주고 의사결정 과정의 불확실성을 감소시켜 준다.

❷ 정당성의 근거

조직은 처음부터 조직의 정당성을 인정받을 수 있는 목표를 설정해야 한다. 왜냐하면 조직의 목표는 특정 조직 체제가 그 사회에 적합하다고 하는 신념을 낳게 하며 그 신념을 줄곧 지속시키기 때문이다. 즉, 조직은 그 목표를 통해 조직의 존재 그 자체와 조직활동을 사회 내에서 정당화시키는 것이다.

❸ 효과성 측정의 기준

조직의 목표는 조직의 성공도와 그에 대한 기여도를 평가하는 기준이 된다.

❹ 계획기능

조직의 목표는 조직의 구조와 과정을 설계하는 준거 틀을 제공한다. 즉, 특정 목표의 성취에 필요한 자원이나 기술적 과정, 구성원의 활동 등은 조직의 분업과 권력구조, 의사전달의 양태 등 조직의 여러 국면에 영향을 미친다.

3) 조직목표의 변화

조직에 있어서 목표가 고정되어 있다면 발전가능성은 어느 시기에는 그 목표의 생명이 짧기 때문에 한계점에 도달하게 되어 있다. 조직의 목표는 한두 명이 조직구성체를 위하여 설정되는 목표도 있지만 대부분 조직의 목표를 설정할 때 집단의 크기는 중소형이 될 수 있다. 또한 집단의 크기가 커질수록 장기적인 목표설정을 하기보다는 집단의 성취욕을 고취시킨 후 다음 단계의 목표를 설정하기 위해서 단기적이며 실현가능성이 높은 목표를 세우게 되어 있기 때문에 조직의 목표는 변할 수밖에 없다.

(1) 조직목표의 변동요인

조직목표가 변동하는 원인은 여러 가지가 있을 수 있는데, 조직의 내적 요인과 환경적 요인으로 구분할 수 있다.

① 조직의 내적 요인: 목표변동을 가져올 수 있는 조직의 내적 요인에는 지도자의 태도변화와 권력구조 변화, 조직구성원들 성향변화, 집단 간의 권력변화, 조직구성의 연합구조변화, 목표형성과정의 결함, 목표

의 과잉측정 등이 있다.

② 환경적 요인: 조직의 목표변동은 환경의 영향에 의해서도 야기될 수 있다. 어떤 조직과 관련을 맺고 있는 특정한 외부세력이 조직의 목표변동에 직접적으로 작용할 때도 있고, 일반적인 환경변화에 조직이 적응함으로써 목표변동이 일어나는 경우도 있다.

(2) 조직목표의 변동양태

❶ 목표의 전환

수단이 목표시되고 목표가 수단시되는 현상으로 조직목표의 왜곡에 의해 본래 목표는 상실되고 본래 목표달성을 위한 수단이 목표로 대치, 전환되는 것을 말한다.

❷ 목표의 계승

기존 목표가 달성되었거나 전혀 달성 불가능할 때 새로운 목표를 설정하는 것이다. 예를 들면, 보건복지부에 가면 노인복지과가 있다. 이 노인복지과가 추구하는 정책방향이 시설중심이었는데 재가중심으로 바뀐다면 그 원인은 노인이 엄청나게 증가하는 사회 환경변화에 따른 것이다. 노인인구의 증가에 따라 시설보호만으로 감당이 되지 않으므로 재가중심으로 바뀌게 되는데, 이는 목표의 계승측면으로 볼 수 있다.

❸ 목표의 다원화 확대·축소

본래 목표에 새로운 목표를 추가하는 경우로 이는 기존 목표를 확장시킨 경우이고 목표달성이 어려우면 축소하기도 한다. 한국 이웃사랑회란 조직의 목적이 이웃을 사랑하는 것인데, 국내의 저소득층과 아동을 돕다가 북한아동의 힘든 상황, 아프가니스탄의 해외 이웃들을 돕는 방향으로 발전하였다면 이를 목표의 다원화 및 확대로 볼 수 있다.

④ 목표의 비중변동

목표달성의 우선순위가 바뀌는 현상조직은 여러 가지 유형의 목표를 추구하는 사회적 단위로 가변적이고 동태적이다. 따라서 조직목표도 조직의 변화에 따라 가변적으로 되어 목표변화 현상이 일어난다.

3 조직의 구성요인

조직을 형성하기 위해서는 여러 가지 변수를 고려해야 하는데, 조직은 조직구조의 구성요소이자 기본적인 변수인 복잡성, 집권화, 공식화 정도에 따라 변화한다. 또한 여러 가지 상황적인 변수들에 의해 변화하여 형성되기도 한다. 상황적 변수에는 크게 외생적 요인과 내생적 요인으로 나눌 수 있다. 외생적 요인으로는 기술, 조직규모, 환경 등이 있으며, 내생적 요인으로는 전략 및 권력작용 등을 말할 수 있다.

이러한 여러 요소들은 조직을 형성하고 구조화하는데 매우 중요한 영향력을 가지고 있으며, 이러한 요소들이 얼마나 유기적으로 연결되어 있느냐에 따라 조직의 목표달성 여부를 판단할 수 있을 정도로 중요하다. 윤종훈 외(2008)는 조직의 구성요소로서 인간, 구조, 과업, 기술, 시설과 자금 등을 제시하였다.

첫째, 인간(人間)은 조직구성의 제일 중요 요소이며, 계층적으로 구성되어 권한과 책임을 수행하게 된다.

둘째, 구조(構造)는 조직의 목표를 달성하기 위해 인간이 인위적으로 형성해 놓은 조직의 틀이며, 조직이 수행하고 있는 기술이나 과업의 내용에 따라 달라질 수 있다.

셋째, 과업(課業)은 조직구성원들이 조직의 공동목표를 달성하기 위하여 해야 할 일들을 규정하는 것이다. 즉, 인간이 조직의 구조 속에서 해야 할 업무를 말하는 것이다.

넷째, 기술(技術)은 과업을 행하는 구체적인 방법으로 다른 구성요소들과 밀접한 관계를 가지고 있다. 새로운 기술도입은 관련 기술과에 대한 재료들, 과업의 조정, 조직구조의 변화를 가져오게 된다.

다섯째, 시설(施設)과 자금(資金)은 조직구성원이 목표를 원활하게 달성할 수 있도록 물리적·경제적 여건을 조성해 주는 것이다.

이상의 다섯 가지 구성요인들이 유기적으로 연결되고 상호보완적으로 작용함으로써 조직은 조직이 지향하는 목표를 달성할 수 있다.

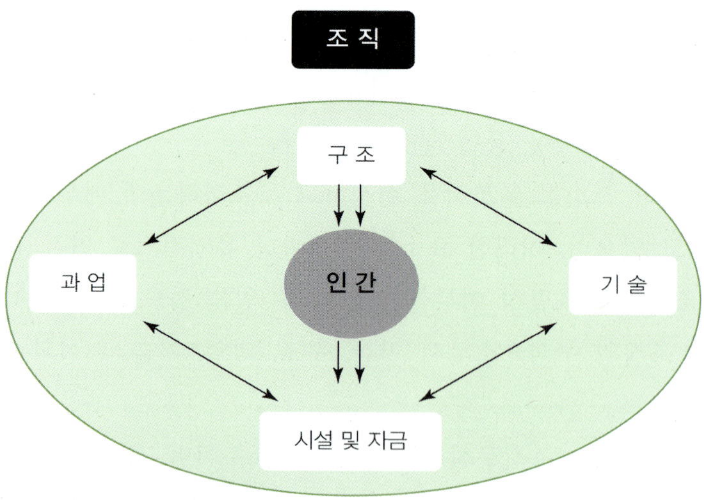

그림 4-1 조직의 구성요인과 상호관계

4 조직의 형태

1) 공식조직과 비공식조직

현대적 조직에서는 공식조직과 함께 비공식조직에 대한 연구가 중요하게 인식되고 있다. 공식조직(formal organization)이란 과학적 합리성의 근거에 따라 인위적으로 제도화된 조직으로, 행정기능을 분화하고 수직적·수평적으로 전문화된 조직도표상의 조직들이다. 공식조직은 형식조직이라고도 한다. 비공식조직(informal organization)이란 현실의 인간관계 및 행태를 중심으로 한 비합리적·감정적·대면적 측면에서 이루어진 자연발생적 조직으로, 공식조직 내의 개인조직, 클럽과 파벌 등의 소집단(small group) 및 일차적 집단(primary group)을 들 수 있다. 비공식조직은 비형식조직이라고도 한다.

공식조직과 비공식조직의 차이점은 다음과 같다(김창걸, 1994; 이찬교·김재웅, 2005).

① 공식조직이 인위적인 조직인 데 반하여, 비공식조직은 자연발생적이다. 공식조직이 조직의 목적달성을 위하여 인위적 또는 의식적으로 편성된 제도적 조직인데 비하여 비공식조직은 혈연·지연 또는 동창관계 등으로 인하여 자연발생적인 현실적 인간관계로 이루어진 조직을 의미한다.

② 공식조직이 외면적 혹은 외재적인 조직인데 반하여, 비공식조직은 내면적 혹은 내재적인 조직이다. 전자는 가시적인 조직인데 반하여 후자는 비가시적인 조직이다. 비공식조직은 조직원들의 행동과 태도를 조직의 내면에서 규정하고 있다. 그러나 현실적이고 생동한다는 측면에서 공식조직과 다를 바 없다.

③ 공식조직이 문서화된 조직이라면, 비공식조직은 자라나온 조직이다. 전자는 조직기구와 직제에 의하여 서면화된 조직이지만, 후자는 성문화되어 있지 않으며 조직원들의 생생한 행동이나 태도 속에서 자라나온 조직이다. 즉, 공식조직이 논리적 합리성에 의한 대규모 조직이라면 비공식조직은 대면적인 현실적 인간관계에 의한 소집단이다.

④ 공식조직이 능률의 논리에 따른 것이라면 비공식조직은 감정의 논리에 따른 것이다. 공식조직은 통상 능률의 논리에 따라서 구성되지만, 비공식조직은 감정의 논리에 따라서 구성된다. 전자는 기계적 또는 비인정적 관계이며 능률을 중요시하지만, 후자는 공식조직의 능률을 그렇게 중요시하지는 않는다.

⑤ 공식조직이 전체적인 질서인데 반하여, 비공식조직은 부분적인 질서라고 할 수 있다. 공식조직이 전체적 질서를 부여하는데 비하여 비공식조직은 부분적 질서를 담당할 뿐이다.

⑥ 공식조직은 지도자의 권위가 상부에 의해서 주어지는데 반하여 비공식조직은 부하들의 동의에 의해서 존재하는 상향적인 것이다.

⑦ 공식조직은 방대한 규모로 확대되는 현상이 있다. 그 반면에 비공식조직은 현실적인 친밀한 인간관계를 필수요건으로 하기 때문에 항상 소집단 상태를 유지하게 된다.

비공식조직의 기능은 잘 이해할 필요가 있다. 비공식조직에는 다음과 같은 순기능이 있다(김창걸, 1994; 이찬교·김재웅, 2005).

① 공식조직의 경직성 완화에 기여한다. 즉, 법규에 의해 운영되는 공식조직에 융통성을 부여하고 대인관계에서 오는 개방적 풍토가 형성된다.

② 조직원들에게 부과된 업무를 능률적으로 수행하게 한다. 즉, 조직구성원들 간의 원활한 협동관계와 지식·경험의 공유, 집단적 결정에의

참여 그리고 유기적인 상호의존관계 등을 가능하게 하여 업무의 능률적 수행을 돕는다.

③ 조직구성원에게 만족감을 주고 직무집단을 안정시켜 준다. 즉, 구성원들의 누적된 심리적 욕구불만의 해소처가 됨으로써 귀속감과 안정감을 부여한다.

④ 조직구성원의 좌절감과 심리상의 불평, 욕구불만에 대한 배출구 역할을 한다. 즉, 공식적 구조만으로는 불충분한 의사전달을 비공식적 의사전달의 통로를 통하여 보충해 줌으로써, 의사전달의 원활화에 기여한다.

⑤ 공식조직의 책임자에 대한 능력보완에 기여한다. 즉, 공식조직의 책임자에 대한 자문기관이나 협조자의 역할을 한다.

⑥ 구성원 간의 행동기준 확립에 도움을 준다. 즉, 구성원 간에 서로 권고하고 조언함으로써 상호 통제기능을 갖고 있으므로 어떤 행동기준을 제공한다.

한편 비공식조직에는 다음과 같은 역기능이 있다(김창걸, 1994; 이찬교·김재웅, 2005).

① 자칫하면 파벌을 조성할 위험이 있다. 이에 따라 조직의 책임을 무효화할 우려가 있다.

② 공식조직의 목표에 배치되는 결과를 가져올 수 있다. 비공식조직 간에 적대감정이 야기될 때에는 공식조직의 기능이 마비될 수도 있다. 구성원이 불안감을 가질 때에는 이것이 조직 전체에 확대되어 공식조직을 해체시킬 수도 있다.

③ 비공식적 접촉을 통하여 개인적인 이익을 도모하기 쉬우며, 따라서 정실이 조장될 우려가 있다. 또한 이것은 조직단위 사이의 간격을 확대할 가능성이 있다.

④ 비공식적 의사전달에 따른 부작용의 우려가 있으며, 이에 왜곡된 정보 및 가십(gossip) 등에 의해 사기가 저하될 우려가 있다.

2) 계선조직과 막료조직

모든 행정조직에는 집행을 담당하는 계선조직과 기획 및 기타 보조적인 서비스를 제공하는 막료조직이 있다.

계선조직(line organization)이란 행정의 목적수행에 직접적으로 기여하는 일차적 조직을 말한다. 이는 행정조직의 장으로부터 국장·과장·계장·계원에 이르는 명령복종의 관계를 가진 수직적인 조직형태로서, 명령적·집행적 기능을 갖는다. 즉, 명령계통의 확립을 원리로 한 계층적 구조를 가지고 있으며, 자기 책임하에 스스로 결정하고 명령하는 집행실시 기관이다. 계선(line)이란 계층제의 구조를 가진 조직의 집행·운용·활동·권한의 면을 말한다. 계선은 행정체계에서 중추적인 위치에 있으며, 법령을 집행하고 정책을 결정하며 국민에게 직접적으로 봉사하는 임무를 맡고 있다. 계선조직은 계층제의 원리, 명령통일의 원리, 통솔범위의 원리에 의해 조직된다(김창걸, 1994; 이찬교·김재웅, 2005).

계선조직에는 다음과 같은 장점이 있다.

① 구성된 상호 간의 권한과 책임의 한계가 명백하며, 업무수행이 능률적이다.

② 단일기관으로 구성되어 의사결정이 신속하게 이루어지고, 강력한 통솔력을 발휘할 수 있다.

③ 업무가 단순하고 비용이 적게 드는 조직, 업무의 분화가 다양하지 않은 소규모 조직에 유리하다.

④ 경비의 절약을 기할 수 있는 등의 장점이 있다.

그러나 계선조직에는 다음과 같은 단점이 있다.

① 대규모 조직에는 계선만으로는 부족하고 업무량도 과다해진다. 따라서 계선조직은 조직이 대규모화하는 현대조직에 있어 최고관리자의 업무량을 과중케 한다.

② 조직의 장이 주관적·독단적인 조치를 취할 가능성이 있다. 기관장의 독선적 경향을 방지할 방법이 없다.

③ 특수 분야에서 전문가의 지식과 경험을 이용할 수 없다. 이에 따라 고도의 전문화·기술화된 오늘날 합리적 의사결정에 불가결한 전문가들의 활용이 불가능하다.

④ 조직이 지나치게 경직성을 띠게 된다. 명령계통을 주축으로 한 수직적 조직이므로 의사전달이 불충분하고 융통성이 없고, 통솔범위가 한정된다.

⑤ 부처 간의 효과적 조정이 곤란하다. 한두 사람의 유능한 인재를 잃으면 전체 조직이 마비된다.

막료조직(staff organization)이란 계선조직이 원활하게 기능을 수행하여 조직의 존립목적을 달성할 수 있도록 자문, 권고, 협의, 정보의 수집과 판단, 기획, 통제, 인사, 회계, 조달, 조사, 연구 등의 기능을 수행하는 기관을 말한다. 막료조직은 참모조직이라고도 한다.

막료조직은 조직의 목적을 직접적으로 수행하는 계선의 기능을 원활히 수행하도록 지원 보조하는 부차적 조직이다. 그러므로 명령·지휘계통에서 벗어난 측면적 조직이다.

막료는 조직의 목적달성에 간접적으로 기여하고, 조직의 장의 인격을 확장시켜 주지만 명령·집행·결정을 행할 수 있는 독자적인 권한을 갖고 있지는 않다. 오늘날 행정이 복잡해짐에 따라 막료의 업무는 더욱더 그 중요성이 인정되고 있다. 막료제도는 원래 군대조직에서 발달한 것인데, 계선조직의 군지휘관에 대하여 인사·정보·작전·군수·민사 등 여러 가지 문제에 대한 조언과 자문의 역할을 담당하는 막료(참모)의 기능을 행정조직에 도입한 것이다.

막료조직에는 다음과 같은 유형이 있다(김창걸, 1994).

① 보좌막료: 비서실 등과 같이 관리자의 신변적 업무를 보좌하는 막료조직이다.

② 정책막료: 국가안전보장회의나 경제과학심의회처럼 정책형성 및 정책결정에 조언하는 막료조직이다. 조언기관이 이에 속한다.

③ 통제 · 조정막료: 국무총리행정조정실이나 각 부처의 기획관리실처럼 최고관리자들의 통제·조정업무를 원활히 하도록 보조하는 막료조직이다. 통제기관(예산통제·인사관리·원가통제 등), 조정기관이 이에 속한다.

④ 보조막료: 조달청·총무처처럼 일상적 업무를 지원 보조하는 막료조직이다. 서비스기관(조사·구매·수송 등)이 이에 속한다.

⑤ 정보막료: 합리적 의사결정을 위한 최신의 정보를 입수·제공하는 막료조직이다.

막료조직의 장점은 다음과 같다.

① 최고관리자의 인격 확장으로 그의 대내적 업무인 조정·통제업무를 감소시켜 줌으로써 기관장의 통솔범위를 확대시킨다.

② 전문적 지식 및 기술, 경험을 활용함으로써 보다 합리적인 지시와 명령을 내릴 수 있다. 즉, 다양한 정보를 제공하며 주관적 독선을 배제하며, 집단적 사고를 활용할 수 있다.

③ 수평적인 업무의 조정과 협조를 가능하게 한다.

④ 조직의 경직성을 완화하고 신축성을 부여한다.

막료조직의 단점은 다음과 같다.

① 조직의 복잡성으로 조직 내의 알력과 불화가 생길 수 있다.
② 명령계통, 의사전달의 경로를 혼란에 빠뜨릴 가능성이 있다.
③ 막료는 책임을 지지 않으므로 계선의 권한을 침범할 우려가 있고, 양자가 서로 책임을 전가할 우려가 있다.
④ 의사결정의 합리화에 힘입어 중앙집권화를 가져온다.
⑤ 통솔범위의 비대화를 초래하고 경비의 증가를 가져온다.

5 조직의 원리

조직의 원리란 여러 조직활동 중 능률을 향상시키는데 직접 도움이 된다고 평가되고 유형화된 조직활동의 원리를 말한다. 행정조직이론에 적용한 개별적 조직원리는 학자에 따라 다양하고 서로 다르다. 제 조직이론에서 제시되는 조직의 원리를 종합하면 다음과 같다.

1) 분업의 원리

분업의 원리(principle of division of work)란 업무를 성질별로 나누어 가능한 한 사람에게 한 가지의 주된 업무를 분담시키자는 원리로 테일러(F. W. Taylor)에 의하여 주장되었다. 무니(James D. Mooney)는 이를 기능의 원리라고 하였다. 전문화의 원리(principle of specialization)라고도 한다.

분업의 형태는 동일 계층 내에서 기능이 성직에 따라 직무를 배분하는 횡적(수평적) 분업과 계층의 원리와 같이 계층과 계층 사이에 업무가 분담되도록 권한과 책임을 위임하는 종적(수직적) 분업으로 나눌 수 있다.

분업의 원리는 능률적인 업무수행을 위한 원리로 ① 개인의 작업능률의 향상을 기할 수 있으며, ② 도구·기계의 발달을 가져와 기계화를 촉진시킬 수 있고, ③ 인간의 능력을 기계적으로 이용할 수 있다는 장점이 있다. 그러나 ① 단순업무를 계속적으로 반복함으로써 개인이 일에 대한 흥미와 창의성을 상실케 되며, ② 시야가 협소화되고, ③ 지나친 분업은 각 단위의 조정과 의사소통이 어려우며, ④ 분업이 세분화될수록 많은 자원이 소요된다는 비판을 받고 있다.

2) 계층제의 원리

계층제의 원리(principle of hierarchy)란 권한과 책임의 정도에 따라 직무를 등급화(grading)함으로써 상·하 조직단위 사이에 직무상 지휘·감독관계에 서게 하는 것을 의미한다. 즉, 조직구조의 상하관계와 형태를 조직하는데 요구되는 원리를 말한다.

계층제(hierarchy)란 공식조직을 구성하는 성원들 간의 권한, 책임 및 의무의 정도에 따라서 상하의 등급 내지 계층을 설정하여, 각 계층 간에 권한과 책임을 배분하고, 명령계통과 지휘감독 체계를 확립하는 것을 의미한다.

계층제는 인간 사회생활의 출발점에서부터 그 모습을 나타낸 것이라고 볼 수 있으나, 계층제라는 용어는 가톨릭의 교권제도에서 유래한 것이며, 오늘날에는 군대·관청·기업조직 등의 특징을 이루고 있다(이찬교·김재웅, 2005).

행정조직을 포함하는 오늘날의 관료제 조직은 수평적으로는 직무의 분업화에 의해 각 부처가 설치되며, 그 부처조직을 그 자체가 하나의 활동단위로서의 기능을 수행하기 위해 수직적인 계층제를 확립하고 있다. 오늘날의 관료제 조직은 수직적으로 최고관리층(top management), 중간관리층(middle management), 하급관리층(lower management) 및 말단업무층(rank and file)으로 체계화되어 있다.

무니(James D. Mooney)에 의하면 계층제는 자체의 독자적 원칙과 과정의 효과를 가지고 있으며, 지도성, 권한과 책임의 위양, 직무의 규정 등 세 요소로 구성된다.

계층제의 순기능으로는 ① 명령의 통로, ② 의사전달·의사소통의 통로, ③ 권한과 책임 위임의 통로, ④ 행정적 결정의 검토 및 행정책임의 소재 규명수단, ⑤ 행정목표의 설정과 업무분담, ⑥ 조직 내의 분쟁의 조정과 해결 및 조정의 수단, ⑦ 질서와 통일의 확보를 용이하게 하는 조직의 내부 통제 통로의 역할 등을 들 수 있다. 그리고 역기능으로는 ① 보직의 경직화를 초래하고, ② 동태적인 인간관계의 형성을 저해하고, ③ 의사소통을 왜곡시킨다는 점을 들고 있다. 교육행정 조직에서는 계층의 수가 적을수록 바람직하다.

3) 통솔범위의 원리

통솔범위의 원리(principle of span of control)란 한 사람의 상관이 직접 효과적으로 다스릴 수 있는 부하의 수를 의미한다.

어윅(L. F. Urwick)은 상위책임자의 경우 이상적인 부하직원의 수가 4명이며 하위층은 12명이 좋다고 하였다. 프랑스의 그레이쿠나스(V. A. Graicunas)에 따르면 계층제 상층부는 5~6명 그리고 말단에는 20명을 한도로 삼고 있다. 홀데인 위원회(Holdane Committee)는 내각은 10~12인으로 구성되어야 한다고 하고 있다. 그러나 오늘날에 와서는 기계적·획일적으로 통솔범위를 정할 수 없고 여러 가지 상황에 따라 달라질 수 있다고 보고 있다. 알렌(L. A. Allen)은 통솔의 범위를 결정하는 요인으로서 통솔자가 속해 있는 기관의 조직이나 관리의 형태, 그가 담당할 업무의 성질, 막료의 상황 및 계선부하의 능력 그리고 더 나아가서는 통솔자의 능력과 명확한 정책 등을 들고 있다. 이런 취지에서 사이먼(H. A. Simon)은 통솔범위의 수를 마술적인 수(magic number)라고까지 하였다.

예를 들어, 통솔범위의 수는 ① 직무의 성질, ② 공간적 요인, ③ 시간적 요인, ④ 감독자의 능력, ⑤ 피감독자의 질, ⑥ 관리기술의 수준과 상태 등에 따라 달라질 수 있다.

4) 명령통일의 원리

명령통일의 원리(principle of unity of command)란 한 사람의 상관에게만 명령을 받고 그에게만 보고한다는 원리이다. 이 원리는 중복성을 피하고 계층의 질서를 확립시켜 줄뿐만 아니라 업무처리의 능률을 가져오고 책임소재를 분명히 하는 데 도움이 된다.

그런데 명령통일의 원리는 계층제의 원리가 전제조건이 된다. 즉, 모든 행정조직의 권위가 1인의 수장으로부터만 연원할 수 있도록 정비된 계층제의 배열을 갖추어야 한다. 이와 같이 명령의 통일이란 한 사람이 두 사람의 주인에게 시종할 수 없다는 것으로서 예를 들어, 이중의 복종은 혼란과 무책임, 비능률과 사기저하 등을 가져올 위험성이 있다는 점을 경고하는 것이다. 조직에는 한 명의 장만이 있어야 하고, 이 한 명의 조직의 장에게는 그 조직을 운영할 모든 책임과 권한이 집중되어야 한다는 원칙인 것이다. 이 원칙은 전체 조직에 적용될 수 있을 뿐 아니라, 하부조직에도 똑같이 적용될 수 있다.

귤릭(Luther Gulick)에 의하면 명령통일의 원리의 효과에는 ① 조직적이며 능률적으로 책임 있게 일을 할 수 있으며, ② 보고의 통로가 명백하므로 지위의 안정감을 유지할 수 있으며, ③ 보고와 명령의 책임소재를 밝힐 수 있으며, ④ 전체적 조정이 용이하다는 것 등이 있다. 그러나 현대에 와서는 막료기간의 역할증대로 이 원리의 중요성이 감축되고 있다. 이 점에 주목하여 사이먼(H. A. Simon)은 명령통일의 원리가 현대에는 어떤 조직에도 없는 환상적 원칙이라 비판하고 있다.

5) 조정의 원리

조정의 원리(principle of co-ordination)란 조직체의 각 부분이 공통된 목적을 달성하기 위하여 행동의 통일을 이룩하도록 집단적 노력을 질서 있게 결합하고 배정하고 조화를 이루게 하는 행위이다.

이는 공동의 목적을 달성하기 위하여 기능 및 업무의 수행을 조화있게 배열하고 직접시키는 집단적 노력으로 업무 간, 상하 간, 기능 간의 상호관계를 조화있게 유도해 나가는 원리이다.

무니는 이것을 조직의 제1의 원리, 총무관리 책임의 원리라고 하였다. 조직 내에서 업무의 수행을 조절하고 조화로운 인간관계를 유지함으로써 협동의 효과를 최대한 거두려는 것을 말한다.

분업의 원리를 제외하고는 조직의 모든 원리는 조정을 위한 수단이 된다고 할 수 있다. 조정을 저해하는 요인으로는 ① 구성원의 정치세력 관계, ② 조직의 확대현상, ③ 기구의 전문화, ④ 목표와 이해관계의 차이, ⑤ 불완전 계층제 현상, ⑥ 할거주의, ⑦ 조정능력 부족 등이다.

조정의 방법으로는 ① 목표와 책임한계의 구체화, ② 계층제의 권위확립, ③ 위원회에 의한 조정, ④ 아이디어에 의한 조정, ⑤ 조정기구의 설치, ⑥ 계획에 의한 조정 등이 있다.

6) 적도집권의 원리

적도집권의 원리(principle of optimum centralization)란 집권과 분권 사이에 적절한 정도의 권한의 균형을 유지하고자 하는 원리이다. 중앙집권제는 중앙부서에 권한을 집중시킴으로써 능률화를 가져오는데는 유리하나, 획일주의와 전제주의를 초래할 위험성이 있다. 반면에 분권제는 지방부서나 하부기관에 권한을 위임·분산시킴으로써 지방의 특수성과 자율성을 촉진할 수 있으나 비능률을 초래할 가능성이 있다. 두 제도의 극단을 피하고 적정한 균형을 도모하는 것이 적도집권 혹은 적도분권이다.

조직은 집권화됨에 따라 ① 통일된 정책을 수행할 수 있으며, ② 강력한 통솔력을 발휘할 수 있으며, ③ 신속하게 업무를 대량 처리함으로써 경비의 절감을 가져올 수 있으며, ④ 위기에 대처할 수 있으며, ⑤ 통합적 조정 등을 기할 수 있다. 그러나 ① 관료주의화가 되기 쉽고, ② 형식주의화가 되기 쉽고, ③ 창의성과 적극성이 결여되고, ④ 각 부서의 실정에 맞는 행정이 어렵다는 등의 폐단이 있다.

한편 조직은 분권화됨으로써 ① 각 부서의 실정에 맞는 행정을 할 수 있고, ② 자발적인 참여로 사기와 창의성을 발휘시킬 수 있으며, ③ 관리자 훈련 등을 할 수 있는 장점이 있다. 그러나 ① 경비의 과다지출 ② 행정체계의 문란, ③ 업무의 중복 등이 초래된다. 따라서 집권과 분권 사이에 적도의 균형을 취할 필요가 있다.

6 조직의 유형

1) 에치오니의 조직이론

에치오니(Amitai Etzioni)에 따르면 조직이란 일정한 환경하에서 특정한 목적을 달성하기 위하여 신중하게 구성된 일정한 구조를 지닌 사회단위 또는 인간의 집합체이다.

에치오니는 통제수단에 의하여 조직을 분류했다. 조직이 통합을 유지하며 기능을 원활하게 수행하려면 참여자가 조직의 목적과 규칙에 복종해야 한다. 그는 조직의 질서와 구조의 핵심을 지배 – 순종관계(governance-compliance)

로 보고, 지배·복종의 관계는 권력과 관여(power-involvement)에 의해 형성된다고 보았다. 그리고 권력의 유형에는 강제적(coercive), 보수적(remunerative), 규범적(normative) 권력이 있고, 관여의 유형에는 소외적(alienative), 타산적(calculative), 도덕적(moral) 관여가 있다. 이러한 권력과 관여의 결합방법에는 표 4-2와 같이 9가지가 있으나 적합적 모형은 세 가지(1, 5, 9)라고 하였고, 이들을 다음과 같이 설명했다.

표 4-1 에치오니의 지배·복종관계 조직유형

권력의 종류 \ 관여의 종류	소외적	타산적	도덕적
강제적	1 강제적 조직	2	3
보수적	4	5 공리적 조직	6
규범적	7	8	9 규범적 조직

(1) 강제적 조직

강제적 조직(coercive organization)은 조직이 개인을 위협, 공격 등의 강제적 권력으로 통제하면 개인은 조직에 대하여 심리적으로 관여하지 않으며, 구성원으로서 그 지위를 감수하기 위하여 소외적으로 관여한다. 이러한 조직을 강제적 조직이라 하며 형무소, 포로수용소 등이 여기에 속한다.

(2) 공리적 조직

공리적 조직(utilitarian organization)은 조직이 개인에게 임금 등의 보수적 권력으로 통제하면 개인은 조직에 깊이 관여하지 않으면서도 주어지는 보수에 따라 타산적으로 관여한다. 이러한 조직을 공리적 조직이라 하며 사기업체, 경제단체 등이 여기에 속한다.

(3) 규범적 조직

규범적 조직(normative organization)은 조직이 개인에게 위신과 의례적(儀禮的) 상징을 조작하여 배분함으로써 규범적 권력으로 통제하면 개인은 조직에 헌신적·도덕적으로 관여한다. 개인에게 규범적인 권력을 사용하여 통제를 유지하며, 구성원들은 조직에 대한 사명감이 일반적으로 높은 조직이다. 이러한 조직을 규범적 조직이라 하며 종교단체, 학교, 법원 등이 여기에 속한다.

2) 홀의 조직이론

홀(Richard H. Hall)은 ① 권위의 계층, ② 전문화, ③ 규칙, ④ 절차 명세서, ⑤ 몰인정성, ⑥ 기술적 능력 등 6가지 관료구조의 여섯 가지 특성 요소를 대상으로 경험적 분석을 통하여, 이들 특성 간의 상호관련성을 경험적으로 연구한 결과, 합리조직에 내재해 있는 두 부류의 특성을 도출하였다. 한쪽은 권위의 계층, 규칙, 절차 명세서, 몰인정성으로 이루어진 관료적 특성이었고, 다른 쪽은 전문화와 기술적 능력으로 이루어진 전문적 특성이었다.

그는 이 두 가지 특성의 결합 양상에 따라 조직은 다양한 유형으로 구분될 수 있음을 보여 주었다. 즉, 합리조직은 양 특성(관료적 특성과 전문적 특성)을 어느 정도 가지고 있느냐에 따라 그림 4-2와 같이 4개의 유형으로 나누어진다. 각 유형의 조직적 성격은 다음과 같다.

① 베버적 조직: 전문화와 관료화가 서로 보충적이며 모두 높은 유형임.
② 권위주의적 조직: 계층 내에서 직위에 부여된 권한이 강조됨.
③ 전문적 조직: 행정가와 전문가 간에 공유적 의사결정이 강조됨.

④ 무질서 조직: 혼란과 갈등, 조직운영에 일관성이 없고, 상호모순을 일으키며, 비효과적임.

그림 4-2 학교조직 구조의 유형

홀의 조직유형 구분은 특히 학교조직의 구조와 성격을 이해하는 데 도움을 주고 있다. 즉, 학교조직은 베버적 조직과 권위주의적 조직의 성격은 물론 전문적 조직과 무질서 조직의 성격도 내포하고 있다.

3) 블라우와 스콧의 유형

블라우와 스콧(P. M. Blau & W. G. Scott)은 조직과 관계를 가진 사람들을 조직구성원, 조직의 소유자나 경영자, 조직 이외의 사람이나 고객(clients), 일반대중(public-at-large)으로 구분하고, 누가 조직의 주된 수혜자(cui bono)이냐에 따라 조직을 다음과 같이 네 가지 유형으로 분류하였다.

(1) 호혜조직

호혜조직(mutual-benefit associations)의 주된 수혜자는 조직의 구성원이며, 대표적인 조직으로는 정당, 노동조합, 전문가협회, 재향군인회, 종교단체 등이 있다. 이 조직의 가장 큰 장점은 조직 내의 민주주의를 통하여 구성원들의 참여와 통제를 보장하는 것이다. 그러나 여기서 파생되는 문제 중의 하나는 구성원들의 무관심으로 소수의 활동적인 구성원들에 의해 조직이 운영되는 것을 허용하게 되므로 과두제(oligarchy)가 자생하게 된다는 점이다.

(2) 사업조직

사업조직(business concerns)의 주요 수혜자는 조직의 소유자이며, 대체로 사기업이 이에 속한다. 즉, 산업체, 제조공장, 무역회사, 금융기관, 도매상, 소매상 등 일차적 목적이 이윤을 추구하는 데 있는 조직이다. 이들 조직의 최대 관심사는 경제 원리로서의 능률의 극대화에 있다.

(3) 봉사조직

봉사조직(service organization)의 주요 수혜자는 고객들이며, 이 조직의 대표적인 기관은 사회사업기관, 병원, 학교, 법률상담소 등이다. 이 조직의 가장 중요한 관심사는 전문적인 서비스를 제공하는데 있으며 고객의 복지가 중요시된다.

(4) 공공복리조직

공공복리조직(common wealth organizations)의 주요 수혜자는 일반대중 전체이며, 군대, 경찰, 소방서, 국세청 등이 여기에 속한다. 일반대중이 주요 수혜자인 동시에 소유자이므로 소유자의 이익을 위하는 사업조직 속에 이 유형 조직을 포함시킬 수도 있으나 특정한 수의 소유자가 아니라 불특정다수인 일반대중이 주요 수혜자라는 점에서 사업조직과 구별된다. 교사들이나 학교행정가들은 호혜조직과 봉사조직 간에 잠정적인 갈등을 갖게 된다.

왜냐하면 그들은 봉사조직적인 학교에서 일하고 있으면서 호혜조직과 같은 한국교원단체총연합회나 전국교직원노동조합 등에도 소속되어 있기 때문이다.

4) 카츠와 칸의 유형

카츠와 칸(D. Katz & R. L. Kahn)은 조직을 목표달성을 위한 사회체제로 보고, 조직의 유형을 조직의 본원적인 기능(genotypic functions)에 근거하여 다음과 같은 네 가지 유형으로 분류하고 있다.

(1) 생산적 또는 경제적 조직

생산적 또는 경제적 조직(productive or economic organizations)은 목표달성기능에 해당되는 조직으로 부(富)의 창출, 물자의 제조 그리고 서비스를 제공해준다. 행정분야에서는 대부분의 공기업이 이에 속한다. 이 조직은 농업·어업 등의 1차 산업활동과 광업·제조·건설 등의 2차 산업활동, 서비스와 통신 등의 3차 산업활동조직으로 재분류된다. 이 조직은 사회 전체에 대해서 수단적 통합(instrumental integration)을 제공하며, 인간의 기본적 욕구를 충족시키기 위한 산출물을 제공한다. 그리고 이 조직은 인간협동의 유인체로 보수를 제공한다.

(2) 형상유지조직

현상유지 조직(maintenance organizations)은 형상유지기능에 해당되는 조직으로서 사회의 안정성 유지와 인간을 사회화하는 기능을 수행한다. 학교, 종교단체, 병원, 문화기관, 매스 커뮤니케이션 등이 여기에 속한다. 이들 조직은 교육, 교화, 훈련을 통하여 직접적으로 형상유지기능을 수행하거나 복지활동, 정신적·육체적 치료활동, 교정활동 등을 통해서 사회적 회복기능을 수행함으로써 사회의 규범적 통합을 책임진다.

(3) 적응적 조직

적응적 조직(adaptive organizations)은 사회의 통합 및 관리기능에 해당되는 조직으로 사회의 인적·물적자원의 배분이나 여러 하위체제의 조정·통제 등의 기능을 수행한다. 즉, 배분, 조정, 통제 등을 통해 사회의 최종적 통합기능을 수행하는 것이다. 이러한 과정에서 권력의 행사나 이해관계의 투쟁이 수반되게 마련이다. 이러한 조직으로는 정부조직의 각 기관, 정당, 노동조합, 각종 압력단체 등이 있다. 그러나 하나의 조직은 하나의 기능만을 수행하는 것이 아니고, 그 이상의 기능을 수행하고 있음을 볼 수 있다. 예를 들어, 학교는 형상유지조직에 속하나 동시에 적응적 조직의 기능을 요청받고 있다.

CHAPTER 05

평생교육기관론

1. 평생교육기관의 정의
2. 평생교육기관의 특성
3. 평생교육기관의 성격
4. 평생교육기관의 체제이론
5. 평생교육기관의 유형

1 평생교육기관의 정의

평생교육의 개념은 광의와 협의의 두 가지로 구분하여 정의한다. 광의의 평생교육은 학교교육과 학교 외 모든 교육을 포괄하는 개념으로, 출생해서 죽을 때까지 받는 모든 교육을 의미하고, 협의의 평생교육이란 학교의 정규교육과정을 제외한 모든 형태의 조직적인 교육활동을 말한다. 학력보완교육, 성인 기초문자해독교육, 직업능력 향상교육, 인물교양교육, 문화예술교육, 시민참여교육 등을 포함한다(평생교육법 제2조 1항). 즉, 평생교육법에서의 평생교육은 전체 교육에서 학교교육을 제외한 모든 교육활동으로 규정하고 있다.

평생교육기관이란 평생교육법에 따라 인가·등록·신고된 시설·법인 또는 단체,「학원의 설립·운영 및 과외교습에 관한 법률」에 따른 학원 중 학교교과교습학원을 제외한 평생직업교육을 실시하는 학원, 그 밖에 다른 법령에 따라 평생교육을 주된 목적으로 하는 시설·법인 또는 단체 등을 말한다(평생교육법 제2조 2항). 평생교육기관은 개인이나 집단으로 잠재학습자의 요구를 충족시키기 위하여 설치된 건물이나 장소·공간으로 그곳에 배치된 평생교육사 기능을 갖춘 전문가들의 전문적 지도·교육과 함께 평생교육프로그램을 운영하는 시설이나 시스템을 말한다(권인탁, 2009).

기관(機關)의 실제적 의미로 "법인기관 단체의 의사결정이나 그 실행에 참여하는 지위에 있고 그 행위가 법인이나 단체의 행위로 여겨지는 개인 또는 그 집단"으로 보고 평생교육기관을 평생교육을 목적으로 설립된 법인 또는 기타 단체로서 그를 실현하기 위한 행동을 수행하는 시설이나 단체로 정의를 내리고 있다(최은수, 배석영, 2008).

이상에서 살펴보았듯이 평생교육기관은 정규학교과정을 제외한 모든 형태의 조직적인 교육활동을 영위하는 기관이며, 잠재학습자들의 교육적 욕구

충족을 위하여 학력보완교육, 성인기초·문자해독교육, 직업능력 향상교육, 인문교양교육, 문화예술교육, 시민참여교육 등의 학습활동이 이루어질 수 있도록 건물을 포함한 각종 장비 등을 구비하여 학습환경이 만들어진 장소 또는 공간을 갖춘 시설 및 시스템을 의미한다.

2 평생교육기관의 특성

1) 일반기업의 경영과 평생교육기관 경영의 차이점

평생교육기관의 경영은 일반기업의 경영과는 차이점이 있다. 이를 살펴보면 다음과 같다(오혁진 외, 2007).

첫째, 평생교육기관의 경영의 목표와 성공의 기준이 일반기업보다는 복잡하다. 일반기업 경영의 목표는 이윤극대화, 산출극대화, 생산다양화와 같이 단일하고 명료하다. 평생교육기관의 경영목표는 평생교육기관 자체의 고유한 교육적 가치를 강조하며, 학습자 개인의 학업능력향상, 학습자 개인이 속한 조직의 발전, 학습자 개인이 속한 사회와 국가의 발전 등이다.

둘째, 평생교육기관은 경영의 실행원리 차원에서도 평생교육기관만의 독특하고 다양한 가치가 있다. 학습자의 경험과 주체성 존중, 민주주의의 원리, 학습공동체의 구현, 교육기회의 평등, 이론과 실천의 통합 등이다.

셋째, 평생교육기관은 다양한 집단들과 연결되어 있다. 일반기업들도 여러 유관 집단들과 연결되어 있는데, 특히 소비자 집단이 매우 중요하다. 소비자 집단은 기업의 제품이나 서비스를 판매하는 대상이며, 기업을 운영하게 하는 재원의 원천이기 때문이다. 반면에 평생교육기관은 다양한 집단들이 기업에 비하여 상대적으로 균등한 비중을 차지하고 있다. 평생교육기관은 학습자 집단이 가장 중요한 집단이지만 강사 및 직원 집단, 후원자 집단,

자원봉사자 집단 등 다양한 집단이 중요한 위치에 있다. 평생교육기관은 비영리기관이 많으므로 후원자 집단과 자원봉사자 집단의 비중이 크며, 정부의 중요성도 커지고 있다.

넷째, 평생교육기관 내부 조직구성원들의 확고한 자율성이다. 평생교육기관의 구성원들은 평생교육의 기본 원리나 그 기관의 사명과 목표를 공유하는 사람들로 구성되어 있다. 경제적인 보수보다는 학습자 교육의 가치와 그 기관의 생명을 최우선의 가치로 추구하는 교육적 자세가 기본이다. 따라서 평생교육기관의 단순한 고용자가 아니라 평생교육의 사명을 완수하는 동반자이다. 따라서 평생교육기관 경영자는 구성원들의 자율성을 최대한 충족시켜 주어야 한다.

2) 우리나라 평생교육기관의 현황 및 특징

한국교육개발원(2016)에서는 평생교육기관을 비형식, 준형식으로 나누어 구분하였다. 평생교육기관, 프로그램 수, 학습자 수 그리고 교강사 수를 보면 다음 표 5-1과 같다.

표 5-1 평생교육기관, 프로그램 수, 학습자 수 및 교강사 수

단위(개, 명)

평생교육기관			기관 수	프로그램 수	학습자수	교·강사 수
	전 체		4,153	212,339	11,336,564	73,204
	학교부설	초·중등학교부설	6	57	1,337	35
		대학(원)부설	406	29,532	902,600	15,033
		소계	412	29,589	903,937	15,068
	원격형태		927	63,602	7,304,497	11,123
	사업장부설	유통업체부설	378	69,138	1,141,911	20,389
		산업체부설	48	1,373	64,984	739
		소계	426	70,511	1,206,895	21,128

평생교육기관				기관 수	프로그램 수	학습자수	교 · 강사 수
비형식	시민사회단체부설			544	6,206	156,000	3,575
	언론기관부설			792	4,624	151,101	3,604
	지식·인력개발형태			608	10,824	664,509	6,916
	평생학습관			444	26,983	949,625	11,790
준형식	전 체			1,024	-	567,331	7,076
	초·중등 교육형태	소 계		170	-	49,563	3,656
		공민학교		-	-	-	-
		고등공민학교		3	-	61	11
		고등기술학교		7	-	897	96
		각종학교(초·중·고)		43	-	8,159	998
		산업체부설고등학교		-	-	-	-
		근로청소년을 위한 특별학급		3	-	71	16
		방송통신중학교		20	-	3,241	345
		방송통신고등학교		42	-	10,996	1,079
		학교형태 학력인정 평생교육 시설	초	3	-	1,604	50
			중	5	-	1,386	8
			고	28	-	12,759	646
			통합	16	-	10,353	407
			소계	52	-	26,138	1,111
	고등 교육 형태	소 계		854	-	517,768	3,420
		방송통신대학		1	-	184,074	153
		산업대학		2	-	33,245	371
		기술대학		1	-	98	-
		각종학교		2	-	3,544	148
		원격대학		2	-	3,224	25
		사이버대학		19	-	120,057	599
		사내대학		8	-	778	4
		기능대학		11	-	28,956	863
		전공대학		3	-	11,939	246
		특수대학원		805	-	131,853	1,011

자료: 한국교육개발원(2016). 2016교육통계분석자료집: 평생교육. 통계자료 SM 2016-08-03.

표 5-1에 의하면, 2016년 현재 비형식 평생교육기관수는 4,153개로, 평생교육기관 수는 2014년을 기점으로 정체 혹은 감소하고 있다고 볼 수 있다. 기관유형별로 보면, 사업장부설 평생교육기관과 원격형태 평생교육기관이 전년 대비 각각 2.9%와 2.7% 증가하여 최근 8년 동안 지속적으로 성장하는 추세를 이어간 반면, 언론기관부설 평생교육기관은 2014년 이후 246개 감소하였으며, 지식·인력개발형태 및 시민사회단체부설, 초·중등학교부설 평생교육기관 역시 그 수가 감소하는 경향을 보였다.

2016년을 기준으로 비형식 평생교육기관 수를 살펴보면, 원격형태 평생교육기관이 927개로 가장 많았고, 언론기관부설 평생교육기관이 792개, 식·인력개발형태 평생교육기관이 608개였다. 반면, 초·중등학교부설 평생교육기관이 6개로 가장 적었고, 산업체부설 평생교육기관도 48개로 다른 기관에 비해 그 수가 적었다

한국교육개발원(2016)에 의하면, 지역별로는 수도권 평생교육기관 수는 2,510개(60.4%), 비수도권 평생교육기관 수는 1,643개(39.6%)였다. 특히 서울(37.7%)과 경기(18.9%) 지역의 평생교육기관 수가 전체 지역의 절반이상(56.6%)을 차지하는 것으로 나타났다. 서울과 경기 외에 부산(5.6%), 경남(3.9%), 대구와 전남(3.7%) 지역도 다른 지역에 비해 평생교육기관 수가 많은 편이었다. 지역별 비형식 평생교육기관 프로그램 수 현황을 보면, 2016년에 전국적으로 개설된 프로그램 중 66.8%가 수도권에 개설된 것으로 나타났다. 특히 서울(45.2%)에 집중되었으며, 경기에 개설된 프로그램도 17.4%로 서울 다음으로 높은 비중을 차지하였다.

우리나라의 평생교육기관의 경영에 대하여 제기되고 있는 특성과 문제점은 다음과 같다(권두승, 최운실, 2009).

첫째, 평생교육기관의 활성화 기반이 미비하다는 점이다.

평생학습사회에서의 교육은 공교육체제뿐만 아니라 민간 교육차원에서도

체계적으로 실시되어야 한다. 국가는 민간 교육활동이 체계적으로 진행될 수 있도록 지원해야 한다. 그럼에도 불구하고 현행 평생교육법령 및 관련 법들은 민간 평생교육기관에 대한 지원체제 및 활동들을 체계적으로 관리하고 지도할 수 있는 체제가 미비한 실정이다.

둘째, 평생교육기관에서 실시하고 있는 프로그램의 내용 및 교습대상에 따른 소관법체계가 상이하다는 점이다.

현행 평생교육법령 및 학원의 설립·운영 및 과외교습에 관한 법령에 의하여 운영되고 있는 평생교육시설과 학원의 교습과정 운영이 성인을 대상으로 하는 평생학습과정과 미성년자를 대상으로 하는 교습과정이 상기 모든 법령에서 차이 없이 운영되고 있다. 이와 같은 현상은 결과적으로 미성년자를 대상으로 하는 교습과정과 성인을 대상으로 하는 평생학습과정 그리고 학교교육 교습과정과 평생학습과정이 동일한 법령하에서 운영되고 있다는 것을 의미한다.

셋째, 평생교육기관은 국가나 지방자치단체에서 설립하고 민간단체에서 운영하는 공설민영(公設民營) 형태의 위탁경영이 대부분이다. 경북 칠곡군 등과 같은 일부 지자체가 직접 시설을 설치하고 운영하는 경우도 있으나, 거의 대부분의 평생교육기관은 국가나 지자체가 설치 및 운영에 필요한 시설 및 재정을 지원해주고, 그 운영은 민간단체가 맡고 있는 실정이다. 이와 같은 위탁경영은 운영자와 위탁의뢰기관의 목적과 이해관계가 조화를 이룰 때 실시되며, 경영활동이 위탁의뢰기관과의 협의를 통해서 이루어진다(오혁진, 2007). 그리고 최근에는 이러한 위탁기관 이외에도 프로그램의 일부를 국가나 지자체로부터 위탁받아 운영하는 경향도 증가하고 있다. 이 경우 대부분은 공모를 통해 경쟁에 의한 선발을 원칙으로 하고 있다.

넷째, 현행 관련법령에서는 평생교육기관의 설치·운영에 대한 기준과 학습자 보호를 위한 제도적 장치가 거의 없다. 따라서 여러 유형의 평생교육기관들이 매우 다양한 관점에서 지역에 따라 설치·운영되고 있다. 또한 교습과정과 교습대상에 대한 명확한 구분 없이 관련 법령에 따라 규제지향적이거나 지원지향적인 체제로 운영되고 있다.

평생교육기관의 책무성 강화로 그 시설의 설치·운영자로 하여금 시설에 대한 안전관리와 수강료의 반환 등 보다 적극적이고 합리적인 자세를 견지하는 방향에 있어서도 보완될 필요가 있다.

3 평생교육기관의 성격

공교육체제인 학교교육이 일정한 학령기의 아동 및 청소년을 대상으로 하는 것에 반하여, 평생교육기관은 학교교육의 대상을 제외한 전 연령층을 대상으로 하고 있다. 따라서 평생교육기관만의 독특한 성격을 가지고 있다 (최은수, 배석영, 2008).

첫째, 평생교육은 모든 연령층에 개방되어 있다. 평생교육기관은 전 생애에 걸친 교육기관이므로 교육대상자를 어느 한 연령층에 국한하지 않고, 전 국민을 교육대상으로 하고 있다.

둘째, 평생교육은 교육과정이나 교육기간이 학교교육에 비교하여 탄력적이다. 평생교육기관의 교육과정과 내용, 방법, 시간 등은 평생교육담당자의 재량에 달려 있다.

셋째, 평생교육의 교육내용은 국민 개개인의 실생활과 밀접하다. 평생학습자는 자신의 삶에 필요한 교육을 받고 학습에 임하기 때문에 평생교육은 학습자들이 실생활에서 즉시 활용할 수 있는 내용들이 주류를 이루고 있다.

넷째, 평생교육의 교육기간은 학교교육에 비해 단기이다. 학교교육의 교육기간은 짧게는 2년, 길게는 6년으로 장기간이나, 평생교육기관의 교육기간은 1개월에서 길게는 1년까지 짧게 설정되어 있다.

다섯째, 평생교육기관의 경영은 탄력적이고 융통성이 많다. 교육의 대상, 내용, 방법, 기간 등이 다양하고 융통성이 있을 뿐 아니라 입학과 퇴학이 자유롭고 탄력적이다.

여섯째, 평생교육기관이 다루는 교육내용은 매우 광범위하고 다양하다. 교육내용은 실제 생활에 바탕을 두고 개설되기 때문에 교육내용의 범위는 매우 광범위하고 다양하게 구성되어 있다.

일곱째, 많은 평생교육기관들이 재정적으로 매우 열악하다. 평생교육기관은 대부분 비영리를 추구하고 공공성을 우선으로 하기 때문에 재정적으로 매우 열악한 환경에 놓여 있는 것이 현실이다.

4 평생교육기관의 체제이론

1) 일반체제이론

(1) 체제이론의 의의

1960년대를 전후하여 생성·발전된 통합적 접근방법이 체제이론(systems theory)이다. 체제개념은 원래 생물학자인 버텔란피(Ludwig V. Bertalanffy)에 의하여 제시된 것인데, 이것을 사회과학에 적용하여 일반체제이론(general systems theory)으로 발전시켰다. 생물학에서 로프(Andre Lwoff)는 체제의 성격과 의의를 "유기체는 상호독립적인 구조와 기능을 가진 통합된 체제이다. 활동하는 분자들로 구성되어 있다. 하나의 유기체는 세포들로 구성되어 있고, 하나의 세포는 조화를 이루며 각각의 분자들은 다른 분자들이 무엇을 하고 있는지를 알아야 한다. 각각의 분자들은 전언을 받아들일 수 있어야 하고 순종하도록 충분히 훈련되어 있어야만 한다"라고 진술하고 있다.

상기기술에서 유기체를 조직으로, 세포를 집단으로 그리고 분자를 구성원으로 바꾸어 체제개념을 설명할 수 있다. 하나의 체제나 조직은 상호관련된 몇 개의 하위체제들로 구성되어 있으며, 이들 하위체제들이 독립된 구조와 기능을 가지고 작용할 때 조직의 목표달성을 위한 기능을 발휘하게 된다는 것이다.

카우프만(Roger A. Kaufmann, 1972)은 체제란 “정해진 목표를 달성하기 위하여 개별적으로나 상호관련적으로 작용하는 개개의 요소(부분)들의 결합체”라고 정의하고 있으며, 크네체비히(Stephen J. Knezevich, 1975)는 “모든 조직된 실체를 위한 일단의 목표를 달성하기 위하여 상호작용을 하면서도 상호독립적인 구성요소들의 집합체”라고 하였다.

김창걸(2003)은 체제란 각 부분들이 공동의 노력을 통하여 합리적인 전체를 형성하여 기능적이고 조직적인 형태를 유지하고 있는 각 부분들의 질서정연한 결합체라고 정의하면서, 구체적으로 다음과 같이 설명하였다.

① 체제란 구체적인 목적을 달성하기 위하여 설계되고 구안된 수많은 하위체제들로 구성되어 있으며, 이들은 상호의존적·상호작용적·상호보완적인 관계에 있다.
② 체제는 하위체제들의 개별성과 상호관련성을 인정하면서도 체제가 지향하는 목적을 위하여 질서정연한 결합체로서 총화적인 전체성을 지니고 있다.
③ 체제는 하위체제들이 발휘하는 기능들이 전체로서 결합되는 과정에서 독특한 외적 혹은 내적 형태를 갖게 되며, 그 형태는 전체로서 환경과 상호작용하며 때로는 변화한다.
④ 체제는 환경으로부터의 일정한 투입을 필요로 하며, 이것을 전환과정을 통하여 산출로 변화시켜 다시 환경에 내보내면 일부는 환류의 과정을 통해 다시 그림 5-1과 같이 체제 속으로 흘러 들어간다.

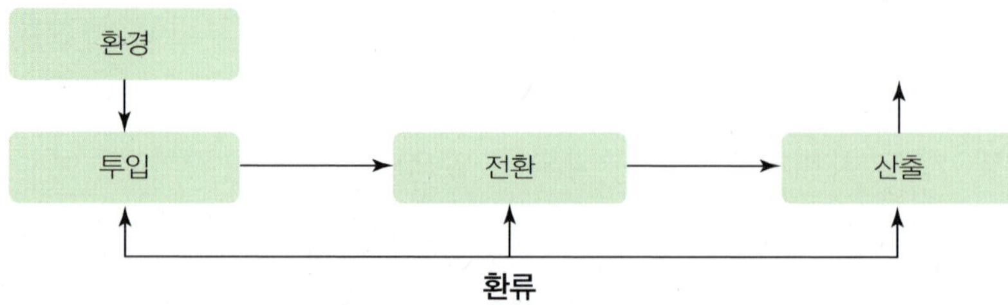

그림 5-1 체제의 기본 모형

평생교육기관을 개방체제의 입장으로 보아 개방체제의 특징을 살펴보면 다음과 같다(김창걸, 2003).

❶ 투입(input), 전환(throughout), 산출(output) 과정

개방체제는 외부환경으로부터 여러 가지 종류의 에너지와 정보를 받아 다양한 방법으로 변형시켜 체제 자체도 유지하며, 외부환경에 필요한 산출물을 내보내는 작용을 계속한다. 따라서 개방체제는 외부환경에서부터 투입을 받아서 체제 자체의 존속을 유지하며, 외부환경에 필요한 산출물을 내보냄으로써 환경에 봉사하는 역할을 하고 있다.

❷ 소멸저항장치(negative entropy)

엔트로피(entropy)란 조직이 해체 또는 소멸되어 가는 과정을 의미한다. 폐쇄 체제는 외부환경으로부터 에너지와 정보를 공급받지 못하기 때문에 해체 또는 소멸될 수 있으나, 개방체제는 그들이 소모하는 양보다 더 많은 에너지와 정보를 외부환경으로부터 받아들임으로써 이 엔트로피적인 효력을 상쇄시킬 수 있다.

❸ 안정상태와 역동적 항상성(steady state and dynamic homeostasis)

개방체제는 안정된 상태로 그 자체를 유지한다. 개방체제는 스스로 조절할 수 있는 자율규제장치(self-regulating mechanism)를 가지고 있어 항상 평형상태(equilibrium)를 유지하며 관리한다.

항상성(homeostasis)이란 외부환경에서부터 계속 에너지가 들어오고 동시에 산출물이 외부로 나가지만, 체제의 특성은 변하지 않고 계속 유지되는 것을 말한다.

❹ 환류(feedback)

개방체제는 환류과정을 통해서 안정된 상태를 유지하고 체제의 산출물과 과정을 평가한다.

❺ 이인동과성(equifinality)

개방체제에서 처음에 각각 다른 상태에서 출발한 체제들이 서로 다른 과정을 거치더라도 동일한 결과의 상태에 도달한다는 것을 말한다. 그러므로 개방체제들이 어떤 목표를 도달하는 데는 여러 가지 수단이 있을 수 있다.

❻ 역동적 상호작용(dynamic interaction)

개방체제는 하위체제 간에 역동적 상호작용을 통해서 그 자체를 유지한다. 하위체제가 제기능을 발휘하지 못하면 갈등이 있게 되고 체제를 유지하기가 곤란해진다.

❼ 점진적 분리와 기제화(progressive segregation and mechanism)

개방체제는 하위체제가 기능적이고 계층적인 질서로 분리하는 점진적 분리를 말한다. 개방체제는 점진적 기제화를 통하여 어떤 절차나 과정이 확실하고 정교하게 된다.

2) 개방체제로서의 평생교육기관

평생교육기관은 사회적 상호작용에 의하여 이루어진 개방체제이다. 개방체제로서의 평생교육기관은 상호독립된 부분들, 명확히 한정된 인구, 평생교육기관 주변의 환경과의 구별, 복잡한 사회적 상호작용의 망 그리고 독특한 문화 등이 특징이다. 그러므로 개방체제로서 평생교육기관을 분석하는데 있어서는 공식적 조직뿐만 아니라 비공식적 조직도 포함시켜야 한다.

평생교육기관은 개방체제로서 외부환경과의 투입-산출의 상호관계를 가지고 끊임없는 순환적 상호작용을 하고 있다. 그림 5-2는 평생교육기관 운영체제의 과정으로 볼 수 있다. 외부의 보다 큰 사회적 환경으로부터의

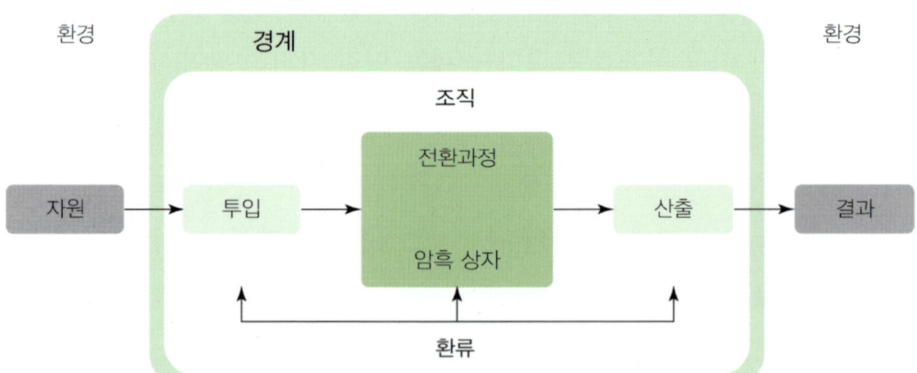

출처: 박윤태(2002). p. 107.

그림 5-2 개방 체제로서의 평생교육기관

투입(예를 들어, 인적자원, 물적자원, 기타자원, 정보)과 개방체제로서 평생교육기관 내에서 일어나는 과정(교육서비스 전달, 프로그램개발 등) 그리고 이러한 과정을 거쳐 나온 결과, 즉 사회로의 산출(서비스, 지식과 기술의 획득, 프로그램 이수율, 만족감 등)이 포함된다. 이러한 의미에서 평생교육기관이 폐쇄 체제로 존립한다는 것은 불가능하다. 최근에 책무성과 지역사회의 관계라는 관점에서 평생교육기관과 지역사회와의 상호작용의 범위와 중요성이 점차 증가하고 있다.

환경과 체제들 간의 관계에 대해서 그리피츠(Daniel E. Griffiths)는 환경(상위체제) 내에 존재하는 것으로 조직(체제)과 그 체제 내에 행정기구인 하위체제에 관해 그림 5-3과 같이 나타내고 있다.

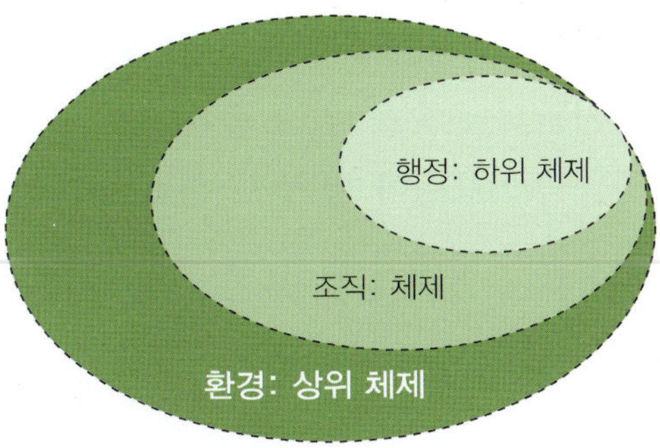

출처: 김창걸(2003), 교육조직행위론. p. 162 재인용.

그림 5-3 개방체제로서의 조직

여러 체제와 하위체제와의 경계영역이 접선도형(tangential circles)으로 표시되어 있는데, 이것은 환경과 체제들 간의 상호작용이 이루어져 침투할 수 있도록 하기 위한 것이다. 이 모형을 토대로 평생교육기관을 중심으로 한 사회체제모형을 제시하면 그림 5-4와 같다.

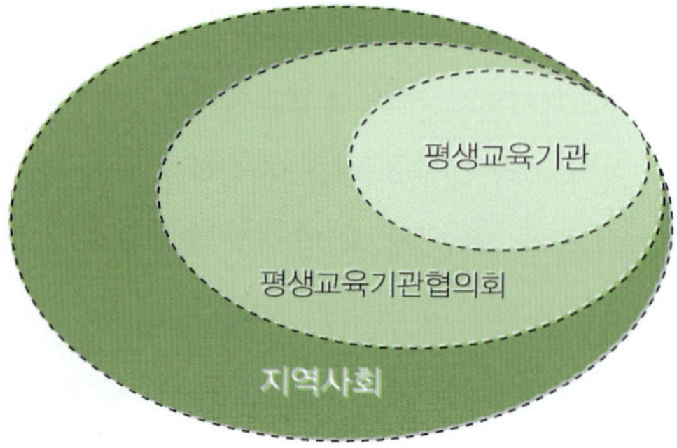

그림 5-4 평생교육기관의 관점에서 본 사회체제

3) 평생교육기관에 영향을 미치는 외부환경

평생교육기관은 개방체제로서 좋든 싫든 외부환경의 영향을 받게 된다. 외부환경이 평생교육기관의 존속을 위해 좋은 경우도 있고, 평생교육기관의 존속을 어렵게 하는 위기요인이 될 수도 있다. 외부환경 또한 정체되어 있는 것이 아니라 끊임없이 변하고 있기 때문에 평생교육기관을 경영하는 사람은 외부환경의 변화에 민감할 필요가 있다(김신일 외, 2007).

(1) 정치적 환경

평생교육기관 경영의 정치적 환경은 어떠한 정치집단이 권력을 잡고 있느냐에 따라 정치적 영향을 받을 수 있다. 권력을 잡은 정치집단이 평생교육의 중요성을 강조하고, 평생교육을 실질적으로 진흥하려는 의지를 가지고 행정·재정적으로 지원하면 평생교육기관 경영은 좋아진다. 즉, 정치집단이 평생교육의 중요성을 상징적인 구호로만 강조할 것이 아니라 실제로 중요시하여 정책적으로 추진하면 평생교육의 경영이 달라질 수 있다.

(2) 경제적 환경

평생교육기관 경영의 경제적 환경은 지역경제, 국가경제, 세계경제의 현황에 따라 영향을 받게 된다. 고용상태, 기업의 경영상태, 산업별 호황여부 등이 직·간접적으로 평생교육기관에 영향을 미친다. 1990년대 말의 IMF 경제체제하에서 전반적으로 평생교육은 위축되었고, 기업체 중심 평생교육의 경우에서도 기업 자체의 존폐문제가 너무 심각하여 교육을 위한 예산편성이 매우 어려운 상황이었다. 이 기간 동안 전반적인 경제불황 속에서 민간부문의 평생교육 또한 위축될 수밖에 없었다. 경제적 환경은 평생교육기관이 지향해야 할 방향을 제시해주는 지표의 역할을 한다.

(3) 사회적 환경

평생교육경영의 사회적 환경은 평생교육기관이 차지하고 있는 사회의 전반적인 가치관, 태도 등을 가리킨다. 평생교육을 얼마나 중요하게 생각하고 있는가 하는 것은 매우 중요한 사회적 환경이라고 할 수 있다. 사회적 환경은 매스컴의 성향에 많은 영향을 받게 되므로 매스컴의 역할이 매우 중요하다.

(4) 법적·정책적 환경

평생교육경영의 법적·정책적 환경은 「헌법」·「교육기본법」·「평생교육법」 등 제반 법률과 관련 정책은 평생교육기관을 운영하는 데 많은 영향을 미친다. 평생교육기관은 관련 법률과 정책의 범위 내에서 운영됨으로써 평생교육기관 경영자는 법적·정책적 환경의 변화에 민감해야 한다. 그러므로 평생교육경영자는 평생교육기관의 설립에 필요한 요건 및 기관운영과 관련된 제반 사항이 어떻게 변화하고 있는지 유의하여야 한다.

(5) 기술적 환경

평생교육경영의 기술적 환경은 첨단 정보통신기술의 비약적인 발전으로 인하여 이러한 기술이 평생교육기관의 운영에 영향을 미친다. 특히 평생교육프로그램은 첨단 정보통신기술의 발전에 의하여 많은 영향력을 받게 된다. 첨단 정보통신기술은 교수-학습방법, 학적관리, 재정관리, 마케팅 등 평생교육기관의 운영방법에도 많은 영향을 미치고 있으므로, 평생교육기관 경영자는 기술적 환경의 변화에도 관심을 가져야 한다.

5 평생교육기관의 유형

1) 평생교육법 및 다른 법령에 의한 분류

평생교육법 및 다른 법령에 의한 평생교육기관은 공공 평생교육기관과 일반 평생교육기관으로 나눌 수 있다.

공공 평생교육기관은 중앙정부의 국가평생교육진흥원, 광역지방단체의 시·도 평생교육진흥원, 기초 지방자치단체의 평생학습관이 운영되고 있다. 일반 평생교육기관은 평생교육법 제31조에서 38조에 걸쳐서 규정하고 있는 시설들과 학원의 설립·운영 및 과외교습에 관한 법률 등 다른 법령에 의하여 설립된 시설들이 있다.

평생교육법 제19조(국가평생교육진흥원), 20조(시·도 평생교육진흥원) 그리고 21조(시·군·구 평생학습관)에서는 국가평생교육 전담·지원기구를 규정하고 있으며, 이들 공공 평생교육전담기관 간의 관계망은 표 5-2, 그림 5-5와 같다(권두승, 최운심, 2009).

표 5-2 평생교육 전담기구의 예산 및 운영방식

구 분	중앙	시 · 도(광역)	시 · 군 · 구(기초)
명 칭	국가평생교육진흥원	시·도 평생교육진흥원	시·군·구 평생학습관
설치자	국가가 설립	시·도지사가 설치 또는 지정 운영	2원화 운영체제 • 교육감 지정·운영 • 지자체장 설치·지원
성 격	(교육부 산하 재단법인 형태) 평생교육전담 집행기관	광역시·도차원의 평생교육사업기관	기초자치단체 차원의 평생교육사업기관
기 술	평생교육진흥을 위한 지원, 조사, 연수, 프로그램 개발 등	평생교육기회 및 정보제공, 상담, 프로그램 운영 등	주민 평생교육 활성화를 위한 사업 추진 등
근 거	평생교육법 제19조	평생교육법 제20조 지방자치단체의 조례	평생교육법 제21조 지방자치단체의 조례

출처: 권두승(2008). 평생교육법 개정 해설자료. p. 77.

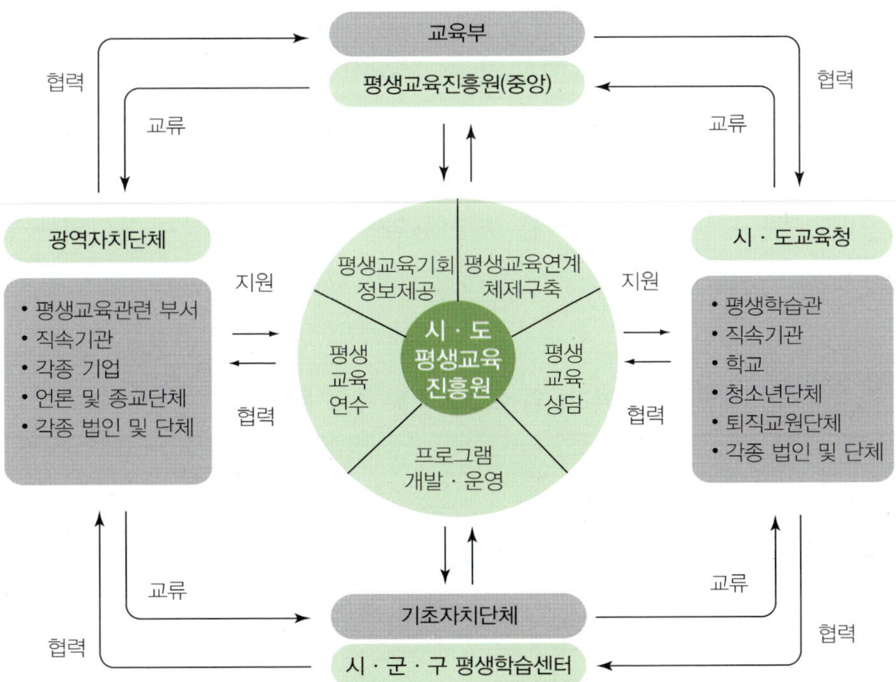

출처: 평생교육진흥원. http://nile.or.kr 참조하여 재구성.

그림 5-5 우리나라 평생교육 체제

"평생교육기관"이란 평생교육법에 따라 인가·등록·신고된 시설·법인 또는 단체(평생교육법 제2조 1항), 「학원의 설립·운영 및 과외교습에 관한 법률」에 따른 학원 중 학교교과교습학원을 제외한 평생직업교육을 실시하는 학원 등 그 밖에 다른 법령에 따라 평생교육을 주된 목적으로 하는 시설·법인 또는 단체를 말한다(평생교육법 제2조 2항).

평생교육법 제5장에서는 평생교육시설의 유형을 ① 학교부설 평생교육시설(법 제30조), ② 학교형태의 평생교육시설(법 제31조), ③ 사내대학형태의 평생교육시설(법 제32조), ④ 원격대학형태의 평생교육시설(법 제33조), ⑤ 사업장 부설 평생교육시설(법 제35조), ⑥ 시민사회단체 부설 평생교육시설(법 제36조), ⑦ 언론기관 부설 평생교육시설(법 제37조), ⑧ 지식·인력개발 관련 평생교육시설(법 제38조) 등으로 분류하고 있다. 이 외 다른 법령에 의한 시설은 「학원의 설립·운영에 관한 법률」, 「도서관 및 독서진흥법」, 「박물관 및 미술관진흥법」, 「근로자 직업훈련 촉진법」 등에 의한 학원, 직업훈련원, 도서관, 박물관, 문화원 등이다.

이와 같은 평생교육법과 다른 법령에 의한 법에 따라 설치·운영되는 일반 평생교육시설들은 표 5-3과 같은 것들이 있다.

표 5-3 일반 평생교육기관의 설립근거 및 주요 운영 형태

구분		설립 근거	기관 유형	교육대상	교육과정 및 유형	설립절차
평생교육 법령에 의한 시설	학교부설 평생교육시설	평생교육법 제30조	• 초등학교부설 6개 • 대학부설 406개	• 일반적으로 성인 • 아동대상 과정 일부	• 일반교양(여가, 취미) • 전문과정(자격증 및 전문직업능력 개발)	• 교육감 신고 (초/중/고) • 교육부 보고 (대학평생교육원)
	학교형태 평생교육시설	평생교육법 제31조	일성여중·고등학교 외	• 학령기 이후 성인 • 학령기학생 다수 존재	• 학력인정시설(3년 이하의 교육과정) • 학력미인정 시설	교육감에 등록, 학력인정기관의 경우 지정 절차

(계속)

구분		설립 근거	기관 유형	교육대상	교육과정 및 유형	설립절차
	사내대학 형태의 평생교육시설	평생교육법 제32조	삼성전자, 포스코 사내대학 외	• 사내 임직원	• 기업체 사내대학	교육부장관 인가
	원격교육형태 평생교육시설	평생교육법 제33조	서울원격교육원 외 927개	• 모든 국민 (유아~노인) • 아동대상다수	• 학교교과 교습과정, 평생직업교육과정, 여가 및 취미교육과정	교육감 신고
	사업장부설 평생교육시설	평생교육법 제35조	AK 백화점 문화센터 외 426개	• 일반적으로 성인 • 아동대상 과정 일부	• 기업체 연수원 • 백화점 문화센터 등(직업능력개발, 여가 및 교양 교육과정 등)	교육감 신고
	시민사회단체 부설 평생교육시설	평생교육법 제36조	흥사단부설 평생교육시설 외 544개	• 일반적으로 성인 • 아동대상 과정 일부	• 일반과정, 자격과정 • 재취업 과정 등	교육감 신고
	언론 기관부설 평생교육시설	평생교육법 제37조	동아문화센터 외 792개	• 일반적으로 성인 • 아동대상 과정 일부	• 일반교양(여가, 취미) • 전문과정(자격증 및 전문직업능력 개발)	교육감 신고
	지식·인력 개발사업 관련 평생교육시설	평생교육법 제38조	MBC문화센터 외 608개	• 일반적으로 성인 • 아동대상 과정 다수	일반과정, 자격과정 재취업과정 등	교육감 신고
타법령에 의한 평생교육시설	학원	학원의 설립·운영 및 과외 교습에 관한 법률	• 평생직업교육 학원 • 학교교과교습 학원	일반적으로 학생·성인대상 과정 다수	• 평생직업교육학원 (직업기술, 국제화, 나눔 사회, 여가 선용) • 학교교과교습학원 (입시 및 미성년대상)	교육청 등록
	직업전문학교	근로자 직업능력개발법	인천직업 전문학교 외	일반적으로 성인	• 직업능력개발과정 (주로 6개월 이하의 단기과정, 1년의 기능사양성과정 운영, 일부의 경우에는 2년의 장기과정도 운영)	노동부인정기관
	도서관	도서관 및 독서실 진흥법	• 국, 공, 사립 도서관	• 아동, 성인 대상프로그램	• 여가 및 교양 교육	교육부 문화관광부

(계속)

구분		설립 근거	기관 유형	교육대상	교육과정 및 유형	설립절차
	청소년시설	청소년 활동진흥법	• 청소년수련원 • 청소년수련관	• 청소년 프로그램	• 여가 및 취미 • 방과후 교육 등	국가청소년 위원회
	사회복지시설	사회 복지법	• 사회복지관 • 노인복지관	• 다양	• 여가 및 취미 • 복지 프로그램 • 프로그램	보건복지부
	주민자치센터	행정자치 법령	• 동사무소 기능전환	• 다양	• 여가 및 취미 위주	행정자치부

출처: 권두승, 최운실(2009). 평생교육경영론. p. 140. 및 2016년 교육통계자료를 참고하여 재구성.

(1) 학교부설 평생교육시설

학교부설 평생교육시설이란 학교의 인적·물적자원을 지역사회에 개방하고 다양한 평생교육을 실시하는 각급 학교시설을 말한다. 평생교육법 제30조 1항에서는 "각급 학교의 장은 학생·학부모 및 지역주민을 대상으로 교양증진 또는 직업교육을 위한 평생교육시설을 설치·운영할 수 있다"고 규정하고, 이어 2항에서는 "대학의 장은 대학생 또는 대학생 외의 자를 대상으로 자격취득을 위한 직업교육과정 등 다양한 평생교육과정을 운영할 수 있다"고 규정하고 있다.

대학에서의 평생교육은 1986년 1월 이화여자대학교부설 평생교육원의 설립 이후 대부분의 대학에서는 각 대학의 특성에 맞추어 자율적으로 독립적인 평생교육전담기구를 부설·운영하고 있다. 대학부설 평생교육원의 명칭도 대학에 따라 평생교육원, 사회교육원, 산업교육원, 국제평생교육원, 사회문화교육원, 여성사회교육원, 정보사회교육원 등 매우 다양하게 사용하고 있다.

대학 부설 평생교육원의 설치·운영 현황을 살펴보면 표 5-4와 같이 4년제 대학교의 경우 전체의 98.5%에 달하는 263개 대학교에 평생교육원이 설치되어 있으며, 이 중 일반대학교의 평생교육원 설치비율이 106%로 가장 높게 나타나고 있으며, 138개의 전문대학 중 96.3%인 133개 전문대학에서 평생교육원을 설치·운영 중에 있다. 대학에서의 평생교육은 대학뿐 아니라 국가사회 전체의 보편적인 관심사로 부각되고 있다.

표 5-4 대학부설 평생교육원 설치 현황

구분		대상 학교수(A)	부설 평생(사회)교육원 설치 현황		
			설치학교수	설치과정수	정원
대학교	일반대학교	189	202	23,022	685,992
	산업대학교	2	3	16	583
	교육대학교	10	11	524	14,442
	대학원대학	46	29	622	12,267
	방송대학교	1	1	8	5,021
	원격대학(4년제)	19	17	296	16,873
	소계	267	263	24,488	735,178
전문대학		138	133	4,881	163,112
기능대학/각종학교		3	10	163	4,310
합 계		408	406	29,532	902,600

출처: 교육부·한국교육개발원, 평생교육백서(2016).

(2) 학교형태의 평생교육시설

학교형태의 평생교육시설은 교육과정 및 시설·설비 등이 중학교 또는 고등학교와 유사한 시설로서, 경제적 이유 등 개인사정으로 중·고등학교에 진학하지 못한 근로 청소년, 성인 등을 대상으로 하는 평생교육시설이며, 전문대학 졸업자와 동등한 학력·학위가 인정되는 평생교육시설로 학교교육 보완을 위한 평생교육 기능을 말한다.

이들 학교형태의 평생교육시설을 설치·운영하고자 하는 자는 평생교육법 제31조 제1항에 의거 대통령령이 정하는 시설·설비를 갖추어 교육감에게 등록해야 한다. 그리고 이어 동법 제31조 제2항에서는 "교육감은 제1항에 따른 학교형태의 평생교육시설 중 일정 기준 이상의 요건을 갖춘 평생교육시설에 대하여는 이를 고등학교졸업 이하의 학력이 인정되는 시설로 지정할 수 있다"고 규정함으로써 학교형태의 평생교육시설은 고교 이하 학력인정시설과 학력미인정시설로 구분할 수 있다.

(3) 사내대학 형태의 평생교육시설

사내대학 형태의 평생교육시설은 시간적·경제적 여유가 없어 대학에 가지 못한 근로자들을 위해 학교법인을 설립하지 않고 일정한 기간 동안 사내교육을 이수하면 학력·학위가 인정되는 평생교육 차원의 고등교육기관이다. 교육경비는 고용주가 부담하고 근로자들은 면학욕구를 수용할 수 있으며, 기업입장에서는 전문 직무교육과 특화교육 효과를 거둘 수 있다.

평생교육법 제32조(사내대학형태의 평생교육시설) 1항에 의거 대통령령으로 정하는 규모 이상의 사업장(공동으로 참여하는 사업장도 포함된다)의 경영자는 교육부장관의 인가를 받아 전문대학 또는 대학졸업자와 동등한 학력·학위가 인정되는 평생교육시설을 설치·운영할 수 있도록 하였다.

국내의 사내대학으로는 삼성전자, 포스코, 현대중공업, 대우조선해양, STX조선, 현대오일뱅크 등의 기업에서 운용되고 있으며, 고유의 기업문화와 첨단기술인력을 양성하고 있다.

(4) 원격대학형태의 평생교육시설

원격대학형태의 평생교육시설은 정보통신매체를 이용하여 특정 또는 불특정 다수인에게 원격교육을 실시하거나 다양한 정보를 제공하는 시설이다. 즉, 정보통신기술, 멀티미디어기술 및 관련 소프트웨어기술 등을 이용하여 형성된 사이버공간을 주 학습장으로 하여, 시간과 공간의 제약 없이 주로 비대면 교육을 통하여 전문대 또는 대학 졸업자와 동등한 학력을 인정하고, 학위를 주는 평생교육 차원의 고등교육기관을 말한다. 평생교육법 제33조(원격대학형태의 평생교육시설) 제1항에서는 누구든지 정보통신매체를 이용하여 특정 또는 불특정 다수인에게 원격교육을 실시하거나 다양한 정보를 제공하는 등의 평생교육을 실시할 수 있다고 규정하고 있다. 또한 동법 제33조 제2항에서는 불특정 다수인을 대상으로 학습비를 받고 교육을 실시할 때는 교육부장관의 신고를 받아야 하며, 제3항에서는 전문대학 또는 대학졸업자와 동등한 학력·학위가 인정되는 원격대학형태의 평생교육시설은 교육부장관의 인가를 받아야 한다고 규정하고 있다.

(5) 사업장 부설 평생교육시설

사업장 부설 평생교육시설은 사업장을 이용한 고객이나 지역주민들의 여가선용, 개인의 소질개발, 생활문화 향상 등 시민들의 문화생활에 기여하는 평생교육시설이다. 평생교육법 제35조(사업장 부설 평생교육시설) 및 동법시행령에 의거 대통령령으로 정하는 규모 이상(종업원 200인 이상) 사업장의 경영자가 당해 사업장의 고객을 대상으로 설치·운영하는 시설을 말하며, 사업장 부설 평생교육시설을 설치하고자 하는 자는 대통령령으로 정하는 바에 따라 교육감에게 신고해야 한다(백화점 문화센터가 대표적이다).

(6) 시민사회단체 부설 평생교육시설

시민사회단체 부설 평생교육시설은 법인인 시민사회단체, 법령에 의하여 주무관청에 등록된 시민사회단체, 회원수가 300명 이상인 시민사회단체가 소속 회원 외에 일반 시민을 대상으로 평생교육시설을 부설하여 운영하는 경우의 평생교육시설이다.

평생교육법 제36조(시민사회단체 부설 평생교육시설) 제1항에서는 시민사회단체는 상호유기적인 협조체제를 구축하고, 공공시설 및 민간시설 등 유휴시설을 활용하여 해당 시민사회단체의 목적에 부합하는 평생교육과정을 운영하도록 노력하여야 한다라고 규정하고 있으며, 제2항에서는 대통령령으로 정하는 시민사회단체는 일반시민을 대상으로 평생교육시설을 설치·운영할 수 있도록 했다. 한편 동법시행령에서는 이들 시민단체를 "1. 법인인 시민사회단체, 2. 법령에 의하여 주무관청에 등록된 시민사회단체, 3. 회원수가 300명 이상인 시민단체"로 정의하고 있다.

시민사회단체 부설 평생교육기관의 설치 및 폐쇄 통보는 각 시·도교육감에게 한다고 규정되어 있다.

시민사회단체는 그 활동영역에 따라 시민사회, 지역자치·빈민, 사회서비스, 환경, 문화, 교육·학술, 종교, 노동·농어민, 경제, 국제 및 기타의 11개 영역으로 나눌 수 있다.

시민사회단체의 주된 교육프로그램 운영은 첫째, 일반 시민을 대상으로 시민의식 함양을 위한 교육, 둘째, 그 단체의 이념과 관련된 내용을 중심으로 보다 체계적으로 심도 있게 교육프로그램을 운영하는 경우, 셋째, 전문적으로 일하고 도울 사람을 위한 보다 심화된 전문과정 교육프로그램으로서, 그 조직의 회원을 중심으로 자발적으로 운영되는 교육활동이라고 할 수 있다(오혁진 외, 2007).

(7) 언론기관 부설 평생교육시설

언론기관 부설 평생교육시설은 신문·방송 등 언론기관이 언론매체를 통하여 평생교육 진흥에 일반국민을 대상으로 교양증진 및 능력향상을 위한 평생교육시설을 설치·운영하는 시설을 말한다.

평생교육법 제37조(언론기관 부설 평생교육시설) 제1항에서는 신문·방송 등 언론기관을 경영하는 자는 해당 언론매체를 통하여 다양한 평생교육프로그램을 방영하는 등 국민의 평생교육진흥에 기여하여야 한다고 명시하고, 제2항에서 대통령령이 정하는 언론기관을 경영하는 자는 일반국민을 대상으로 교양증진과 능력향상을 위한 평생교육시설을 설치·운영할 수 있다고 규정하고 있다. 이에 따라 언론기관 부설 평생교육시설을 설치·운영할 수 있는 기관에 대하여 동법시행령에서는 1. 문화체육관광부장관에게 등록된 일간신문·주간신문 또는 월간잡지의 정기간행물을 발간하는 자, 2. 방송법 제2조 제1호의 방송을 행하는 법인, 3. 뉴스통신 진흥에 관한 법률 제8조의 규정에 의하여 등록한 뉴스통신사업을 경영하는 법인으로 정의하고 있다.

제3항에 의거 설치 및 폐쇄는 시·도교육감에게 통보하도록 규정하고 있다.

(8) 지식·인력개발 관련 평생교육시설

지식·인력개발사업 관련 평생교육시설은 지식정보의 제공사업, 교육훈련 및 연구용역사업, 교육위탁사업, 교육훈련기관의 경영진단 및 평가사업, 교육자문 및 상담사업, 교수·학습프로그램의 개발 및 공급사업 등을 제공하는 평생교육시설을 말한다. 평생교육법 제38조(지식·인력개발 관련 평생교육시설) 제1항에 의거 국가 및 지방자치단체는 지식정보의 제공과 교육훈련을 통한 인력개발을 주된 내용으로 하는 지식·인력개발사업을 진흥·육성을 목적으로 하는 시설을 말한다. 이에 동법시행령에서는 지식·인력개발사업 관련 평생교육시설을 설치·운영할 수 있는 자로서 지식정보의 제공사업, 교육훈련 및 연구용역사업, 교육위탁사업, 교육훈련기관의 경영진단 및 평가사업, 교육자문 및 상담사업, 교수-학습프로그램의 개발 및 공급사업 등을 경영하는 자로서, 자본금 또는 자산이 3억 원 이상이고 전문인력을 5명 이상 확보하고 있는 법인으로 규정하고 있다. 제2항에 의거 설치 및 폐쇄는 시·도교육감에게 통보하도록 규정하고 있다. 평생교육법 해설자료에서는 지식·인력개발사업 관련 평생교육시설의 유형을 한국능률협회, 한국생산성본부,

한국표준협회 등과 같은 산업교육기관형태와 초·중등학교, 대학 등 학교 내에 컴퓨터, 실험실습기자재 및 프로그램 등을 공급·설치하여 임대료 또는 교육비 징수를 목적으로 운영되는 학교실습기관으로 분류하고 있다.

2) 분류 체계에 의한 평생교육시설 분류

평생교육을 받는 일반 학습자에게는 법률이나 행정기관에 의한 분류보다는 평생교육시설을 손쉽게 이해하고 찾는 데 관심이 많다. 그래서 분류 체계를 설정하여 평생교육시설을 분류할 필요가 있다(권인탁, 2009).

① 분류 체계는 대분류, 중분류, 소분류 등 3단계의 분류 체계를 따른다. 대·중분류에 의해 평생교육시설을 모두 포괄할 수 있을 경우는 대·중분류 체계만 사용하고 소분류는 적용하지 않는다.

② 교육대상은 평생교육법에서 규정하고 있는 평생교육의 범위를 따른다. 초·중등학생을 대상으로 학교교육을 가르치는 보습학원은 제외하고 성인을 교육하는 학원에 국한한다.

③ 학습자가 쉽게 검색할 수 있도록 분류한다. 평생교육법 제30조 학교부설 평생교육시설과 평생교육법 제31조 학교형태의 평생교육시설을 통합하여 학교평생교육시설로 대분류하고, 중분류로 학교부설 평생교육시설인 초·중등학교, 대학 부설 평생교육시설과 학교형태의 평생교육시설로 학력인정 평생교육시설, 학력미인정 평생교육시설로 구분한다.

④ 교육활동이 시설의 주기능이 아닌 각종 단체, 시설인 경우 정기적인 교육활동을 실시하는 경우에 국한하여 평생교육시설로 분류한다. 시민사회단체 부설 평생교육시설, 언론기관 부설 평생교육시설, 지식·인력개발 관련 평생교육시설 등이 해당된다.

⑤ 특정계층을 대상으로 하는 평생교육시설은 대상별 분류 체계를 따른다. 청소년 평생교육시설 및 단체, 여성평생교육시설 및 단체, 노인평생교육시설 및 단체가 이에 해당된다.

이상과 같은 기준에 따라 평생교육시설을 분류하면 표 5-5와 같다.

표 5-5 평생교육시설 분류 체계

구분	대분류	중분류	소분류	비고
1	학교평생 교육시설	초·중등 부설 평생교육시설		
		대학부설 평생교육시설		
		학력인정 평생교육시설		
		학력미인정 평생교육시설		
2	직업훈련기관	공공직업훈련기관		
		인정직업훈련기관		
		사업 내 직업훈련기관	직업훈련원	
			사내대학	
3	학원	기술계학원		성인을 주 교습 대상으로 하는 경우에 한함
		어학계학원		
		문리계학원		
4	원격 평생교육시설	일반원격 교육기관	초·중등	
			대학	
			대학원	
		사이버대학		
5	연수기관	공무원연수기관	일반행정연수기관	
			교육공무원연수기관	
			특수직무연수기관	
		일반연수기관	공공연수기관	
			종합연수기관	
			특수직무연수기관	

(계속)

구분	대분류	중분류	소분류	비고
6	청소년 평생교육기관 및 단체	청소년 평생교육기관		
		청소년 단체		
7	여성 평생교육기관 및 단체	여성 평생교육기관		
		여성단체		
8	노인 평생교육기관 및 단체	노인평생교육기관		
		노인단체		
9	사회복지기관 및 시설	사회복지기관		
		장애인복지기관		
		시·군·구민회관		정기적인 교육활동이 있는 경우에 한함
10	문화시설중심 평생교육기관	도서관		
		박물관		
		문화원		
		기타		
11	시민사회단체 및 시설	시민단체 및 시설(NGO 포함)		
		사회단체 및 시설		
12	언론사부설 평생교육시설	신문사		정기적인 교육활동이 있는 경우에 한함
		방송국		
13	연구·상담기관	연구기관		
		상담기관		

출처: 권인탁(2009). 평생교육경영론. p. 93.

3) 일반적 차원에서의 평생교육시설 분류

평생교육기관은 평생교육법 및 다른 법령에 대한 분류와 분류 체계에 따른 분류 이외에도 평생교육을 주된 목적으로 설치된 기관인지 아닌지에 따라서 평생교육기관을 분류한다. 메리암과 브로켓(S. B. Merriam & R. G. Brockett, 1977)은 평생교육전담기관, 일반교육기관, 준교육기관, 비교육기관 등으로 구분하고, 최운실(1986)은 평생교육기관을 행정부 주도형, 대학 주도형, 민간비영리 주도형, 기업체 주도형 등으로 평생교육기관을 구분하였다. 앱스(J. Apps, 1989)는 정부 주도형, 민간 비영리 주도형, 영리업체 주도형 그리고 비조직적인 교육기관 등으로 구분하였다. 이들 가운데 정부 주도형으로 운영되는 평생교육기관은 대체로 국민의 세금에 의해 운영되는 것으로서 사회지향적인 성격을 강하게 띠고 있는 반면에, 민간비영리 차원에서 운영되는 것은 대부분이 여가지향적이고 개인적이고 전문적인 프로그램 중심으로 운영되는 것으로 나타나고 있다(권두승, 최운심, 2009).

출처: 권두승 외(2009). 평생교육경영론. p. 150.

그림 5-6 평생교육기관의 유형 구분

CHAPTER 06

평생교육기관 경영자론

1. 평생교육기관의 경영자
2. 경영자의 역할과 기능
3. 평생교육기관 경영자의 능력

1 평생교육기관의 경영자

1) 경영자의 정의

경영(management)이란 기관의 비전과 목표를 달성하기 위해 계획, 실행, 평가하는 일련의 동태적 과정이다. 평생교육기관의 경영이란 평생교육기관의 운영목적을 달성하기 위하여 인적자원과 물적자원, 기타 예산지원을 효율적으로 운영하여 평생교육의 산출을 만들어 내는 과정이라 볼 수 있다. 그러나 비인격체라 할 수 있는 평생교육기관은 이와 같은 활동을 스스로 수행하지는 못한다. 즉, 기관의 방향을 결정하고 경영활동을 직접 수행하는 주체가 있어야 하는데 이러한 역할을 담당하는 인격체가 경영자이다. 따라서 경영자는 경영을 총괄하면서 경영에 대한 책임을 지게 된다(윤종훈 외, 2008; 조동성, 2002).

경영자는 조직체의 전략, 관리 및 운영활동을 능동적으로 주관하는 사람이며, 타인의 활동을 조정하고 여러 조직이 목표를 달성할 수 있도록 방향을 제시하고 조정기능을 수행하는 사람이다(조동성, 2002).

사회는 조직에 의하여 움직이고, 평생교육기관도 경영자 없이는 그 어떤 것도 할 수 없다. 따라서 평생교육경영자는 평생교육기관 구성원의 역할 및 행동을 규정하는 사람으로서 평생교육기관 경영에 없어서는 안 되는 중요한 요소이다. 평생교육기관은 이해관계자들이 공동의 목표를 달성하기 위해 구성된 기관이며, 그 기관의 방향을 결정하는 사람이 경영자이다(윤종훈 외, 2008).

평생교육기관 경영자는 평생교육기관의 경영목표를 설정하고 인적·물적 자원을 조달하고 경영전략을 수립하는데 있어서 최종적인 의사결정자이다. 즉, 평생교육기관 경영자는 한 평생교육기관에서뿐만 아니라 국가의 평생교육 차원에서도 매우 중요하다. 평생교육기관은 전 국민의 평생교육 발전에 핵심이 되기 때문이다.

2) 경영자의 자질

경영을 함에 있어서 중요한 것은 항상 성공을 꿈꾸고 노력하는 긍정적인 사고방식이다. 성공에 대한 확신과 긍정적인 사고방식이 진정한 경영자의 요소이다. 경영자는 기업가로서, 기업가의 정신을 가지고, 관리자의 역할을 수행할 때 경영자의 자질이 있다고 할 것이다(오준석 외, 2005).

(1) 기업가

기업이란 인적자원과 물적자원이 결합하여 이윤극대화를 목표로 지향하는 시스템이다. 따라서 경영 환경에서 자신의 존재 이유를 찾지 못하면 소멸되는 존재이다. 기업은 경영활동을 통해 경영환경에서 생존하고 성장·발전하기 위해 존재 이유와 역할을 찾고 있는 하나의 사회적 생명체인 것이다.

기업가(entrepreneur)는 기업의 의사결정을 주도하고 사회적 생명체로서 기업이 존재할 이유를 확보하고 환경에서 나아갈 좌표와 경영활동의 내용을 결정하는 경영자이다. 기업은 자본시장의 발달과 주식회사의 출현으로 자원을 출자한 출자자, 전문적으로 경영의사 결정을 담당하는 경영자, 경영자가 내린 의사결정을 집행하는 구성원들로 분리되어 구성된다.

(2) 기업가 정신

소유자 정신(ownership)이 소유와 경영이 일치된 상황에서 기업을 이끌어가는 정신이라면, 기업가 정신(entrepreneurship)은 소유와 경영이 분리된 상황에서 기업을 이끌어가는 정신이다. 기업가 정신은 불확실성을 극복하여 혁신적 가치관으로 이윤기회(profit opportunity)를 발굴하고 이를 구체적인 사업기회(business opportunity)로 실현시키는 정신을 말한다. 즉, 조직의 정태적 균형(static equilibrium)을 창조적으로 파괴하여 더 나은 가치창출을 위해 기꺼이 혁신을 주도하려는 정신이다.

(3) 관리자

❶ 조직관리자: 조직균형 촉구

조직관리자(organization manager)는 조직을 설계하고 조직시스템을 운영하며 조직을 변화시키면서 조직목표를 실현시키는 역할을 하는 사람이다. 조직의 방향성을 위한 명확한 비전제시와 최적자원배분을 위한 조직시스템을 수립·운영한다.

❷ 구성원 관리자(personal manager): 시너지 효과 추구

조직은 인적자원과 물적자원의 결합체이다. 조직관리자는 인적자원이 조직의 목표와 일치하는 방향으로 역할을 하게 해야 한다. 이를 위해서 구성원들에게 구체적인 조직의 목표제시와 구성원 상호 간에 시너지효과(synergy effect)를 발생할 수 있도록 구성원 관리가 중요하다.

❸ 조직구성원의 구성과 조직설계: Miles & Snow

마일즈와 스노우(R. E. Miles & C. C. Snow)는 조직구성원을 다음과 같이 구분하고 바람직한 구성원을 확보하기 위한 조직설계를 제안하였다.

반응자는 신입구성원과 같이 처음 조직에 들어오면 조직의 내·외적 환경에 대한 분석력뿐만 아니라 전문적 업무수행 능력도 낮기 때문에 시키는 대로 시키는 일만 하는 구성원이다.

회피자는 조직에 들어온 후 차츰 조직분위기에 익숙해지나 조직의 대외적 환경에 대한 분석력은 낮은 상태에 업무수행력은 높은 구성원이며, 조직생활에 대한 회의도 높아지게 된다.

표 6-1 조직의 구성원

		전문적 업무수행능력	
		낮음	높음
기업환경 분석력	높음	전망가	분석가 →
	낮음	반응자	회피자 ←

출처: 오준석 외(2005). 전략경영시대의 경영학. p. 14.

분석가는 기업의 외적환경에 대한 분석과 조직의 미래에 대하여 확신을 갖고 조직에 기여하는 단계의 구성원이다.

전망가는 기업의 환경분석능력은 높으나 전문적 업무수행능력은 다시 저하되지만 조직이 나아갈 바를 아는 구성원이다.

경영자는 구성원 관리자로서 반응자와 회피자 및 전망가를 분석가가 되도록 이끌어주는 역할을 해야 한다.

표 6-2 조직구성원의 확보전략과 조직설계

구성원 확보전략	조직설계(Organization Design)
반응자 (Reactor)	• 분명하지 않은 조직설계 • 조직특성과 구조의 급작스런 변화 • 그때그때 필요에 따른 조직운영
회피자 (Defender)	• 효율지향적이고 강력한 원가통제 조직 • 중앙집권적이고 생산효율성 지향조직 • 강력한 통제 및 감독으로 종업원의 재량행위 최소화

(계속)

구성원 확보전략	조직설계(Organization Design)
전망가 (prospector)	• 학습지향적이고 유연한 조직 • 유동적이고 분권화된 조직구조 • 연구능력을 충분히 확보한 조직
분석가 (Analyzer)	• 효율과 학습의 균형 확보 • 유연성과 적응성을 고려한 강력한 원가통제 • 안정적인 생산라인 가동과 효율적 생산 강조 • 창의성, 연구능력 그리고 혁신지향을 위한 위험 감수 성향

출처: 오준석 외(2005). 전략경영시대의 경영학. p. 15.

3) 경영자의 유형

경영자의 유형을 구분하는 기준에는 소유와 경영의 분리과정에 따른 경영자 유형, 수직적 위계 수준에 의한 구분, 직무범위에 따른 분류가 있다(조동성, 2002; 윤종훈 외, 2008).

(1) 소유와 경영의 분류과정에 따른 경영자 유형

❶ 소유경영자

기업을 소유하고 운영하는 사람이라는 의미로 소유경영자(owner manager) 또는 기업가(entrepreneur)라고 하며, 출자자 또는 대주주가 되어 경영에 직접 참여하여 운영·관리하는 경영자를 말한다. 미국에서의 기업가는 소규모의 기업을 운영하는 의미가 많으나, 우리나라에서는 소규모의 기업을 운영하는 것뿐만 아니라 대기업의 경영자까지 포함된 개념이다.

❷ 고용경영자

기업의 규모가 커지고 경영활동의 폭과 내용이 점점 확대됨에 따라 소유경영자를 보조하며, 특정 분야에 대한 지원역할을 수행하는 경영자를 말한다. 즉, 소유경영자에게 고용되어 경영관리기능의 일부 또는 전부를 위탁받아서 소유경영자의 자산증식을 도와주는 대리인으로서의 경영자를 말한다. 고용경영자는 경영관리의 전문지식과 기술을 지니고 있으며, 자본가나 기업가의 이익을 대변하기는 하나, 경영자의 속성보다는 종업원의 속성을 더 많이 가졌다고 할 수 있다.

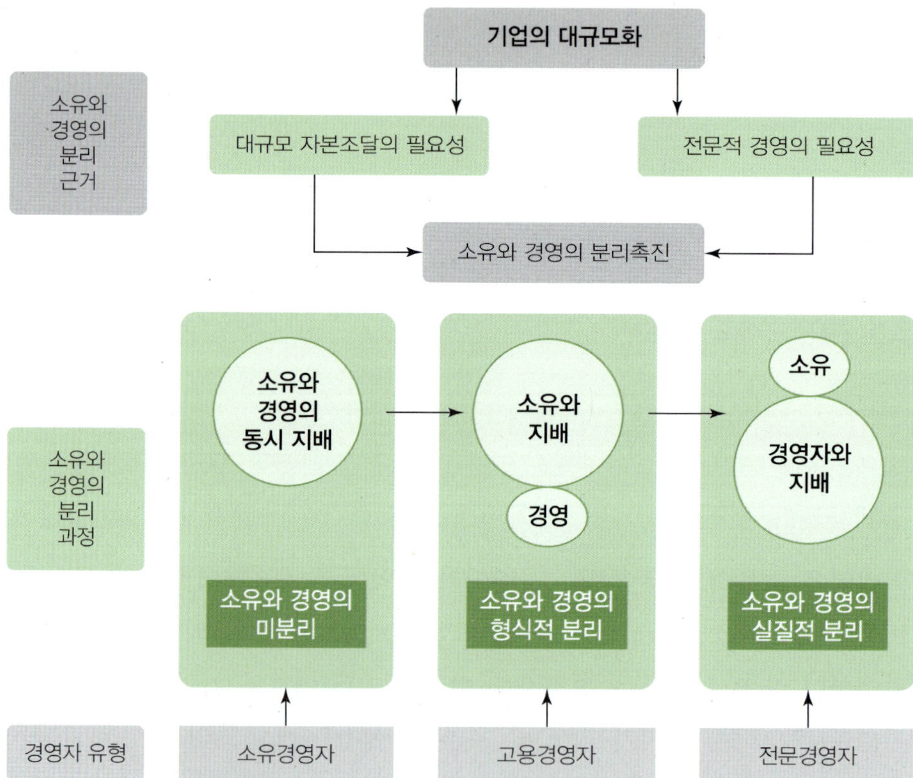

출처: 윤종훈 외(2008). 경영학원론 p. 44.

그림 6-1 소유와 경영의 분리과정에 따른 경영자 유형

❸ 전문경영자

소유경영자에게 고용되어 있는 것이 아니라 자본과 경영이 분리된 전문경영체제하에서 주주들로부터 경영활동에 대한 제약을 많이 받지 않고, 자신의 전문적 지식과 계획하에 경영활동을 수행하는 경영자를 말한다. 전문경영자는 종업원의 속성보다는 경영자의 속성을 더 많이 지녔다고 할 수 있다.

(2) 경영자 계층을 형성하고 있는 경영자의 유형(수직적 위계에 따른 분류)

❶ 최고경영층(Top Management)

이사회에서 결정된 기본방침을 실천에 옮기기 위한 전반적이고 총괄적인 관리기능을 담당하며, 기업의 장기적인 목표와 전략 수립, 회사방침과 비전 설정, 사회적·법률적으로 우호적인 관계의 형성, 기업의 사회적 책임을 지는 경영자층이다. 임원에 해당하는 이사급 이상의 상층부에 있는 경영자를 의미한다.

❷ 중간경영층(Middle Management)

최고경영층에 의하여 결정된 집행 방침과 위임된 권한의 범위하에서 보다 구체적인 관리지침을 수립하며, 하위경영층을 지휘·감독하고 근로자에게 직접 명령을 지시하는 경영자이다. 공장장, 부서장, 차장, 과장 등의 직급에 해당하는 경영자이다. 최고경영층의 철학이 기업 전체에 전달되도록 하며, 최고경영층과 하위경영층 중간에서 상호 간의 이견을 조정하고 원활한 의사소통을 돕는 역할을 수행한다.

❸ 하위경영층(Low Management)

현장에서 직접 작업을 담당하는 근로자나 사무원을 지휘·감독하는 경영층이다. 생산직은 생산현장의 일선감독자(Supervisor)로 작업반장(Line Manager), 직장, 조장 등이며, 사무직은 계장 또는 대리에 해당되는 직책이다. 하위경영층은 기술적인 능력을 갖추고 있으며 사원들의 고충, 일반계획 및 사원들의 행동에 대한 관리책임이 있다.

(3) 직무범위에 따른 경영자 유형(수평적 차원의 경영자 유형)

❶ 기능경영자(Functional Manager)

생산, 마케팅, 재무, 인사 등과 같이 담당기능 부서를 책임지고 직접 관리하는 경영자로, 부문관리자라고 한다. 영업부장, 작업반장 등이 기능 경영자이다. 중간경영층과 하위경영층이 부문관리자에 해당되며, 기능경영자는 맡고 있는 임무에 따라 부장, 차장, 과장이나 대리로 나누어진다. 대기업에서는 중간관리자라고 부르기도 한다.

❷ 전반경영자(General Manager)

기업 전체를 총괄하는 차원에서 하부조직과 구성원들의 전체적인 행위와 결과를 총괄하면서 감독하는 역할을 담당하는 경영자이며, 총괄경영자라고도 한다. 이사급 이상의 경영자를 말한다. 전반경영자는 특정 역할이나 기능에만 국한하지 않고 회사 전체의 전략방향을 결정한다. 다수의 조직과 기능을 총괄하며, 기능경영자로부터 발생하는 각 부문 간의 이해상충을 조정·통합하는 역할을 한다.

4) 경영자의 구분

최근 기업환경이 국제화되면서 전통적으로 불리던 호칭이나 명칭과는 다르게 부르는 경영자에 대한 호칭과 명칭이 많아지고 있다. 구체적으로 살펴보면 다음과 같다(이광로 외, 2009).

(1) CEO: 최고경영자

CEO(Chief Executive Officer)란 기업의 최고경영자를 말한다. 일반적으로 미국에서는 회장이 CEO가 되며, 한국에서 사장이 CEO가 되는 경우가 많다. CEO는 기업 전체의 방침을 결정하거나 장기계획을 책정하는 등의 책임이 있다.

(2) COO: 부사장 또는 전무

COO(Chief Operating Officer)는 업무 최고책임자로서 CEO의 정책방침에 따라 일상 업무에 관련된 의사결정을 한다. 한국에서 COO는 부사장(또는 수석부사장) 또는 전무가 맡은 경우가 많다.

(3) CFO: 최고재무관리자

CFO(Chief Finance Officer)는 최고재무관리자로서 기업의 자금, 비용, 경리 등 재무 분야의 조직을 하나로 통합하여 이를 총괄하는 재무관리 분야의 최고책임자이다.

(4) CMO: 마케팅 최고경영자

CMO(Chief Marketing Officer)는 마케팅 최고경영자로서 마케팅 계획을 수립하고 집행하며 통제·관리활동을 총괄하는 관리자를 말한다.

(5) CKO: 최고지식경영자

CKO(Chief Knowledge Officer)는 최고지식경영자로서 조직구성원들의 전문지식을 효과적으로 발굴, 활용하는 지식경영을 총괄하는 책임자를 말한다.

(6) CTO: 최고기술경영자

CTO(Chief Technology Officer)는 최고기술경영자로서 기술을 효과적으로 획득·관리·활용하기 위한 경영지원활동을 총괄하는 책임자이다.

(7) CIO: 최고정보경영자

CIO(Chief Information Officer)는 정보분야 담당 최고임원으로 기업의 정보전략을 세우며 정보기술과 정보시스템에 책임을 진다.

(8) CCO: 최고홍보경영자

CCO(Chief Communication Officer)는 홍보분야 담당 최고임원으로 기업의 목표나 정책을 고객 또는 대중 및 언론에 설명하고 정보를 제공하며, 필요한 자료를 조사·수집하여 기업의 정책에 반영되도록 하는 일을 수행한다. 기업에 있어서 홍보의 중요성이 강조되면서 새롭게 부상하고 있다.

한편 기업의 성격에 따라 Chief Contents Officer의 약어, 즉 최고 콘텐츠 관리자의 의미로 사용되기도 한다. 주로 정보산업 관련 기업에서 사용한다.

(9) CDO: 최고디자인책임자

CDO(Chief Design Officer)는 최고디자인책임자의 의미로 사용되는 경우도 있지만 보다 일반적으로는 기업발전최고책임자(corporate development officer)를 지칭한다. 기업발전최고책임자는 주로 인수·합병(M&A)을 통한 기업발전을 책임진다. 기업 인수합병이 기업발전의 중요한 수단의 하나가 되면서 M&A 전 과정을 책임지고 수행해야 할 책임자가 필요해 생긴 직책이다.

2 경영자의 역할과 기능

1) 경영자의 역할

경영자는 기업경영의 의사결정을 통해 기업의 방향을 제시하고 기업의 유지와 발전에 대해 책임을 지는 사람이다. 경영자는 조직이 나아갈 목표를 정하고, 조직을 이끌어가는 리더이며, 조직을 결합하고 균형 있게 발전하게 하며, 조직구성원들이 목표를 향하여 활동하도록 돕는 관리자이어야 한다. 또한 계획, 조직, 충원, 통제 등은 경영자가 수행해야 할 역할이다. 역할(role)은 경영자의 행위에 대한 기대치이며, 경영자 자신의 직무를 잘 수행하고 조직구성원들과 상호작용을 위한 것이다(조동성, 2002; 오준석 외, 2005).

(1) 리더와 관리자로서의 경영자 역할

① 문제해결사(Troubleshooter): 문제의식을 갖고 경영현실을 분석하고 대안을 제시하는 역할.

② 분쟁조정자(Conciliator): 인간적 자질이 요구되는 조직원 또는 조직부문

간의 갈등문제를 조정·중재하는 역할.

③ 전략가(Strategist): 환경변화의 방향을 감지하고 기업의 진로를 제시하는 역할.

④ 철학자(Philosopher): 기업활동의 목적과 이념, 기업경영의 비전을 제시하는 역할.

(2) 민쯔버그(Henry Mintzberg)의 경영자 역할

민쯔버그는 경영자의 역할에 대하여 경영자는 공식적인 권한과 지위로부터 비롯되는 대인적(interpersonal) 역할·정보적(informational) 역할·의사결정(decisional) 역할 등 3가지의 역할을 수행해야 한다고 했다.

❶ 대인적 역할(interpersonal role)

대외적으로는 조직의 대표자이고 대내적으로는 조직을 이끄는 리더로서의 역할을 의미한다.

① 상징자(Figurehead): 경영자는 회사를 대표하는 여러 가지 행사를 수행하는데, 이때 조직의 상징적 역할을 수행하게 되는 것.

② 지도자(Leader): 리더로서의 역할은 경영목표의 달성을 위한 구성원들에게 동기부여, 업무지침 제시, 구성원들에게 격려, 갈등 해소 등을 포함.

③ 연락자(Liaison): 경영자는 상하(상사와 부하) 간, 좌우(사업부와 사업부, 라인과 스텝) 간, 내외(공급자와 고객) 간 관계에 있어서 연결고리 역할.

❷ 정보적 역할(informational role)

외부환경의 움직임을 주시하고(monitoring), 변화를 조직에 전달하는 정보전달자의 역할을 의미한다.

① 수령자(Monitor): 외부환경에 관련되어 있는 정보를 지속적으로 직·간접적인 방법을 통해 수집하고 이를 수령함. 정보는 의사결정을 신속하고 정확하게 하여 기업성과를 증진시킬 수 있게 함.

② 정보배분자(Disseminator): 수집된 정보를 조직구성원들에게 충실하게 배분, 전달하는 역할 수행.

③ 대변자(Spokesperson): 기업 외부인들에게 투자유치, 기업홍보를 위한 기업 내부의 객관적인 사실을 대변하는 역할 수행.

❸ 의사결정적 역할(decisional roles)

기업가로서 분쟁을 해결하고 대리적 형상을 주도하는 협상가로서의 역할을 의미한다.

① 기업가(Entrepreneur, 창업자): 경영자가 기업의 성장발전을 위해 솔선수범하며 창의적 노력을 하는 것.

② 분쟁조정자(Disturbance hander): 노사분규, 고객의 파산, 계약 위반, 일정 계획 등과 같이 기업 내외에서 각종 애로사항이 발생했을 때 이에 대한 적극적 해결방안을 모색하는 것을 의미.

③ 자원배분자(Resource allocator): 경영자가 그 기업의 자원을 어떻게, 누구에게 배분할 것인가를 결정하는 역할. 경영자는 주어진 자원을 최대한 효율적으로 활용해 경영목표달성을 위해 신중히 배분해야 함.

④ 교섭자(Negotiator): 교섭은 상호 다른 기대수준을 가지고 있는 개인 또는 집단 간의 협의과정으로 공급업자와의 계약, 노동조합과의 견해차이 해소, 마케팅 전문가와의 거래 시작 등의 역할을 의미함. 즉, 조직을 대표해서 교섭하는 일을 말함.

2) 경영자의 기능

경영자가 기업시스템에서 수행하는 기능으로서는 기업자적 기능과 경영관리기능이 있다(오준석 외, 2005; 윤종훈 외, 2008).

공식적인 권한과 지위

↓

대인적 역할		정보적 역할	의사결정 역할
"How a manager interacts with other people" 상징자 지도자 연락자	➡	"How a manager exchanges and processes information" 수령자 정보배분자 대변자	"How a manager uses information in decision making" 기업가 분쟁조정자 자원배분자 교섭자

출처: 오준석 외(2005). 전략경영시대의 경영학. p. 20.

그림 6-2 Mintzberg의 경영자의 역할

(1) 기업가적 기능(혁신기능): 최고경영층의 전략적 의사결정

❶ 슘페터(J. A. Schumpeter)의 혁신기능

혁신(innovation)이라는 용어를 처음 사용하였으며, 혁신은 '기업가에 의한 생산수단의 신결합'이라 정의하였다. 기업가란 혁신기능을 수행하는 경우에 존재의 이유가 있으며, 혁신기능이 끝나면 기업가로서의 생명이 끝나는 것이라고 하였다.

① 신제품의 도입(product innovation)

② 신제조 기술의 도입(technology innovation), 기술재평가(technology assessment)

③ 신시장의 개척(market innovation)

④ 신재료의 확보(resource innovation)

⑤ 신조직의 개발(structure innovation)

❷ 피터 드러커(P. Drucker)의 과정혁신과 제품혁신

혁신이란 "기업의 경제적, 사회적인 잠재력에 대해 의도되고 집중된 변화를 만들기 위한 노력"이라고 정리하였다.

① 과정혁신(process innovation): 어떠한 일을 수행하는 방법에 있어서의 개선.

② 제품혁신(product innovation): 새롭고 개선된 재화와 용역을 만들어내는 것.

❸ 해멀(Gary Hamel)의 혁신의 바퀴

혁신과정에 대하여 5가지로 설명하면서 혁신의 바퀴(wheel of innovation)라고 하였다.

① 상상(imaging): 새로운 가능성에 대해 고민하는 단계.

② 디자인(designing): 상상하는 것을 개념화하는 단계.

③ 실험(experimenting): 실험이나 타당성 검토 등을 통해 현실성과 세부적인 가치에 대한 점검.

④ 평가(assessing): 장단점분석, 잠재적 비용대비 효용분석 잠재사항과 건설적인 변화가능성 검토.

⑤ 실행(scaling): 새로운 과정을 실행하고 신상품을 상업화하는 단계.

(2) 경영관리기능

경영관리기능은 상호위기적 관계 속에서 순환구조를 형성하고 있다. 이것을 관리순환주기(management cycle)라고 한다. 페이욜(Henry Fayol)이 처음으로 계획→조직→지휘→조정→통제의 과정으로 기능을 구분하였다. 성공적인 경영활동을 계속하려면 기업목표를 과학적으로 설정하고, 여러 자원을 효율적으로 활용할 수 있도록 의사결정을 하고 잘 집행해야 한다.

❶ 계획화 기능

계획화(planning)는 임무와 목표, 이를 달성하기 위한 행동방안을 선택하는 것을 포함한다. 대안들로부터 미래의 행동과정을 선택하는 것이다. 계획화는 현재의 위치와 미래에 도달하고자 하는 지점과의 간격을 연결해 주는 것이다.

계획화는 어떠한 자원이 필요한가를 결정하고, 조직이 필요한 구성원의 수와 유형을 찾아내며, 업무가 수행될 조직환경 기반의 개발탐색·조정을 통해 목표측정 기준을 정한다.

❷ 조직화 및 충원 기능

수립된 계획을 수행하기 위하여 인적 및 물적자원을 결합하고 할당하는 것을 말한다. 조직화 및 충원(organizing and staffing)은 향후 수행하게 될 과업에 따라 조직구조 구축, 조직에 맞는 인원배치, 이들에게 자원을 공급함으로써 계획을 집행하도록 한다.

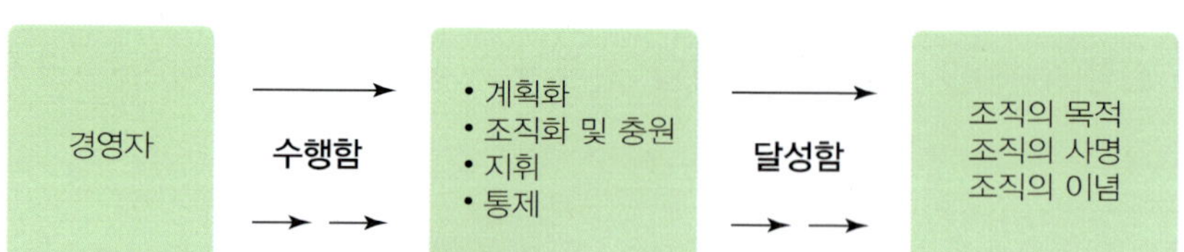

그림 6-3 경영자의 관리기능

❸ 지휘 기능

지휘(leading)는 구성원들이 부여받은 업무를 자발적으로 수행하도록 의욕을 불어넣어 주고 영향력을 행사하는 경영자의 기능을 말한다. 지시화, 영향화 또는 동기부여화라고도 한다.

지휘는 경영목표를 효과적으로 달성할 수 있도록 조직의 구성원들이 각자의 직무를 충실히 수행하도록 지도하고 격려하는 것을 말한다.

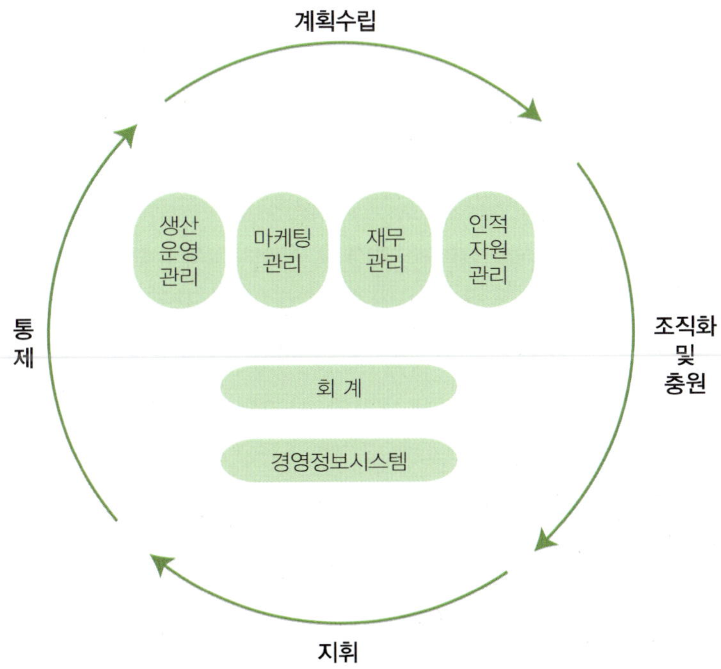

출처: 이광로 외(2009). 경영학개론. p. 28.

그림 6-4 경영의 각 기능분야와 경영관리 순환과정과의 관계

④ 통제 기능

통제(controlling)는 조직구성원들의 행동결과가 계획에 일치되도록 하기 위하여 구성원들의 활동과 목표계획에 대한 성과를 측정하고 수정하는 일이다. 또한 목표와 성과에 차이가 있는 곳을 발견하여 이 차이를 보완하고, 수정하여 계획의 달성을 보장하는 것이다.

3 평생교육기관 경영자의 능력

1) 평생교육기관 경영자에게 필요한 능력

평생교육기관의 경영자는 조직 내에서 자신의 직무를 수행하는데 있어서 경영자로서의 필요한 능력과 자질을 가지고 있어야 한다. 평생교육기관은 일반기업과 달리 평생교육을 목적으로 하는 조직이므로 조직의 목적을 위해 평생교육기관의 경영자는 교육적인 사고와 경영적 사고를 함께 가지고 있어야 한다.

평생교육기관을 효율적으로 경영하기 위해서 평생교육경영자는 교육자 및 경영자로서 역할을 해야 한다. 따라서 평생교육기관 경영자는 조직의 목표달성, 조직의 비전과 이념실현을 위하여 평생교육기관에 대한 올바른 이해와 경영자로서의 필요한 지식, 경영기법, 적절한 태도를 지녀야 한다. 평생교육기관 경영자는 전문적인 지식, 기능 및 적절한 태도가 있어야 한다(권두승 외, 2009).

평생교육경영자나 일반기업의 경영자 사이에 요구되는 지식, 기능, 태도는 내용에 있어서 일부 차이가 있긴 하지만 거의 비슷하거나 같다고 본다. 경영자에게 필요한 세 가지 능력, 즉 지식, 기능 및 태도는 경영자로서 경영활동을 하는데 없어서는 안 될 중요한 요소이다(조동성, 2002).

(1) 지식

평생교육기관 경영자는 특정 분야의 전문지식(Knowledge)을 갖추고 있어야 한다. 왜냐하면 전문지식이 부족하면 자신의 직무수행에 있어서 구성원이나 조직에 영향력을 행사하지 못하며, 이들을 변화시키는 것이 어렵기 때문이다. 지식은 단순히 많이 아는 것보다는 관련 지식을 많이 알고 있다는 것을 의미한다. 평생교육기관 경영에 있어서 관련 지식이란 미래예측에 관련되어 의사결정에 도움을 줄 수 있는 정보, 평생교육프로그램 개발에 대한 전략실행에 효과적인 기법, 경영에 관련된 리더십 행사에 필요한 지식 및 피드백을 위해 요구되는 지식 등을 의미한다.

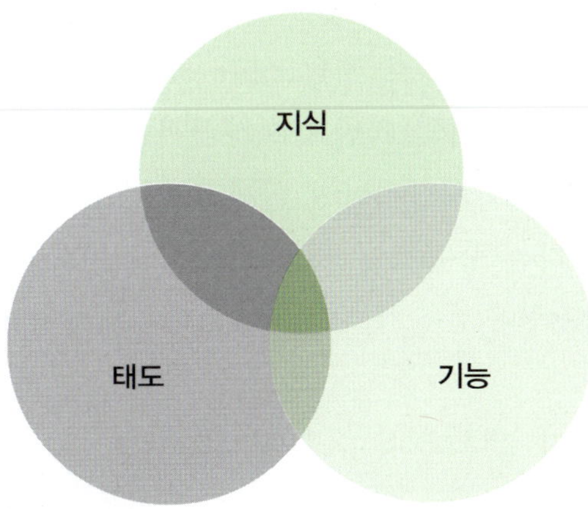

그림 6-5 평생교육기관 경영자의 3가지 능력

(2) 기능

평생교육경영자가 갖추어야 할 기능(skill)은 분석적 기능(analytical skill)과 관리적 기능(administrative skill)으로 나누어진다. 분석적 기능은 상황을 신속, 정확하게 포착하고 환경변화와 조직의 강·약점을 분석하여 기회와 위협요인을 식별하는 능력이다. 관리적 기능은 기관의 목표를 결정하고 이를 달성하기 위한 경영활동에 필요한 계획, 조직화, 실행, 통제, 피드백 등을 지속적으로 관리·통제하는 능력이다.

(3) 태도

평생교육기관 경영자의 태도(attitude)는 간접적으로 목표달성에 많은 영향을 미치게 된다. 평생교육기관 경영자가 갖추어야 할 태도는 다음 세 가지이다.

첫째, 평생교육기관 경영자가 지닌 성취 또는 수용력에 대한 태도로써 실패에도 굴하지 않고 재기의 기반으로 생각하는 것이다.

둘째, 실용적이고 결과 지향적이며 실제적인 태도를 지녀야 한다.

셋째, 현실유지보다는 능동적인 지도력을 통해 변화에 적응하고 경영환경을 창조하는 태도이다.

2) 평생교육경영자가 갖추어야 할 경영기능

평생교육기관 경영자는 실제로 계획화·조직화의 충원·지휘·통제와 같은 관리기능을 통하여 조직의 목표·사명·이념을 실현시킨다. 이러한 관리능력을 수행하기 위하여 개념적 기능, 인간적 기능, 기술적 기능 등 3가지의 기능을 갖는 것이 필요하다(조동성, 2002; 신유근, 2005; 권두승 외, 2009).

(1) 개념적 기능

개념적 기능(conceptual skill)은 사고를 통해 추상적인 관계를 다룰 수 있는 정신적 능력이다. 즉, 추상적 또는 일반적 사고를 이해하고 이를 특정 상황에 결합시키는 능력을 말한다. 이 능력은 평생교육기관 경영자로 하여금 조직을 거시적이고 전체적인 안목에서 바라볼 수 있게 하며, 조직이 다른 요소와 상호 종속적으로 관련되어 있다는 것을 알게 해주는 것이다. 어떤 프로그램이 추진될 때 이를 기관차원에서만 보는 것이 아니라 주변의 이해관계자 및 지역사회단체의 공익을 미리 점검할 줄 아는 능력이다.

(2) 인간적 기능

인간적 기능(human skill)은 기관의 다른 구성원들과 상호작용하고 의사소통할 수 있는 능력이다. 구성원들에게 동기를 부여하고, 효과적인 리더십을 발휘하며, 구성원들이 고민이나 슬럼프에 빠졌을 때, 자신의 과거 경험이나 충고 등으로 다시 동기를 얻게 하여 직무에 충실할 수 있도록 하는 능력에 해당된다. 평생교육기관은 교육활동을 중심으로 운영되는 기관이므로, 조직 내에서 인간성 상실의 문제 등은 교육프로그램을 운영할 때 학습자인 고객들에게 그대로 영향이 미칠 수 있으므로 인간적 기능은 더욱 더 중요하다.

(3) 기술적 기능

기술적 기능(technical skill)은 교육기관 경영기법, 수단, 운영 프로세스 등을 활용하는 능력이다. 특정 과업을 달성하는데 경험·교육·훈련을 통해서 획득한 지식·방법·기술·장비 등을 이용할 줄 아는 능력을 말한다. 이 기능은 평생교육기관 경영자로 하여금 구체적이고 기술적인 문제를 해결해주면서, 구성원의 과업을 감독하고 평가할 수 있도록 해준다.

표 6-3 경영자에 필요한 3가지 경영기능의 비교

개념적 기능	인간적 기능	기술적 기능
• 조직을 전체로 보고 보다 큰 사회와의 관계성을 인정하는 능력을 포함함	• 지휘하고 동기부여하며 갈등을 관리하고 다른 사람과 함께 일하는 능력을 포함함. 이는 사람들과의 일에 초점을 둠	• 전문화된 영역에서 특수한 방법과 절차 및 기술을 적용하는 능력을 포함함. 이는 사물과 관련된 작업(기술)을 강조함
• 조직을 전체로 보고 조직의 각 부분이 어떻게 상호작용하고 상호의 존적인가를 다루는 정신적인 능력과 각 부분의 통합과 협조를 계획하는 능력으로 아이디어와 추상적 관계를 다룸	• 다른 사람들과의 상호작용을 성공적으로 하는 능력으로서 경영자는 팀워크 환경을 창조하기 위해 개인과 집단의 양자를 이해하고 함께 일하고 관계하여야 함. 이의 적정한 수행을 가끔 인간관계라고 함	• 경영자는 감독하는 특수한 영역에서 과정과 실제와 기술과 도구를 사용하는 능력과 지식임
• 일반적인 아이디어를 파악하고 이를 특정한 상황에서 적용하는 능력임. 경영자가 이러한 일을 추진하기 위해서는 전체 조직의 복잡성을 이해해야 함	• 다른 사람을 이해하고, 동기부여하고, 다른 사람들과 함께 지내는 능력으로서 의사소통, 리더십 및 동기부여와 같은 자질을 포함함	• 작업을 수행함에 있어서 특수한 지식과 방법과 기술을 활용하는 능력임
• 조직을 전체로 보는 인식적인 능력으로 광범위하고 장기적인 관점에서 전략적으로 생각하는 경영자의 능력임	• 다른 사람들과 더불어 그리고 그들을 통해서 일하는 능력이고, 집단의 일원으로 효과적으로 일하는 능력임	• 특수한 과업을 능숙하게 수행하는 능력임

출처: 이한검(1994). 경영학개론(서울: 형성출판사). p. 45.

(4) 경영단계별 기능의 중요성 정도

평생교육기관 경영자는 그 수준과 위상에 따라 요구되는 능력과 그 능력의 중요성이 다르다. 최고 경영층, 중간 경영층, 하위 경영층에 따라 요구되는 개념적, 인간적, 기능적 능력이 다르다고 할 수 있다. 이를 그림 6-6으로 나타낼 수 있다.

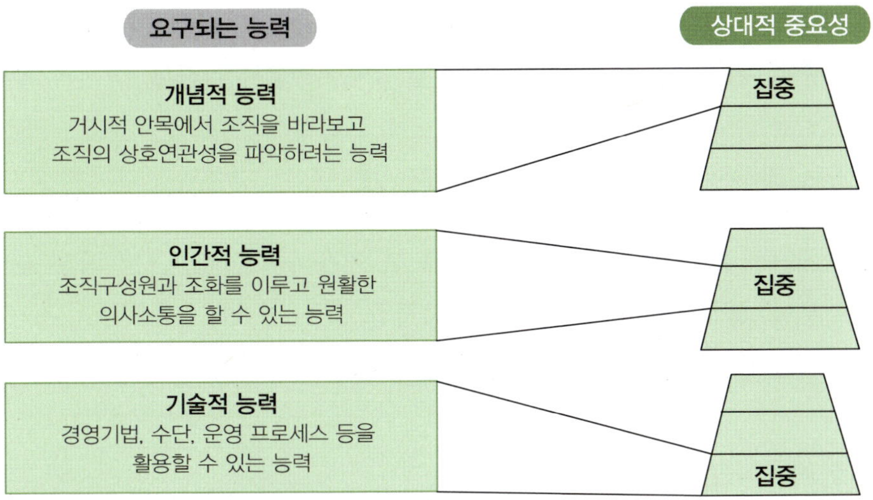

출처: Katz, R. L.(1974). "Skill as An Effective Administrator", *Harvard Business Review*, September-October. 조동성(2002). p. 135. 재인용.

그림 6-6 경영자에게 요구되는 능력

3) 평생교육기관 경영자의 성공과 실패

평생교육기관 경영자는 조직목표달성을 위한 기관을 경영하면서, 경영능력을 배양하고, 사회적 책임의식을 가져야 한다. 한 조직의 성장과정을 살펴보면 조직을 성장·발전시켜 성공한 경영자가 있는 반면에 그 조직을 사라지게 하는 실패한 경영자도 있다. 이러한 성공과 실패는 평생교육기관 경영자가 어떤 태도를 가졌는지 또는 어떤 속성을 지녔는지에 따라 결정되게 된다(백방선, 1995).

(1) 성공하는 경영자

① 개인적 특성: 헌신적인 태도, 강한 지구력, 강한 개성, 높은 경쟁심, 독립성, 위험감수, 현실적 목표, 높은 논리성.

② 과업수행 태도: 스스로의 가치와 표준, 일에 열중, 희생정신, 기관 제일주의, 기관에 대한 풍부한 지식, 팀 구축자, 장시간 근무, 혁신과 창의.

(2) 실패하는 경영자

① 개인적 특성: 자기중심적, 타인에 귀 기울이지 않음, 크고 작은 위험부담, 불분명한 목표, 돈을 더 중시함.
② 과업수행 태도: 거의 갖추지 못함.

(3) 바람직한 평생교육기관 경영자

❶ 창의적인 경영자세

평생교육기관 경영자는 기업의 성장·발전에 대하여 책임을 지고, 혁신적인 경영을 하려는 강한 의욕을 가진 창의적 경영자이어야 한다. 타성화된 경영방식을 수동적으로 따르는 관료적 경영자나 자신의 이익이나 지위안전을 위주로 한 이기적 경영자가 되어서는 안 된다.

❷ 과학적 경영방식

평생교육기관 경영자는 기업경영 전반과 관련되는 과학적이고 전문적인 지식을 배양하여 이를 바탕으로 기업을 경영해야 한다. 최신 경영기법과 도구를 활용할 수 있는 능력을 갖추고 있어야 한다. 일반적 관행이나 직관 등에 의하여 경영하는 경험주의적 경영자와는 달라야 한다.

(4) 민주적 경영방식

평생교육기관 경영자는 조직구성원의 자발적·자주적 협조를 얻어내도록 민주적 리더십을 바탕으로 한 권위를 형성해야 한다. 구성원들에게 생활공동체·운명공동체라는 연대의식을 심어줄 때 그들의 협조를 확보할 수 있고 생산성도 향상된다.

(5) 현대적 경영이념

평생교육기관 경영자는 기관의 목표와 이념, 공익을 달성하기 위하여 매진하며, 기관의 사회적 역할에 대한 책임도 완수할 수 있도록 노력해야 한다. 특정집단만의 이익을 위한 단기적인 안목이 아니라 거시적이고 장기적인 안목에서 균형적인 경영을 해야 한다.

이상의 설명을 그림으로 나타내면 그림 6-7과 같다(김영규, 2006).

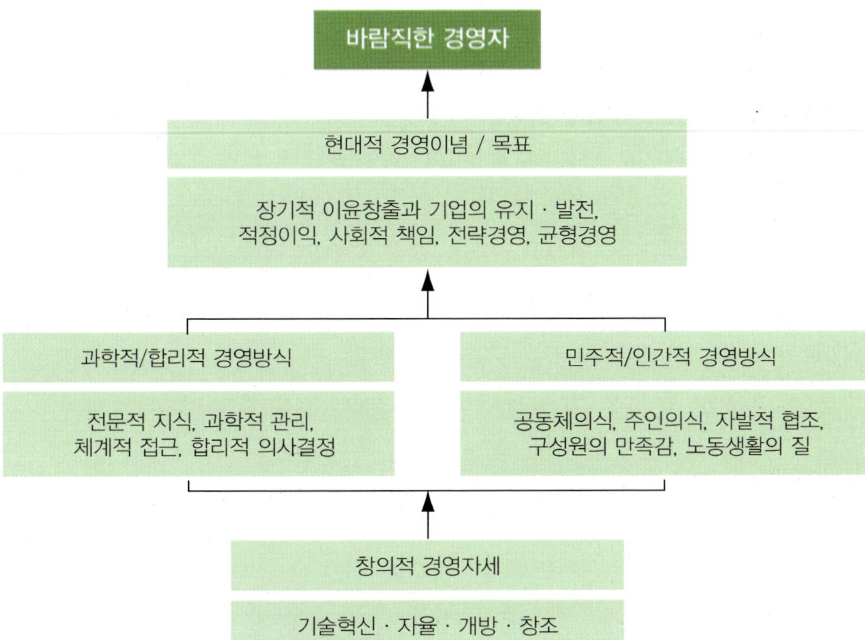

그림 6-7 바람직한 경영자상

4) 성공하는 평생교육기관 경영자가 되기 위한 행동특성

성공하는 평생교육기관 경영자가 지니는 행동특성 중에서 가장 강조되는 것은 구성원에 대한 배려이다. 즉, 인간중심의 경영, 솔선수범의 태도, 집념과 소명의식, 대인관계 능력, 실력주의 등이다(신유근, 1996).

콜린스(Collins, 2001)는 성공하는 기관의 경영자들이 지니고 있는 공통적인 특징을 2가지 측면, 즉 표 6-4와 같이 직업적 의지와 개인적 겸양으로 설명하고 있다(짐 콜린스 저, 이무열 역, 2003).

표 6-4 성공하는 기관의 경영자가 지니고 있는 2가지 측면

직업적 의지	개인적 겸양
• 좋은 기관에서 위대한 조직(good to great)으로 전환되는데 필요한 뚜렷한 계기인 초일류의 성과를 창출한다.	• 비길 데 없는 겸손함을 보이며, 대중 앞에 나서서 떠벌리기를 꺼린다. 제 자랑을 늘어놓는 법이 없다.
• 오랜 기간 최고의 성과를 내는데 필요한 일이라면 아무리 어렵더라도 해내고야 마는 불굴의 의지를 보인다.	• 조용하고 차분하게 결정하여 행동한다. 사람들을 고무하는 카리스마보다는 주로 격상된 기준에 입각하여 동기를 부여한다.
• 영속하는 큰 기관을 세우는 기준을 설정한다. 그에 미달하는 것에 만족하지 않는다.	• 자기 자신이 아니라 기관에 야망을 돌린다. 차세대의 후계자들이 훨씬 더 큰 성공을 거둘 수 있는 기틀을 갖추어 준다.
• 결과가 나쁠 때에는 창문 밖이 아니라 거울을 들여다보며 자신에게 책임을 돌리고, 다른 사람들이나 외부요인들, 불운을 원망하지 않는다.	• 기관이 성공했을 때에는 거울이 아니라 창문 밖을 내다보며 다른 사람들과 외부요인들, 행운에 찬사를 돌린다.

출처: 짐 콜린스 저. 이무열 역(2003).

CHAPTER 07

평생교육기관 의사소통

1. 의사소통의 개념
2. 의사소통의 유형
3. 의사소통망의 형태
4. 의사소통 장애요인과 개선
5. 의사소통 기법

1 의사소통의 개념

의사소통(意思疏通)은 생각이나 뜻이 서로 통하는 것으로 말, 문자, 그림, 몸짓 또는 물건을 갖고 하는 행위 등을 매개로 서로의 생각을 주고받는 것이라 할 수 있다. 의사소통(communication)의 어원은 라틴어의 'communis'에서 유래된 것으로 '공통' 또는 '공유'라는 뜻을 가지고 있다. 따라서 의사소통이란 말을 문자 그대로 해석하면 하나 또는 그 이상의 유기체가 다른 유기체들과 지식, 정보, 신념, 감정 등을 '공유' 또는 '공동화'하는 행동이라고 할 수 있다(Baeey, 1965).

의사소통은 인간의 능력이나 기술적 매체를 사용하여 태도·생각 및 정보를 전하거나 교환하는 것으로서, 구체적으로는 생각을 전달하고 수용하는 것뿐만 아니라 사상과 의견을 교환하고 사실·생각·느낌을 주고받는 과정이라 할 수 있다. 즉, 개인적 느낌·생각 등을 나누고 다른 사람의 느낌·생각 등을 이해하려고 시도하는 과정으로 정의될 수 있다.

사이먼(H. A. Simon)은 의사소통이란 "조직의 한 구성원으로부터 다른 구성원에게 의사결정의 전제가 전달되는 과정"이라고 하였고, 섀넌과 위버(C. E. Shannon & W. W. Weaver)는 의사소통이란 하나의 마음이 다른 마음에 영향을 미치는 또는 과정을 뜻하는 것으로, 수단으로는 언어뿐만 아니라 음악, 그림, 연극, 무용 등 모든 인간의 행동을 포함한다고 하였다. 에어(A. J. Ayer)는 커뮤니케이션이란 전달되는 것(What is transferred)이나 그 수단(the means) 또는 전 과정(the whole process)을 의미한다고 하였다.

여러 학자들의 의사소통에 대한 견해를 종합해 볼 때 '의사소통이란 인간이 신호나 기호를 사용하여 자신의 생각이나 메시지를 언어나 비언어적 방법으로 타인에게 전달하고, 생각이나 감정을 교환·공유하면서 상호 간에 영향을 미치는 과정'이라고 할 수 있을 것이다.

다운즈(A. Downs)는 효과적인 의사소통으로 다음의 세 가지 기준의 복합물이라 결론을 짓고 있다. 첫째, 전언(Message)의 질과 그 표현이 중요하다. 전달하는 내용의 명료성·적시성·일관성·길이·상호관심 또는 이익·진실성 등이 바람직한 특성으로 구성되어 있어야 한다. 둘째, 바라던 결과가 성취되는 것을 들 수 있다. 궁극적으로 이는 발신자의 목적이 된다. 셋째, 의사소통의 효과는 시간적 관점에서 고려되어야 한다. 효과적인 의사소통이란 이 세 가지 기준을 통합한 것이라 할 수 있다.

2 의사소통의 유형

의사소통의 유형은 그 분류방식에 따라 여러 가지로 나눌 수 있다. 조직의 성격에 따라서 공식적 의사소통과 비공식적 의사소통으로 구분되고, 의사소통의 수단을 중심으로 할 때 언어적 의사소통과 비언어적 의사소통으로 구분되며, 의사소통의 방향에 따라 일방적 의사소통과 쌍방적 의사소통, 수직적 의사소통, 수평적 의사소통, 대각적 의사소통 등으로 구분한다.

1) 공식적 의사소통과 비공식적 의사소통

(1) 공식적 의사소통

공식적 의사소통(formal communication)이란 공식적인 조직 내에서 공식적 의사소통의 경로와 수단을 통하여 정보가 유통되는 것을 말한다. 공식적 의사소통의 목적은 구성원에게 조직의 목표, 방침, 지시사항 등을 전달하는데 있으며, 전달방법은 계층의 명령계통의 공문서, 서면, 구두명령, 보고 등이다. 공식적 의사소통의 효과는 조직의 권력구조, 상하의 위계, 전달자의 정보체제 기술에 좌우된다고 볼 수 있다. 즉, 권력의 중앙집중화가 되면 될수록, 상하의 위계가 엄할수록 또 전달자의 전달체제 기술이 좋으면 좋을수록 공식적 의사소통의 효과가 높다. 직원회의, 기획회의, 결재상황, 위원회 활동, 연수활동 등에서 의사소통이 발생한다. 이러한 공식적 전달방법의 장점으로는 권한관계가 명확해지고, 의사소통이 확실하고 편리하며, 발신자와 수신자의 책임소재가 분명하다. 단점으로는 융통성이 없고 의사소통이 느려서 사무를 지연시키며, 조직을 경직화시킬 수 있고, 공식적 의사소통만으로 모든 조직 내의 합리적 의사소통을 이루기가 어렵다.

(2) 비공식적 의사소통

비공식적 의사소통(informal communication)이란 비공식적 조직인 친화관계, 학연, 지연 등 조직 내부의 인간적 접촉에 의해 자생적으로 형성되는 의사소통을 말한다. 이는 공식적 직책을 떠나 친분과 상호신뢰 등 인간관계를 기초로 이루어지므로 공식적 의사소통의 제약된 조직이나 사회에서 많은 양이 이루어지고 있다. 비공식적 의사소통은 관리층이나 또는 합리적인 조직의 목적과는 관계없이 직원 상호 간의 인격적, 사회적 교류관계에 의해 자연발생적으로 이루어지는 것을 말하며, 전화, 메모, 잡담, 풍문(grapevine), 소문(rumor) 등이 있다. 비공식적 의사소통의 장점으로는 전달속도가 빠르고 하급자의 즉각적인 반응을 알기 위해 정보를 흘렸을 경우 신속하게 그 결과를 알아낼 수 있으며, 하급자들의 스트레스를 해소시켜 준다. 또한 공식적인 의사소통이 전달하지 못하는 유익한 정보를 제공해 주고, 하급자의 태도나 성과, 아이디어 등 가치 있는 정보를 제공해 주어 직원의 만족감을 준다. 단점으로는 무책임한 정보가 흐를 경우 전달속도가 너무 빨라 관리자의 통제가 어렵고, 풍문, 전화, 잡담 등의 형태로 나타나므로 통제가 어렵고 책임추궁이 어려우며, 왜곡되고 정확하지 못하면 상관의 권위를 손상시킬 우려가 있다.

2) 언어적 의사소통과 비언어적 의사소통

(1) 언어적 의사소통

언어적 의사소통(verbal communication)이란 언어를 매개체로 하여 의사소통이 이루어지는 것을 말하며, 구두 의사소통과 문서 의사소통으로 구분한다. 구두 의사소통(oral communication)은 직접적인 말을 수단으로 하여 메시지를 전달하거나 정보를 교환하는 의사소통으로 공문결재, 직원회의, 위원회 활동, 연수회, 전화, 여론조사, 개별면담 등이고, 문서 의사소통(written communication)은 문서를 통한 의사소통으로 보고서, 공문서, 회람, 게시판, 이메일, 팩스, 사후통지, 메모, 편지, 안내서 등이 여기에 포함된다.

구두 의사소통은 정보교환과 반응을 즉각적으로 얻을 수 있는 즉시성과 신축성, 융통성, 비밀보장성 등이 장점이지만, 전달대상이 제한되며 전달내용이 중요하고 복잡할 때는 사용하기가 어렵다. 상호작용과 반응이 의사소통의 목적에 중요할 때는 모임, 회의, 전화 등에 의한 구두 의사소통이 문서에 의한 의사소통보다 효과가 훨씬 높다. 문서 의사소통은 장기적으로 보존할 필요가 있을 때, 중요하고 복잡한 내용을 정확하고 획일적으로 전달할 필요가 있을 때, 구성원이 지리적으로 분산되어 있을 때 효과적이지만 수신자의 반응을 확인하기 어렵고, 수신자의 다양한 욕구를 고려하지 못하며, 비밀이 누설되기 쉽다는 단점이 있다.

(2) 비언어적 의사소통

비언어적 의사소통(nonverbal communication)이란 구두나 문서 언어를 사용하지 않고 메시지를 전달하는 의사소통을 말한다. 비언어적 의사소통은 자세, 몸짓, 손짓, 얼굴 표정, 복장 등 은연중에 일어나는 감정이나 태도 등의 신체적 언어가 있고, 교통신호, 도로표지판, 안내판 등의 물리적 언어(유형화된

매체)를 통한 의사소통이 있으며, 복장의 모양과 색상, 자동차의 크기와 색상, 사무실의 크기, 사무용품의 배열, 의자의 크기 등의 상징적 언어(지위를 말해주는 무언의 메시지)를 통한 의사소통이 있다. 언어사용이 곤란한 경우에는 비언어적 의사소통이 효과적이다.

(3) 전자통신

전자통신(electronic communication)이란 전자매체를 통한 의사소통을 말한다. 컴퓨터를 이용한 이메일이나 메신저를 통해 개인 간, 조직 간에 의사소통이 신속하게 이루어지기 때문에 최근에 많이 활용되고 있으며, TV 모니터를 통한 화상회의, 토의 그리고 강의 등이 이루어지고 있다. 전자통신을 이용한 의사소통은 다량의 정보를 광범위하고 신속하게 능률적으로 전달할 수 있으나 복잡한 문제해결을 위한 심층적인 논의는 곤란한 단점이 있다.

3) 일방적 의사소통과 쌍방적 의사소통

(1) 일방적 의사소통

일방적 의사소통(one-way communication)이란 명령이나 지시와 같이 전달자가 수신자에게 일방적으로 메시지를 전달하는 의사소통을 말한다. 발송자가 수신자의 내적 반응만 일으키고 수신자로부터 다시 피드백을 받을 수 없다.

(2) 쌍방적 의사소통

쌍방적 의사소통(two-way communication)이란 전달자가 수신자에게 메시지를 전달하면 수신자의 반응이 피드백이 되어 다시 전달자에게 되돌아오는 형태를 말한다. 수신자와 송신자 간 상호정보의 교환과 반응을 알 수 있으므로 의사소통의 정확성을 높이는 데 유용하다. 수평적 관계를 유지하기 때문에 자율적이고 창의적인 활동이 될 수 있다. 쌍방적 의사소통은 시간이 좀 걸리지만 일방적 의사소통보다 효과가 높고 메시지 왜곡이 없다.

(3) 수직적 의사소통과 수평적 의사소통

수직적 의사소통(vertical communication)은 하향적 의사소통(상의하달)과 상향적 의사소통(하의상달)으로 구분하며, 수평적 의사소통(horizontal communication)은 횡적 의사소통이라고도 한다.

❶ 하향적 의사소통(상의하달)

하향적 의사소통(downward communication)은 조직의 위계 또는 명령계통에 따라 상급자로부터 하급자에게 전달되는 의사소통을 말하며, 명령과 일반적 정보 등이 있다.

첫째, 명령(order)은 규칙, 규정, 지시, 훈령, 발령, 요강, 고시, 회람, 영달 등을 포함하는 것으로 문서명령과 구두명령이 있다. 문서명령의 장점으로는 ① 복잡한 내용을 정확하고 획일적으로 전달할 때, ② 내용을 장기간 보존할 필요가 있을 때, ③ 명령을 받은 사람이 지리적으로 분산되어 있을 때, ④ 명령을 받는 사람의 교육수준이 높을 때 효과적이다. 단점으로는 ① 의사소통이 일방적이고 획일적이어서 명령을 받는 자의 의견이나 요구를 짐작할 수 없고, ② 극비사항일 경우 비밀누설의 위험성이 있다.

구두 명령의 장점으로는 ① 상황에 따라 적절히 변경시킬 수 있고, ② 명령을 받는 자의 반응과 이해를 감지할 수 있으며, ③ 명령을 받는 자에게 확인할 기회와 의견 진술의 기회가 부여되어 있다. 단점으로는 ① 전달 대상이 한정되어 있고, ② 내용이 복잡하거나 중요한 명령에는 부적당하며,

③ 명령자에 대한 신뢰감이 적을 때는 효과가 적다.

둘째, 일반 정보는 조직구성원에게 조직 내의 사정을 알리고 구성원의 사기를 진작시키는 방법이다. 전달방법으로는 구두와 문서가 있으며, 대부분 문서는 편람, 뉴스레터, 각종 게시, 기관지 등이 있고, 구두는 방송, 인터폰, 강연 등이 있다. 일반적 정보는 조직과 업무에 대한 지식과 정보를 제공해 주고, 조직에 대한 귀속감이나 공동체 의식을 심어주며, 사기를 높여주는 등의 역할을 한다.

❷ 상향적 의사소통(하의상달)

상향적 의사소통(upward communication)이란 조직의 계층 하부에서 상부로 정보와 의사가 전달되는 것을 말한다. 전달방법은 보고, 제안제도, 의견조사, 면접, 고충처리제도 등으로 구두와 문서에 의한 방법이 있다.

첫째, 보고(briefing)는 공식적으로 주된 하의상달 방법으로 주로 구두 또는 내부 기안문, 외부 발송공문 결재 등의 방식을 취한다. 상관의 명령은 명령 자체의 잘못이나, 전달과정의 잘못, 상황변화 등에 의해 결과가 전달자의 의사와 일치하지 않는 경우가 많다. 따라서 상급자는 하급자의 보고를 받아야 그 결과도 평가를 하고 새로운 결정을 하며, 지시를 내릴 수 있다. 보고의 단점으로는 공식적 성격이 강함으로써 진정한 하의상달의 제약이 많으며 왜곡되거나 허위적인 것도 많다.

둘째, 제안제도(suggestion system)는 직원들이 조직의 관리 및 업무 개선에 관한 의견이나 생각을 제안하게 하며, 유익한 것은 채택하여 실시하고 상응의 보상을 주는 제도이다. 제안 절차가 제도화되고 제안은 신속하고 정확하게 처리하여 채택되어야 한다. 효율적인 의사소통을 위하여 의견조사와 면접을 하는 것은 명령을 하는 사람이나 명령을 받는 사람이 다 같이 공감하고 믿을 수 있는 의사소통의 한 방법이다.

셋째, 의견조사(survey)는 질문지 등을 통해서 직원들의 사기나 태도 등을 조사하는 데 유용하다. 이를 통해 직원들의 사기 수준 정도와 직원들 간의 알력과 친화의 정도를 측정하며, 각 업무부서 간의 문제점을 찾아내고 직원들의 의견과 만족 등을 토로하게 한다.

넷째, 면접(interview)은 능력이 있는 직원이 상급자와 단독 면담하여 조직의 운영 및 발전방안에 대한 제반 의견을 개진할 수 있다.

다섯째, 고충처리제도(grievance procedure)는 직원들이 직속 상급자를 경유하지 않고도 자기들의 불만이나 문제점을 토로할 수 있는 방법이다. 고충처리제도에 의해 직원은 상급자의 불합리한 행동으로부터 보호를 받을 수 있으며, 불만이나 문제점을 효과적으로 해소할 수 있다.

❸ 수평적 의사소통

수평적 의사소통(horizontal communication)이란 동일 계층상의 사람들 간, 즉 수평적 관계에 있는 사람들 간의 의사소통으로 횡적 의사소통 혹은 상호작용적 의사소통이라고 한다. 조직의 규모가 크고 분업이 되면 하위 조직 간의 추구하는 목표가 달라 갈등이 야기되는데, 이의 해결방법으로 목표 간의 조정을 하기 위해 횡적 의사소통이 필요하다. 또한 조직이 고도로 전문화될수록 전문가의 의견이 필요할 때가 있으며, 이때 전문가의 의견 반영에도 횡적 의사소통이 필요하다. 방법으로는 사전 심사제도, 회의 및 위원회, 회람, 통보 등이 있다.

첫째, 사전 심사제도는 계획이나 정책의 최종적 결정을 내리기 전에 관계부문에 사전심사를 해보도록 하여 그들의 의견을 반영하거나 사전에 조정하는 제도이다.

둘째, 회의 및 위원회는 중요한 결정에 앞서 의회를 통하여 정보나 아이디어가 교환되며 전문적 의견을 제시하거나 토론 등에 의해 조정되는 것을 말한다.

셋째, 회람 및 통보는 어떤 결정이 이루어진 후 관계자들에게 통지하는 것을 말한다. 통보는 일정한 사실, 처분 또는 의사를 특정인에게 알리는 방법이 주가 되나 회람은 문서를 다수인에게 널리 알리는 방법이다.

④ 대각선적 의사소통

대각선적 의사소통(diagonal communication)이란 구성원이 자신의 기능적 권한 이외에 각 계층의 구성원과 의사소통하는 것으로 조직구조상 집단을 달리하는 사람들 사이의 의사소통을 말한다. 이는 계선조직의 한 부문과 참모조직 사이에 일어나는 의사소통으로, 이를 통해 계선조직의 문제에 대한 참모의 조언을 들을 수 있다.

3 의사소통망의 형태

의사소통망(Communication Network)은 "조직구성원들 간에 이루어지고 있는 반복적이며 재현적인 상호작용의 패턴"을 말한다. 의사소통망은 발송자로부터 수신자에게로 메시지가 흐르는 경로의 구조로 다양한 연결망 형태가 있을 수 있으며, 조직 내의 지도자 위치, 의사소통의 흐름, 지도자와 추종자들의 관계 등에 따라 정형적/비정형적 의사소통 연결망으로 구분하여 유형화할 수 있다(Lewis, 1992).

1) 사슬형

사슬형(chain networks)은 연쇄형이라고도 하며, 공식적인 명령계통에 따라 의사소통이 상위계층에서 하위계층으로만 흐르는 의사소통망으로 의사소통이 상하로만 이루어진다. 구성원들 간의 엄격한 계층관계가 존재하며, 상위의 중심인물이 정보를 종합하고 문제를 해결함으로써 의사결정의 속도는 빠르나 집단의 만족도는 낮으며, 정보가 계층 단계를 따라 아래로 전달되는 과정에서 왜곡될 소지를 내포하고 있다.

2) Y형

Y형(Y networks)은 구성원이 상급자에게 보고하면 상급자는 조직의 장에게 보고하는 의사소통망이다. 매우 관료적이고 위계적인 조직에서 볼 수 있다. 이 의사소통망은 정보가 조직의 최하위층에서 최상층까지 전달되려면 모든 위계의 수준을 통해서만 가능하다는 점에서 사슬형과 비슷하다.

3) 수레바퀴형

수레바퀴형(wheel networks)은 모든 정보와 흐름이 지도자에게 집중된 의사소통망이다. 즉, 구성원들이 한 사람의 중심인물과 의사소통을 하므로 중심인물이 신속하게 정보를 획득할 수 있고, 문제해결을 위한 상황도 정확하게 판단할 수 있으며, 문제에 대해서도 신속하게 대응할 수 있다. 단순 업무의 경우에는 의사소통의 속도와 정확성을 기대할 수 있으나 업무가 복잡한 경우에는 그 효과를 기대하기가 어렵다. 집단의 만족도는 낮으며 중심인물에게 사고가 생길 경우 집단이 와해되기 쉽다.

4) 원형

원형(circle networks)은 구성원 간의 상호작용이 집중되어 있지 않고 넓게 분산되어 있는 의사소통망으로, 위계적 관계와 중심인물이 없는 위원회 조직에서 나타난다. 서열, 지위가 확실히 드러나지 않고 거의 동등한 입장에서 의사소통을 하므로 문제해결은 느리나 구성원의 만족도는 높다.

5) 완전연결형

완전연결형(all-channel networks)은 모든 구성원들이 다른 모든 구성원들과 자유롭게 정보를 교환하고 의사소통을 하는 구성원 개개인이 의사소통을 주도한다. 구성원 상호 간에 의사소통이 활발하므로 창의적 문제해결에 효과적이며 구성원 만족도가 높으나 사태파악과 문제해결에 시간이 많이 소요된다.

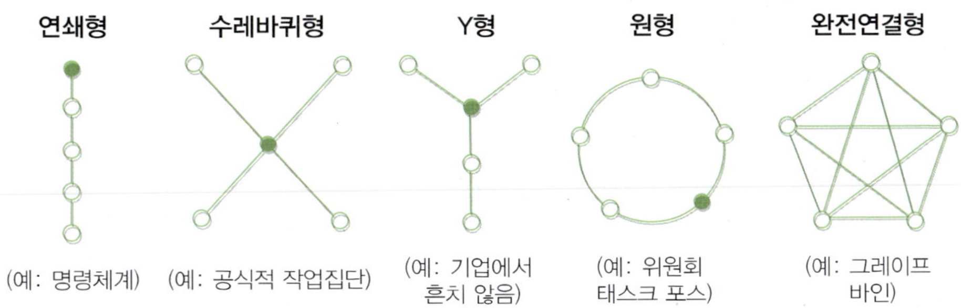

출처: Lewis(1992).

그림 7-1 의사소통 연결망의 형태

4 의사소통 장애요인과 개선

1) 의사소통의 과정

의사소통 과정(communication process)은 송신자(Sender), 메시지(Message) 및 수신자(Receiver)의 세 가지 요소에 의해 기본적으로 이루어진다. 그리고 의사소통의 구성요소는 다음과 같다.

① 발신자(sender): 수신자에게 자신이 가지고 있는 정보, 생각, 느낌 등을 전달하는 사람이다.

② 부호화(Encoding): 송신자의 생각이나 아이디어 또는 정보 등을 언어나 몸짓, 부호 등 특정 형태의 체계화된 메시지로 전환시키는 과정이다.

③ 메시지(message): 메시지는 말이나 글, 그림, 얼굴 표정 등과 같은 것으로서 언어적인 것(말, 서류, 보고서, 편지 등)과 비언어적인 것(얼굴 표정, 자세, 눈짓, 음성의 고저 등)이 있다.

④ 매체(medium): 매체란 메시지를 전달하는 수단(대면, 전화통화, 서류, 멜, 편지, 메모 등)이다.

⑤ 수신자(receivers): 송신자로부터 메시지를 받는 사람이다.

⑥ 해독(Decoding): 전달된 메시지를 수신자가 어떤 개념이나 생각, 감정 등으로 해석하는 과정이다.

⑦ 피드백(Feedback): 송신자로 하여금 메시지가 정확하게 전달되고 이해되었는가를 알게 해주는 수신자의 반응이다.

⑧ 잡음(Noise): 정보를 송신하거나 수신하는 과정에서 의사소통의 정확도를 감소시키고 방해하는 요소이다.

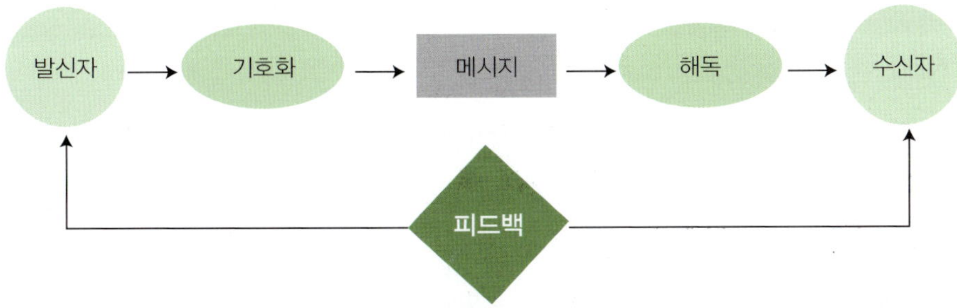

그림 7-2 의사소통과정

2) 의사소통의 장애요인

송신자나 수신자에게 의사를 전달하는 의사소통 과정의 어느 단계에서 방해되거나 차단 또는 왜곡될 수 있는데, 이를 의사소통의 장애(barriers to communication) 또는 소음(noise)이라고 한다. 의사소통의 문제는 전달자, 수신자, 메시지의 전달과정에서 의사소통 상황이 어떠하냐에 달려 있다.

(1) 송신자와 관련된 장애요인

송신자(Sender)는 의사소통 과정에서 정보를 전달하는 사람, 전달자이다. 송신자는 정보를 가장 효과적으로 전달할 수 있는 매체를 선택하여 메시지를 전달한다. 송신자가 정보를 전달하는 과정에서 다음과 같은 요인들에 의해서 의사소통의 문제가 발생한다.

첫째, 의사소통을 통하여 무엇을 전달해야 할 것인가의 목표가 결여되는 경우이다.

둘째, 의사소통의 기술부족 현상이다.

의사소통의 기술적 차원의 부적합한 요인은 부적합한 용어사용, 기법상의 과오, 서투른 발음이나 문장구성력 등인데, 이를 극복하기 위해서는 부단한 노력이 따른다.

셋째, 송신자의 왜곡 현상이다.

송신자가 수신자에게 정보의 내용이나 의미가 전달되는 과정에서 변경되는 것을 말한다. 즉, 잘못 표현된다든가 수신자가 잘못 듣거나 잘못 해석할 때 의사소통의 왜곡 현상이 나타난다.

넷째, 대인 간의 감수성(Interpersonal Sensitivity) 부족 현상이다.

이는 대인관계에서 타인의 욕구와 감정 및 정서에 무관심 상태를 보임으로써 수신자의 긍정적인 반응을 얻지 못한 것을 뜻한다.

다섯째, 누락 또는 생략이다.

정보의 내용 모두를 보낼 경우 송신자에게 불이익이 따르므로 미리 사실을 조작하려는 의도 때문에 발생한다. 조직 내 수직적, 노사 간, 거래자 간, 경쟁업체 간 의사소통 시 자주 발생한다. 조직 내에 계층의 수가 많을수록 수직적 의사소통의 내용이 변질될 우려가 크다.

(2) 수신자와 관련된 장애요인

수신자(Receiver)는 송신자에 의해 전달되는 메시지나 정보를 수용하는 사람이다. 정보를 전달하는 송신자뿐만 아니라 전달을 받는 과정에서도 다음과 같은 요인들에 의해서 의사소통의 문제가 발생한다.

첫째, 수신자의 고정관념과 잘못된 선입견(Preconceived Ideas)이다.

의사소통의 과정에서 고정관념이나 선입견에 의해 장애요인을 일으킬 수 있다.

둘째, 수신자의 평가적 경향(Evaluative Tendency)이다.

전달내용을 평가하는 것은 효과적인 의사소통의 장애요인이 되고 있다.

셋째, 수신자의 선택적 지각(selective perception)의 문제이다.

경험, 욕구, 배경, 그 밖의 개인적 특성에 어울리는 것만 선택한다.

현실을 그대로 듣지 않고 들은 것을 해석하여 그것을 현실이라 생각함으로써 해석과정에서의 잘못으로 인하여 선택적 지각이 발생한다.

넷째, 수신자의 문화적인 차이이다.

송신자와 수신자가 다른 경험과 가치관이 기호화와 해독의 과정에서 왜곡을 불러일으킬 수 있다.

다섯째, 반응적 피드백(Responsive Feedback)의 결핍 등이다.

송신자의 메시지에 대한 수신자의 반응의 능력결핍으로 의사소통에서 누락이나 왜곡 현상이 나타날 수 있다.

(3) 상황에 관련된 장애요인

의사소통 상황이란 송신자와 수신자 사이에 의사소통이 이루어지는 과정에 영향을 미치는 주변 여건을 의미하며, 다음과 같은 요인들이 있다.

첫째, 정보의 과중(Information Overload)이다.

개인이 받아들이는 수용범위를 초월한 상태의 과중한 정보는 의사소통의 유효성을 하락시키는 경향이 있다.

둘째, 언어의 한계(language limitation)이다.

어려운 전문용어나 애매한 제스처, 어의상 문제를 야기할만한 언어의 선택 등에서 야기될 수 있다.

셋째, 의사소통의 시간과 정보량이다.

시간의 촉박함, 전해야 할 메시지의 양이 너무 많은 경우에 발생할 수 있다. 회의시간이 너무 촉박하다거나 회의에서 다루어야 하는 안건이 너무 많을 경우 원활한 의사소통을 방해할 수 있다.

넷째, 문자나 언어가 아닌 상징적인 기호를 통하여 오는 비구두적 의사소통이다.

3) 의사소통의 개선방안

의사소통이 효과적으로 이루어지려면 의사소통의 기본원칙을 지키는 것이 중요하다.

의사소통의 원칙은 다음과 같다(C. E. Redfield, 1958).

❶ 명료성의 원칙

의사소통에 있어서 전달하는 내용이 보다 분명하고 정확하게 이해될 수 있도록 표시해야 하고, 체계성이 필요하다.

❷ 일관성의 원칙

의사소통 전달내용의 전후가 일치되어야 한다.

❸ 적시성의 원칙

의사소통은 너무 이르거나 늦어서도 안 되고 필요한 시간에 적절히 행해져야 한다.

❹ 적정성의 원칙

의사소통에서 정보의 양이 너무 많거나 빈약하면 수신자의 이해를 방해할 수 있으므로 적정량이어야 한다.

❺ 배포성의 원칙

의사소통은 발신자로부터 수신자에게 정확하게 의사전달이 되어야 한다. 전달되지 않은 메시지나 다른 사람에게 전달된 정보는 쓸모가 없거나 혼란을 가져올 수 있다. 의사전달의 내용은 비밀을 요하는 특별한 경우 모든 사람들이 알 수 있도록 공개해서는 안 된다.

❻ 적응성의 원칙

의사소통의 내용은 구체적 사항에 따라 융통성과 신축성이 있어야 한다.

❼ 수용성의 원칙

의사소통은 수신자가 관심이 있고 그것을 받아들일 수 있는 태도를 갖출 때 효과적이므로 수신자의 적극적 반응을 보일 수 있도록 수용성이 있어야 한다.

호이와 미스켈(W. K. Hoy & C. G. Miskel)은 의사소통을 개선하기 위한 방법으로 다음과 같이 7가지 지침을 제시하였다.

① 목표를 설정하라(목표란 정보를 의사소통 흐름 속으로 전달하기 위한 목표).
② 수신자의 특성을 파악하라.
③ 수신자가 내용을 왜곡하지 않도록 전언을 간결하고 쉽게 하라.
④ 전달수단 및 경로를 결정하라.
⑤ 최적의 시간을 택해라.
⑥ 전달내용의 양을 적절하게 해라.
⑦ 피드백을 이용하여 결과를 점검하라.

5 의사소통 기법

1) 조하리 창

조하리 창(Johari Window)은 미국의 심리학자 조지프 루프트(Joseph Luft)와 해링턴 잉햄(Harrington Ingham)이 두 사람의 이름을 합성하여, 조하리(Joe + Harry = Johari)의 마음의 창문(window of mind)이라는 자기개방모형을 개발하였다. 이 창문 속에는 자신의 생각, 감정, 경험, 소망, 기대, 가족사항, 취미, 종교, 교우관계, 장단점 등 '자신에 관한 모든 것'이 모두 포함되어 있다. 조하리 창은 창틀의 크기와 형태가 고정된 것이 아니라 상호신뢰 수준과 자아노출, 피드백의 교환 정도에 따라 유동적으로 결정된다고 본다.

자기공개의 정도 \ 피드백을 얻는 정도	내가 알고 있는 정보	내가 모르는 정보
타인이 아는 정보	공개적 영역	맹목의 영역
타인이 모르는 정보	숨겨진 영역	미지의 영역

그림 7-3 조하리의 창

그림 7-3에서 보면 모든 인간은 자신에 대한 정보가 자신에게 잘 알려진 부분도 있고, 자신에게 알려져 있지 않은 부분도 있다. 이들의 결합관계에 따라 개방적 부분(open area), 맹목적 부분(blind area), 잠재적 부분(hidden area), 미지적 부분(unknown area) 등 4개 영역이 생기게 된다.

(1) 개방적 영역(개방형)

이 영역은 자신에 관한 정보가 자신이나 타인에게 잘 알려진 부분이다. 이 영역이 넓은 사람은 개방적이고 방어적이 아니기 때문에 원만한 의사소통능력으로 성숙한 인간관계를 형성하게 된다. 따라서 효과적인 의사소통을 통한 원만한 인간관계를 형성하기 위해서는 개방영역을 넓혀나가야 한다.

(2) 맹목적 영역(자기주장형)

자기 자신에 대하여 타인에게는 알려져 있으나 자신은 모르는 부분이다. 그러므로 타인들로부터 피드백을 받지 못할 때에는 이 부분이 넓어져 의사소통에서 자신의 주장을 내세우고 타인의 의견을 불신하고 비판하며 수용하려 들지 않는다. 이 영역이 넓은 사람은 눈치가 없고 둔한 사람으로 타인이 보기에는 개선할 점이 많으나 자신은 깨닫지 못하는 사람이다. 또한 자기주장이 강하나 자기도취적인 사람이거나 이와는 반대로 자존감이 낮아 자신의 좋은 점을 인식하지 못하고 있는 사람이다. 이 영역은 타인으로부터 얼마나 피드백을 받느냐에 따라 달라질 수 있으며, 이 영역을 축소시키기 위해서는 타인의 조언이나 생각을 진지하게 받아들이는 자세가 중요하다.

(3) 잠재적 영역(신중형)

자기 자신에 대해 자신은 알고 있으나 타인에겐 알려지지 않은 부분이다. 이 같은 경우에 타인이 어떻게 반응할지 몰라 자기의 감정과 태도를 비밀에 부치고 타인에게 방어적인 태도를 취하게 된다. 이 영역이 넓은 사람은 신중하다고 볼 수 있으나 자기표현을 잘하지 않기 때문에 타인은 그가 어떤 생각과 느낌을 갖고 있는지 알 수 없어 쉽게 접근해오지 않게 된다. 이러한 현상은 자신을 수용하지 못하는데서 기인하기 때문에 자기를 은폐시키거나 자기개방이 두려워 불안해하고 긴장하므로 원만한 의사소통이 어렵다. 이런 상황에서 이 영역을 축소시키기 위해서는 자기개방이 필요하다.

(4) 미지적 영역(고립형)

자기 자신에 대해 자기 자신도 모르고 타인도 모르는 부분이다. 이러한 경우에는 자신에 대한 견해를 표출하지도 않을 것이며 또한 타인으로부터 피드백을 받지도 못할 것이다. 이 영역이 넓은 사람은 고립되어 있고 심리적으로 고민이 많으며, 부적응적인 삶을 살아가는 사람으로 이런 상태가 계속되면 미지적 부분의 넓이가 더 커질 것이다. 그러나 자신에 대한 지속적인 관심과 통찰을 하면 이러한 부분을 알게 된다.

2) 대인 간 의사소통 유형

대인 간 의사소통은 전달자와 수신자 간의 피드백의 수준과 개방성의 정도에 따라 구분된다. 즉, 전달자와 수신자 간에 피드백이 얼마나 효과적으로 이루어지며, 개방성의 정도는 어떠한가에 따라 의사소통을 유형화할 수 있다(Hellriegel, et al., 1991).

(1) 자기거부형

개인이 타인으로부터 고립되어 자신의 생각, 의견, 태도, 감정을 타인에게 숨기려고 하는 의사소통 유형을 자기거부형(self-denying style)이라고 한다. 내성적인 사람이 외향적인 사람보다 자기거부형 의사소통을 사용할 가능성이 높다.

(2) 자기보호형

자신에 대해서는 숨기면서 남에 대해서는 알려고 하고 타인에 대한 평가만을 하는 의사소통 유형을 자기보호형(self-protecting style)이라고 한다. 자기보호형은 가능한 한 자기노출을 피하고 상대방에게 평가받지 않으려는 방어전술을 사용하기도 하며, 자기방어적인 사람은 극단적인 경우 타인에 관한 자신의 생각, 의견, 태도와 감정만을 드러낼 뿐이다.

(3) 자기노출형

자신의 행동에 대한 반응을 상대방에게 확인시킴으로써 자신에게 관심을 두도록 하는 의사소통 유형을 자기노출형(self-exposing style)이라고 한다. 이런 사람은 자신이 받는 피드백에 거의 신경을 쓰지 않을 수도 있지만, 타인으로부터 피드백을 진지하게 고려할 수도 있어서 이런 경우 최근에 받아들인 피드백이 긍정적인 것인가 부정적인 것인가에 따라 심한 감정상 기복을 겪을 수도 있다.

(4) 자기협상형

의사소통하는 상대방과 자신의 내적 기준과 일치하지 않아 갈등을 느끼게 되는 문제를 자기가 스스로 해결하기 위해서 자신의 인지 내에서 타협

하는 의사소통 유형을 자기협상형(self-bargaining style)이라고 한다. 자기협상형 의사소통을 하는 사람은 상대방의 반응이 동일한 경우에만 피드백을 제공하고 자신을 개방한다.

(5) 자기실현형

자신에 대한 적당한 양의 정보를 제공하고 피드백을 요청하며, 방어적이지 않고 건설적이며 개방적인 피드백을 제공하는 의사소통 유형을 자기실현형(self-actualizing style)이라고 한다. 자기실현형 의사소통은 의사소통 유형 중에서 가장 유용하며, 자기실현형 의사소통이 이루어지기 위해서는 효과적인 피드백과 자기노출 및 타인에 대한 경청이 이루어져야 한다.

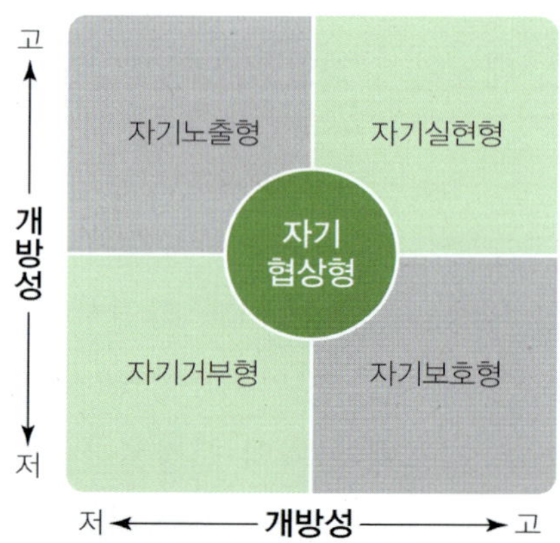

그림 7-4 대인 간 의사소통 유형

3) 교류분석

교류분석(Transactional Analysis; TA)은 1950년대 에릭 번(Eric Berne)에 의해서 발전되었다. TA는 성격의 인지적·정서적·행동적인 면을 모두 강조하며 내담자가 새로운 결정을 해서 생의 과정을 바꿀 수 있도록 하기 위해 자각을 증대시키려는 경향이 있다. 이 기법은 각 개인의 초기결정을 중요시하고 새로운 결정을 할 수 있는 능력을 강조한다. TA는 개인상담에 사용되고 특히 집단상담에 적합한 상호역동적인 심리치료로 대인관계 및 의사소통이 강조되는 집단이다. 교류분석을 이해하기 위해서 자아상태와 게임, 생활자세, 의사교류형태에 대해 알아보고자 한다.

(1) 자아상태

인간은 어버이 자아(P 자아), 어른 자아(A 자아), 어린이 자아(C 자아)의 세 가지 자아상태로 성격을 이룬다.

❶ 어버이 자아

어버이 자아(Parent ego)상태는 개인의 도덕, 가치체계 및 신념을 표현한다. 즉, 어린 시절에 부모의 양육태도나 중요한 타인들(형제·자매, 교사 등)에 의해 영향을 받아 형성되는 부모의 내면화이다.

어버이 자아는 개인의 비판적이고 판단적이며 완고하고 양육적, 보호적이다. 어버이 자아는 비판적 어버이(CP)와 양육적 어버이(NP)로 구분된다. 비판적 어버이 자아는 비판, 금지, 완고, 엄격, 권위적인 언동으로 나타나고, 양육적 어버이 자아는 보살핌, 양육, 보호, 칭찬, 격려, 관대함 등의 언동으로 나타난다.

❷ 어른 자아

어른 자아(Adult ego)는 정보처리자이고 객관적으로 자료를 수집하고 처리하는 부분으로 현실적으로 유용한 정보와 사실에 기초하여 합리적인 의사결정을 한다. 어른 자아를 사용하는 사람들은 객관적이고 합리적이며 논리적으로 일처리를 하며 냉정하고 신중하다.

❸ 어린이 자아

어린이 자아(Child ego)상태는 충동적이고 감정적이며 자발적인 행동을 한다. 어린이 자아는 어린 시기에 경험했던 감정이나 태도를 가지고 있는 심리상태이므로 본능적이고, 직관적이며, 순응적이다. 어린이 자아는 자유로운 어린이 자아(Free Child; FC)와 적응적 어린이 자아(Adapted Child; AC), 어린 교수 자아(Little Professor; LP)로 구분된다. FC는 자발적이고 유희적이거나 즐겁고 호기심이 많고, AC는 순종적이며 동조적, 반항적이며, LP는 어른의 축소판으로 창조적이고 탐구적이며 조정적이다.

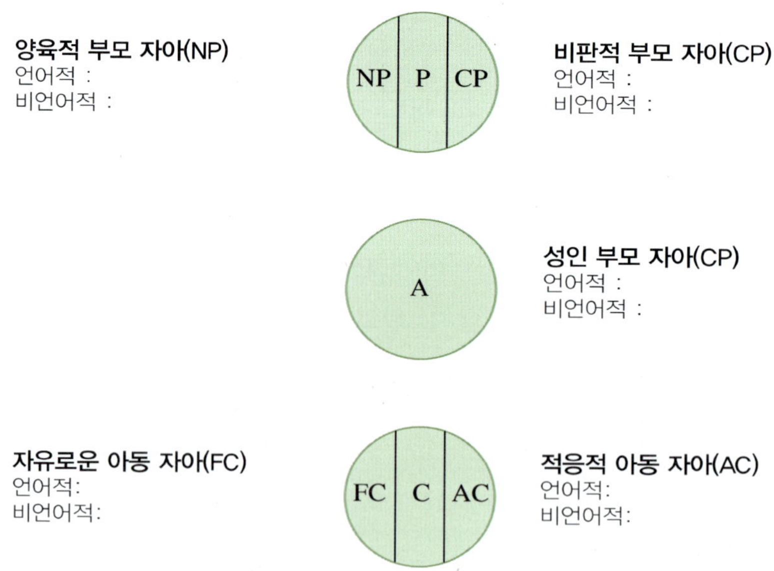

그림 7-5 세 가지 자아상태

표 7-1 P·A·C의 대표적 직업군

P	CP	교장, 군인, 경찰관, 스포츠맨, 행정가(명령형)
	NP	미술교사, 보모, 의사, 상담가, 간호사(돌봄형)
A		기사, 물리학자, 통계학자, 화학자, 세일즈맨, 세무서원(계산형)
C	FC	배우, 가수, 무용가, 음악가, 예술가(자유분방형)
	AC	비서, 타이피스트, 가정부, 도서관원, 웨이트레스(길들여진형)

출처: 김형태(2003). p. 169.

(2) 게임

게임(game)은 최소한 한 사람에게 나쁜 감정을 주고 끝내는 일련의 의사교류이며, 명료하게 예측가능한 결과를 향해서 진행해 가고 있는 상보적이면서 이면적인 교류를 말한다. 즉, 친밀성의 모습을 띠지만 의사교류를 하는 사람들은 서로가 서로를 비인격화함으로써 거리감을 조성시킨다. 부모들은 아동을 통제하기 위해 일련의 게임을 하고 아동은 더 고도로 발달된 게임으로써 이에 대처한다.

(예: 엄마가 아들에게 공부하라고 하면 아들은 방에서 공부하는 척하며 만화를 보다가 엄마가 방에 들어오면 공부하는 척한다. 엄마는 "너 공부는 하지 않고 다른 짓 하지?" 아들이 기분 나빠하며 "엄마는 공부하는데 웬 참견이야" 엄마는 "네가 열심히 하지 않고 매일 딴 짓 하니까 성적이 나쁘지" 등으로 결국 엄마와 아들은 기분이 나쁘고 우울한 대화로 끝나게 된다.)

(3) 생활자세

생활자세(life position)는 아동이 욕구와 감정을 최초로 표현했을 때 부모의 반응방식에 따른 결정의 결과로써 강화의 결과로 얻어진다. 자기나 타인에 대한 가정은 자기긍정－타인긍정, 자기긍정－타인부정, 자기부정－타인긍정, 자기부정－타인부정의 네 가지 기본적인 생활자세로 형성된다.

❶ 자기긍정 – 타인긍정

자기긍정 – 타인긍정(I'm OK-You're OK)인 사람은 자기와 타인에 대해 긍정적이다. 이런 생활자세를 가진 사람은 긍정적이고 수용적인 방식으로 세상을 본다. 따라서 이들은 자신과 타인을 사랑할 수 있고 매사에 적극적이고 활동적이며 행복하므로 성공하는 사람들이 많다.

❷ 자기긍정 – 타인부정

자기긍정 – 타인부정(I'm OK-You're not OK)인 사람은 자기는 옳고 가치 있으며 쓸모 있는 사람이지만 타인에 대해서는 부정적이다. 이런 생활자세를 가진 사람은 타인과 세상을 불신하고 비난하며 분노하며, 지배적, 우월감이 있다. 이들은 아무도 자신만큼 일을 잘 처리할 수 없다고 생각하기 때문에 타인들을 엄격하게 감독하는 경향이 있다.

❸ 자기부정 – 타인긍정

자기부정 – 타인긍정(I'm not OK-You're OK)인 사람은 타인들이 자기보다 유능하다고 생각하기 때문에 열등감이 있으며 우울감, 죄의식, 공포감 등을 경험할 수 있다.

❹ 자기부정 – 타인부정

자기부정 – 타인부정(I'm not OK-You're not OK)인 사람은 부모나 중요한 타인들로부터 애정을 받지 못하고 거부되었을 경우이다. 이들은 자신감도 없고 타인도 불신하기 때문에 열등감, 불신감, 적대감, 좌절과 분노 등으로 희망이 없으며 범죄자나 정신질환자 등이 될 수 있다.

(4) 의사교류분석

의사교류분석은 기본적으로 사람들이 자신이나 상대방에게 행하는 행동이나 말에 대한 기술이다. 사람들 간의 일에는 자아상태의 교류가 포함되어 있다.

❶ 상보적 교류

상보적 교류(complementary transaction)는 특정 자아상태가 보낸 메시지가 다른 사람의 특정 자아상태로부터 예상한 반응이 나올 때이다. 따라서 개인 상호 간에 개방적인 의사소통이 계속적으로 이루어질 수 있다. 예를 들면, 정교사가 경영자에게 "요사이 일이 많아서 피곤하지요?"라고 말하자 경영자가 정교사에게 "그래요. 일이 많아서 피곤하네요"라고 대답하는 경우이다.

❷ 교차적 교류

교차적 교류(crossed transaction)는 의사소통이 평행적이지 않고, 수신자의 반응이 메시지가 향하고 있는 자아상태가 아닌 다른 자아상태에서 송신자에게 주어진다. 따라서 메시지를 보낸 사람의 기대와는 다른 반응이 나타나는 의사소통이다. 예를 들면, 정교사가 경영자에게 "요사이 일이 많아서 피곤하지요?"라고 말하자 경영자가 정교사에게 "일이 많긴 뭐가 많아요. 일을 하기 싫으니까 피곤하지"라고 대답하는 경우이다.

❸ 이면적 교류

이면적 교류(inside transaction)는 사회적 수준과 심리적 수준, 두 가지 수준의 의사소통을 포함하며, 항상 두 가지 자아상태와 관련된다. 예를 들면,

정교사가 경영자에게 “요사이 일이 많아서 피곤하지요”라고 말하자 경영자가 정교사에게 표현된 메시지는 “그래요. 일이 많아서 피곤하네요”라고 대답하지만 경영자의 잠재된 메시지는 ‘일이 많긴 뭘 많아. 일을 하기 싫으니까 피곤하지’라고 생각한다.

상보적 교류, 교차적 교류, 이면적 교류 등의 세 가지 교류형태는 그림 7-6을 참조한다.

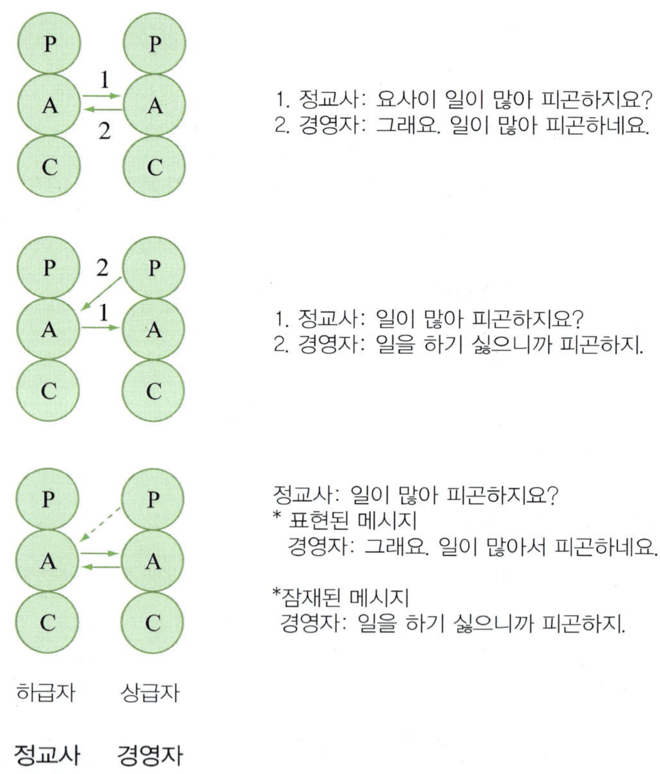

그림 7-6 **위: 상보적 교류, 중간: 교차적 교류, 아래: 이면적 교류**

CHAPTER 08

평생교육기관 의사결정

1. 의사결정의 개념
2. 의사결정의 과정
3. 의사결정의 유형
4. 의사결정의 모형

1 의사결정의 개념

의사결정(decision making)이란 문제해결을 위한 여러 대안을 모색하고, 그 중 최선의 대안을 의도적으로 선택하는 행위이다. 그리피스(D. E. Griffiths, 1959)는 의사결정이란 "어떤 목적을 달성하기 위해 가장 적절한 대안을 선택하는 연속적인 과정"이라고 했으며, 김창걸(2003)은 의사결정이란 좁은 의미로는 조직의 문제해결과 관련된 미래의 행동대안 중에서 최선의 대안을 선택·결정하는 행위를 말하며, 넓은 의미로는 선정된 최선의 대안을 실행에 옮겨 그 결과를 평가하여 환류(feedback)시키는 과정까지를 포함한다고 하였다.

의사결정은 심사숙고한 후에 도달된 결론이며, 결정에 도달하는 과정은 일반적 사건이 아닌 계속적이고 역동적인 과정이다. 의사결정은 결정을 의미할 뿐만 아니라 결정을 실행하는데 필요한 행위까지를 포함하며, 의사결정 과정에는 여러 가지 택일적 방안 중에서 특별한 가치나 행동경로를 의식적으로 또는 무의식적으로 택하는 것을 포함한다. 따라서 리더는 조직의 효과성을 증대시키기 위하여 문제선정을 하고 실행하며, 평가에 이르기까지 최선의 대안을 선택하여 실행하고 그 결과를 평가하여 환류시키는 과정을 밟아야 하며, 구성원들의 의견도 최대한 반영하여야 한다.

2 의사결정의 과정

의사결정은 합리적인 결정과 비합리적인 결정을 생각할 수 있으나 대부분의 경우 합리적 의사결정에 관심을 갖는다. 드러커(P. F. Drucker, 1974)는 의사결정 과정을 첫째, 문제를 정의한다. 둘째, 그 문제를 분석한다. 셋째,

문제해결의 대안들을 개발한다. 넷째, 최선의 대안을 결정한다. 다섯째, 결정을 효과적인 행동으로 전환한다. 여섯째, 그 결과를 검토하고 평가한다는 여섯 단계로 제시하였다. 사이먼(H. A. Simon, 1976)은 의사결정의 과정을 첫째, 택일할 수 있는 모든 전략의 열거, 즉 다양한 선택 행위의 인식이다. 둘째, 각 전략에 부수되는 모든 결과의 결정, 즉 선택행위로부터 초래될 결과의 예측이다. 셋째, 각 결과에 대한 비교·평가와 선택, 즉 각 결과가 가져올 수 있는 만족, 유용성, 복지 등에 비추어 결과의 비교·평가 및 선택 행위 등을 들고 있다.

가재환과 김충렬(2005)이 제시한 의사결정 과정 일곱 단계는 다음과 같다.

① 1단계: 문제파악 - 문제가 무엇인가?(예: 회사의 단기 현금사정이 안 좋다)
② 2단계: 해결해야 할 목표확정(예: 보유현금을 확보해 놓았다)
③ 3단계: 해결대안들의 도출(예: 판매가 인상, 생산인원 감축, 재고처분)
④ 4단계: 대안평가(예: 가격인상은 매출감소, 인원감축은 분규소지, 적정재고 유지필요)
⑤ 5단계: 대안선택(예: 가격인상과 여유재고 처분으로 결정)
⑥ 6단계: 선택된 대안의 실행(예: 가격을 인상하고 재고를 판매함)
⑦ 7단계: 실행 후의 검토(예: 충분한 현금유동성이 확보되었나?)

이때 여러 가지 대안들 중에서 가장 합리적인 대안을 선택하기 위해 다음 사항을 고려한다. 이는 주로 과거에 생각했던 의사결정모형으로서 의사결정자인 인간을 합리적 경제인(rational and economic man)으로 보았다. 이들은 완전한 정보를 가지고 가장 합리적인 선택을 한다는 것을 전제로 한다. 즉, 최소의 비용으로 최대의 효과를 얻으려는 최적성(optimizing)에 근거하여 그중에서 가장 좋은 것을 선택해야 한다.

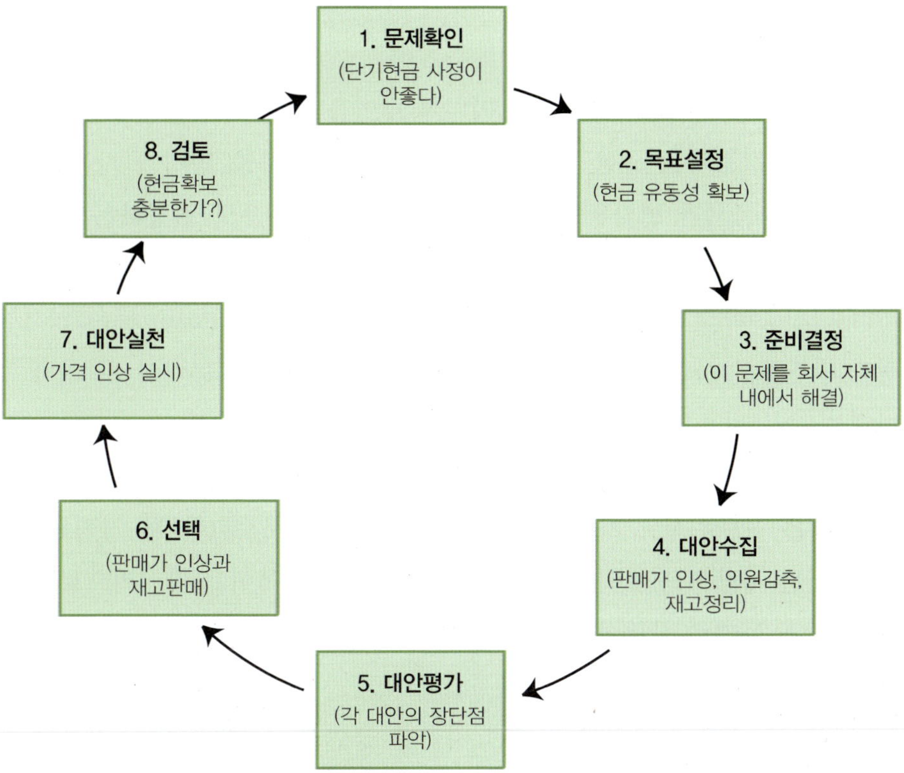

출처: 가재환 · 김충렬(2005). 21세기 조직행동론. p. 211.

그림 8-1 일반적 의사결정 단계

3 의사결정의 유형

조직에서 사람들이나 집단이 의사결정을 하는 상황은 매우 다양하며, 그 때마다 약간씩 다른 과정을 거쳐 의사결정을 하게 된다. 상황에 따른 의사결정 유형과 일반적인 의사결정 유형에 대해 살펴보면 다음과 같다.

1) 개인적 결정과 집단적 결정

개인적 결정(individual decision)은 리더가 대안을 선택하고 결정하는 것으로서 신속한 결정이 필요한 경우, 리더가 다른 관련자를 믿지 못하는 경우, 결정대상의 문제가 별다른 논쟁이 없는 경우에 단독으로 결정하는 것으로, 개인의 성향에 따라 심사숙고하여 의사결정을 하는 경우와 위험을 감수하더라도 신속히 의사결정을 하는 사람이 있다. 로우(A. J. Rowe) 등은 의사결정과 관련하여 사람들은 크게 사고방식과 불확실성 감수능력의 두 가지 측면에서 서로 다르다고 보았다. 첫째로 사고방식(정보접근방식, way of thinking)은 정보분석을 토대로 하는 사람과 그렇지 않은 사람이 있다. 의사결정 시 어떤 사람은 정보수집도 자세히 하고 분석적이고 심사숙고한 후 결정하는데 반해, 어떤 사람은 정보의 전체적 윤곽만 보고 직관적이고 창의적으로 대충해 버린다. 둘째로 불확실성 감수능력(미결정 인내력, tolerance of ambiguity)은 빨리 결정하는 사람과 그렇지 않은 사람이 있다. 애매모호성(불확실성, 즉 결정이 안 된 상태)에 대한 인내력이 크다면 시간을 끌면서 좀 더 확실한 정보와 대안들을 더 수집하고 조직화하면서 검토하지만 인내력이 없는 사람은 성급하게 결정을 한다.

집단적 결정(group decision)은 결정의 내용과 관련된 사람과 전문가들을 참여시켜서 결정하는 것이다. 구성원들에게 참여의식을 부여하고 그들의 결정능력을 향상시키고자 하는 경우, 결정대상의 문제가 고도의 기술성과 전문성이 요구되는 경우에 집단토의를 거쳐 결정한다(김창걸, 2003). 집단적 의사결정은 팀원들의 회의나 상급자와 하급자들의 대화 혹은 토의를 거쳐서 의사결정을 하게 되는데, 때로는 더 나쁜 결정이 될 수도 있다.

2) 정형적 결정과 비정형적 결정

정형적 결정(programmed decision)은 매일 반복되는 상황에서 대안도 항상 준비되어 있고 항상 비슷한 방식으로 선택, 결정한다. 회사의 워드프로세서 담당이 매일 퇴근 전에 하루 타이핑한 것을 백업받아 놓는다면 그는 정형화된 결정을 한 것이다. 그러나 그가 사용하는 컴퓨터가 고장이 났다면 선배에게 부탁해서 고쳐야 할지 혹은 수리공을 불러서 고쳐야 할 것인지 하는 그의 결정은 비정형적 의사결정(nonprogrammed decision)이다(가재환, 김충렬, 2005). 정형적 의사결정은 반복적이고 일상적이기 때문에 결정방식과 규정이 이미 정해져 있으나, 비정형적 의사결정은 예외적이고 갑작스럽게 발생하기 때문에 선례도 별로 없고 대안의 선택에 우선순위를 매길 평가기준도 없어 스스로 알아서 결정해야 하므로 창의성이 필요하다.

3) 전략적 결정과 전술적 결정

전략적 결정(strategic decision)은 최고관리층이 주로 비구조적 문제를 다룰 때 하는 결정이다. 따라서 전략적 결정은 조직의 기본 목적이나 존속·발전과 같은 문제에 관련된 중요한 의사결정 방향에 관한 결정이다. 전술적 결정(tactical decision)은 하위층의 업무적이고 중간관리층의 관리적 의사결정으로 구조화된 문제를 다룬다. 따라서 전술적 결정은 일상적이고 관례적인 업무처리 방법을 결정하는 것으로, 전략적 결정을 실천에 옮기기 위한 하위 개념으로서의 성격을 갖춘 결정이다.

4) 확실성과 불확실성 상황하에서 의사결정

확실성(certainty) 상황하에서의 의사결정은 문제해결방안과 가능한 결과에 관한 객관적 정보를 충분히 가지고 결과를 확실히 예측할 수 있는 상황하에서 의사결정을 하는 것이다. 불확실성 상황하에서의 의사결정은 위험상황에서보다 자료도 빈약하고 자료에 대한 신빙성도 없으며, 또 미래에 대해 어떻게 변화할지도 모르는 상황하에서의 의사결정이다. 따라서 대부분 자신의 경험과 주관적 판단에 의하여 의사결정을 한다.

4 의사결정의 모형

의사결정의 모형은 학자에 따라 다양하게 분류하고 있으나 일반적으로 첫째, 규범적·이상적 접근으로 합리적 모형과 최적모형이 있다. 둘째, 현실적·실증적 접근으로 만족모형과 점증모형이 있다. 셋째, 혼합적 접근으로 혼합관조모형이 있다. 넷째, 비합리적 접근으로 쓰레기통 모형과 암묵적 선호모형이 있다.

1) 합리모형

합리모형(rational model)은 의사결정이 인간의 이성과 합리성에 근거하여 합리적으로 이루어진다고 가정하는 이론이다. 즉, 의사결정자는 문제와 관련된 모든 대안에 대한 고려를 할 수 있는 전능의 능력이 있으며, 주어진 목적달성을 극대화하기 위해서 최대한 합리적으로 노력한다는 합리적 인간을 전제로 한다. 합리모형은 정책결정이 실제로 어떻게 이루어지고 있느냐보다는 가장 바람직한 결정이 어떻게 이루어져야 하는가를 설명하는 규범적 성격을 지니고 있다. 합리모형에 의하면 의사결정 과정은 일련의 연속적 단계로 이루어진다.

합리모형의 의사결정 단계는 문제 확인 → 목적과 목표의 설정 → 가능한 모든 대안들의 산출 → 각 대안의 결과 고찰 → 목적과 목표의 관점에 선

모든 대안들의 평가 → 최선의 대안선택(목적과 목표를 극대화시키는 대안선택) → 결정의 이행과 평가 등의 과정을 거친다.

합리모형의 비판으로 인간은 그 능력에 있어서 전지전능하지 않으며 실제의 행동도 여러 가지 이유와 여건상 반드시 합리적으로 행동하는 것은 아니다. 따라서 합리모형에서 주장하는 것과 같은 완전한 합리적 결정은 비현실적이라는 비판을 받고 있다.

2) 만족모형

만족모형(satisfying model)은 현실적이고 실증적인 접근으로 사이먼(H. A. Simon, 1974)은 행정가들이 조직결정을 하고 또 해야만 하는 방법에 대해 보다 정확한 설명을 제공하려는 시도로써 만족화 전략을 소개하였다. 이 모형은 합리모형이 지닌 완전한 합리성, 특히 객관적인 사실판단을 하는데 있어서 인간의 한계를 지적하고 그 대신 보다 현실성 있는 인간의 제한된 합리성(bounded rationality)을 전제하고 있다. 인간은 합리성이 제한되기 때문에 완전무결한 최적의 대안을 탐색하기보다는 현실적으로 만족할 만한 수준의 대안선택을 한다는 것이다. 만족모형에서는 사람들이 의사결정을 할 때 실제로 자기가 옳다고 만족하는 수준에서 의사결정을 하는 것이 현실적이라는 인간의 인지적·정서적 요소를 많이 고려함으로써 보다 실제에 적합한 이론모형을 개발했다는 점과 의사결정이 실제로 일어나는 상황에 대한 실증적 연구를 했다는데 공헌을 했다는 점에서 큰 의의를 찾을 수 있다.

만족모형에서 의사결정 과정은 문제 혹은 쟁점의 인식과 정의 → 현 상황의 난제분석(문제분류, 자료수집, 문제의 구체화) → 문제해결을 위한 준거설정(만족스런 결정의 준거) → 행위계획 혹은 전략의 개발(가능한 대안들의 구체화, 결과 예측, 행위대안들에 대한 심사숙고와 선택) → 행위계획의 제안(프로그램, 의사소통, 검색, 평가) 등의 과정을 거친다.

만족모형은 어느 정도 심리적으로 만족할 만한 수준의 대안이 발견되면 대안탐색을 중지한다고 하는데, 그 만족의 정도를 결정할 객관적인 기준이 없다는 것과 최선의 대안이 아니라 만족할 만한 대안을 찾은 후에 대안탐색을 중단하게 되면 미처 탐색되지 않은 대안 중에서 훨씬 더 중요한 대안이 있어도 이것은 검토되지 않고 포기된다는 점, 일반적이고 가벼운 의사결정인 경우에는 무작위적이고 순차적으로 탐색하겠지만, 이례적이고 중대한 의사결정에서는 보다 분석적인 결정이 이루어질 가능성이 크다는 비판점이 있다. 또한 이 모형은 개인적인 차원의 의사결정을 설명하려는 의도에서 출발하고 있기 때문에 정부의 정책결정에 그대로 적용하기는 무리가 따른다.

3) 점증모형

점증모형(incremental model)은 의사결정자의 능력의 한계와 결정기술의 제약을 인식하여 현재의 대안과 이를 약간 변형시킨 제2의 대안을 비교하여 보다 향상된 것을 추구하는 기술적·실증적 모형이다. 이 모형은 합리모형이 현실의 정책결정에 적용되기 어렵다는 점을 지적하고, 현실에서 실제로 이루어지고 있는 정책결정을 설명하기 위하여 린드블롬(C. E. Lindblom, 1968)이 주장한 모형이다. 이들은 합리모형이 전제하고 있는 완전한 합리적 분석은 불가능하며 실제로 정책은 점증적으로 결정된다고 주장한다. 뿐만 아니라 한 걸음 더 나아가서 정책을 점증적으로 결정하는 것이 바람직하다고 주장하고 있다. 이 모형은 정책결정에서 선택되는 대안은 대체로 기존 정책들의 문제점을 개선해 나가는 것이라는 전제하에, 현재 추진되고 있는 기존의 정책대안과 경험을 기초로 약간의 점진적인 개선을 도모할 수 있는 제한된 수의 대안만을 검토하여 현실성 있는 정책을 선택하려 한다는 점이다. 따라서 첨예한 갈등이나 문제를 야기하지 않고 안정적인 정책결정과 집행을 할 수 있을 뿐만 아니라 정책에 대한 폭넓은 지지를 받기 쉽고 실현가능성이 높은 대안을 선택할 수 있다는 장점이 있다. 점증모형의 특징은 다음과 같다. 첫째, 대안분석에 있어서 모든 대안을 전체적으로 검토하고 평가하기보다는 몇 개의 대안만 비교·선택한다. 둘째, 대안을 분석하여 평가할 경우 정보가 충분한 몇 개의 중요한 대안만 평가한다. 셋째, 일단 정립된 목표도 수단적 대안의 탐색과 선택과정 중에서 재조정 내지 수정한다. 넷째, 대안의 탐색평가 과정에서 나타나는 새로운 정보와 자료들을 처리하고 재구성하여 활용한다. 다섯째, 목표설정에서부터 최종선택에 이르는 분석하고 평가하는 작업은 반복해서 연속적으로 행한다.

즉, 점증모형이란 의사결정에서 항상 조직의 기본적인 목표와 일치되는 대안만을 구상하는 것이 아니라, 현행 대안과 크게 다르지 않은 대안과 극히 소수의 대안만을 검토하여 현실을 긍정하고 보다 다소 향상된 대안에 만족하여 결정하는 것을 말한다. 정책결정자의 능력의 한계 및 시간과 비용 등이 제한된 현실에서는 기존의 정책에서 소폭적인 변화만을 대안으로 고려하여 정책을 결정하고, 시간이 흐름에 따라 피드백되는 정보를 잘못된 점이 있으면 수정하고 보완해 가는 식으로 연속적인 결정을 하는 것이 가능하고 바람직한 정책결정의 방법이다.

점증모형의 비판으로는 의사결정에 있어서 점증적인 결정을 해야만 최적의 결정을 할 수 있어서 급격한 변화나 장기적 전망에 의거한 계획적인 변화를 거부하고, 적당히 되는 대로 해나가는 점진적인 개선을 도모하기 때문에 지나치게 보수적이고 대중적인 정책결정 모형이라는 평가를 받기도 한다.

4) 혼합관조모형

혼합관조모형(mixed scanning model)은 에치오니(A. Etzioni, 1965)가 합리모형과 점증모형을 혼합하여 제창한 모형이다. 이상주의와 점증주의 모형의 보수주의를 비판하고 이 두 모형의 장점을 결합시킨 절충형 이론모형이다. 에치오니는 합리모형이 전제하고 있는 완전한 합리적이고 분석적 결정의 비현실성과 점증모형의 근시안적이고 방향감각이 없으며 보수적인 경향을 지니고 있기 때문에, 두 가지 모형 모두가 바람직한 정책결정 전략이 될 수 없다고 주장한다. 합리적 모형과 점증주의 모형을 절충하여 기본방향의 설정과 같은 것은 합리적 모형을 적용하고, 방향설정 후 특정한 문제해결은 점증주의 모형을 적용하는 것이 바람직하다는 입장이다. 이는 비현실성을 축소하고 보수성을 극복하며 조직환경에 따르는 조직의 신축성을 살린 것이다. 즉, 혼합관조모형은 합리주의의 지나친 엄밀성과 점증주의의 보수성을 극복하고 두 가지 모형이 가지는 장점만을 살릴 수 있는 전략으로 제시된 것이다.

혼합관조모형의 특징은 다음과 같다(김형관, 1995). 첫째, 광범위한 조직의 정책은 잠정적이고 점진적인 정책에 방향을 제시해준다. 둘째, 좋은 결정은 조직정책에 일치하는 만족한 결과를 준다. 셋째, 대안탐색은 문제에 가까운 것들로 한정된다. 넷째, 중요한 정보는 유실되지만 행동은 피할 수 없다는 가정을 토대로 분석이 진행된다. 넷째, 이론, 경험 그리고 계속적인 비교가 함께 사용된다.

혼합관조모형에 대한 학자들의 일반적인 비판은 이 모형이 새로운 것이 아니라 두 개의 대립되는 극단의 모형을 절충하고 혼합하는 것에 불과하다는 점을 지적하고 있다. 또한 의사결정에서 가치의 우선순위나 정보가 대안의 선정에 영향을 주는 것보다는 지위, 권력, 환경 등이 더 영향을 주고 있다.

5) 최적모형

최적모형(optimal model)은 합리모형이나 점증모형과 같은 보수적인 모형에 대한 비판으로 드로르(Y. Dror, 1968)가 제창한 것으로, 직관, 판단, 창의성과 같은 초합리성을 중요시하고 있다. 최적모형은 체제적인 관점에서 정책형성체제 전체가 최적화를 달성하게 할 수 있는 합리적인 운영방법에 관심을 두고 있는 것이다. 이 모형은 최적모형의 초합리성의 개념을 도입함으로써 합리적·종합적 모형을 한층 더 체계적으로 발전시켰다는 평가를 받는다. 그동안 비합리성으로 배제해 왔던 요인들도 연구와 노력 여하에 따라서는 최적의 정책결정을 위한 핵심 요소가 될 수 있다는 것을 확인함으로써, 창의적이고 혁신적인 정책결정을 거시적으로 정당화할 수 있는 이론적 근거를 마련해 주었다. 최적모형의 특징은 다음과 같다. 첫째, 양적인 모형이 아닌 질적인 모형이다. 둘째, 합리적이고 초합리적인 구성요인을 가지고 있다. 셋째, 기본적인 논리적 근거는 경제적 합리성이다. 넷째, 평범한 환류의 국면을 갖는다. 즉, 드로르는 정책의 최적화를 위해서 합리성뿐만 아니라 직관, 판단, 창의성과 같은 초합리적 요인을 동시에 고려해야 한다고 주장하고 있다.

최적모형에서 최적화는 정책체제의 산물인 정책결과가 투입보다 큰 상태를 말한다. 이러한 의미에서 경제적 합리성에 기초하고 있다. 최적치란 양적인 것만을 의미하는 것이 아니라 질적인 개념을 포함하고 있으며, 동태적인 정책과정의 질적 최적화를 달성하기 위해서는 합리성뿐만 아니라 직관, 판단, 창의성과 같은 초합리적 요인도 중요시한다.

최적모형에 대한 평가는 정책결정에서 초합리성의 중요성, 인간이 노력하면 최적의 결정에 이를 수 있다는 점 그리고 상위정책결정과 환류를 강조한 것 등은 높이 평가할 수 있으나 정책결정체제 전반을 내용으로 하는 일종의 정책학의 패러다임이라고 할 수 있다. 그러다 보니 최적의 의미가 불분명해지고 또한 초합리성을 강조하고 있지만, 그것의 이용방법이나 합리성과의 관계가 모호하다는 비판을 받고 있다.

6) 쓰레기통모형

코헨(M. Cohen, 1972) 등이 제시한 쓰레기통모형(garbage can model)은 극도로 심한 불확실성을 경험하는 복합적 조직결정의 패턴 혹은 흐름을 설명하고 있다. 이 모형은 조직이나 집단의 응집성이 아주 약한 상태, 즉 '조직화된 혼란상태 또는 무정부상태(organized anarchies)'에서 이루어지는 비합리적인 의사결정의 측면을 강조한다. 이러한 혼란상태에서 이루어지는 의사결정들이 어떤 규칙에 따라 일어나는 것이 아니라 쓰레기통에 마구 집어넣은 쓰레기처럼 뒤엉켜 있다가 우연하게 그리고 불합리하게 일어난다는 것이다. 이 모형의 특징은 조직화된 혼란상태에서 참여자들 간에 합의된 선호가 없거나 또는 참여자 개인이 자신의 선호를 정확히 모르는 경우(문제성 있는 선호), 목표와 수단의 인과관계가 명확하지 않은 경우(불명확한 기술), 의사결정 과정에 참여자들(행정가, 교사, 학생, 학부모, 지역사회 인사 등)이 시간적 제약 때문에 참여시간과 노력의 양이 각기 다른 경우(유동적 참여)를 전제로 한다.

쓰레기통모형은 의사결정 과정이 문제발견에서 해결까지 순차적인 절차를 밟지 않고 문제, 해결대안, 의사결정자들(참여자), 의사결정의 기회 등 네 가지 독립된 요인들이 각각 여러 개씩 쓰레기통 속에 뒤죽박죽 섞여 있다(가재환·김충렬, 2005). 이들 네 가지 요소는 서로 아무런 관계없이 독자적으로 움직인다. 이들 요소들(쓰레기에 비유)이 서로 다른 시간에 쓰레기통에 들어와서 우연히 한 곳에서 동시에 만날 때 의사결정이 이루어진다는 것이다.

쓰레기통모형이 전제하는 조직화된 혼란상태에서는 우연히 발생하는 두 가지의 계기, 즉 극적인 사건이나 정치적 사건이 발생하였을 때 네 가지 요소가 합쳐진다. 이 경우 의사결정방식은 진 빼기 결정(choice by flight), 날치기통과(choice by oversight)라는 두 가지 유형이 전형적으로 나타난다. 이러한 모형에 해당하는 예로서 조직의 계층적 관계가 분명치 않은 대학조직이나 친목단체를 들 수 있다.

쓰레기통모형이 가정하고 있는 조직화된 무정부상태는 공공조직이나 교육기관에서 쉽게 발견되기 때문에 그 실용성을 인정할 수 있다. 그러나 모든 조직에서 나타나는 현상은 아니기 때문에 일부의 조직 또는 일시적으로 나타나는 혼란상태에서의 의사결정행태를 설명하는데 적합할 뿐이라는 비판을 받는다.

CHAPTER 09

평생교육기관 지도자

1 지도성 이론

지도성(leadership)은 오늘날 경영 자체와 동일시할 만큼 조직행동에 있어 매우 중요한 위치를 차지하고 있다. 우리는 흔히 한 조직의 성패를 효과적인 리더십의 발휘 여부와 관련지어 생각하기도 한다. 더욱이 경영이 인간 중심으로 전개되고 있고, 경영활동이 이러한 인간을 통하여 목표를 달성하는 과정으로 이해되는 현대적 경영의 관점에서 리더십의 중요성은 크게 부각되고 있다. 왜냐하면 목표의 달성이 조직구성원의 활동을 통하여 성취된다는 사실은, 조직의 리더 또는 경영자로 하여금 조직구성원의 노력을 통합하고 조정하도록 하는 리더십의 필요성을 더욱 절실히 느끼도록 하고 있기 때문이다. 즉, 조직의 리더들은 조직의 구성원에게 영향력을 발휘하여 그들이 조직목표달성에 공헌할 수 있도록 사기를 양양하고, 그들의 잠재적 능력을 활성화시킬 수 있는 리더십의 기술을 개발하지 않을 수 없는 것이다.

지도성이론에서는 지도성의 개념에 대해 살펴보고 지도성의 이론적 접근을 평생교육자의 지도성 이론에 초점을 맞추어 몇 가지 이론을 알아보고자 한다.

1) 지도성의 개념

리더십(leadership)은 우리말로 지도력, 통치력, 지도성 등으로 해석할 수 있으며, 리더십에 대한 정의는 학자에 따라 다양하다. 에치오니(Etzioni)는 지도성은 "인간적 특성에 근거를 둔 권력이며, 일반적·규범적 성격을 가지고 있다"고 하였고, 테리(Terry)는 "리더십이란 집단의 목표를 위해 사람들이 스스로 노력하도록 영향력을 행사하는 활동"이라고 하였다. 피들러(F. Fiedler)는

"지도자는 과업수행에 관련된 집단행동을 지시하고 조정하는 일을 부여받은 집단 내의 개인"이라고 보았다. 또한 두빈(Dubin)은 "조직에서의 리더십은 권위와 의사결정을 행사하는 것을 포함한다"고 하였으며, 배스(B. M. Bass)는 "리더십은 목표를 달성하기 위하여 집단행동에 영향을 주는 과정"이라고 하였다. 허쉬와 블랜차드(Hersey & Blanchard)는 지도성이란 "어떠한 주어진 상황 속에서 목표를 달성하기 위하여 개인 또는 집단의 활동에 영향을 미치는 과정"이라 하고, 이와 같은 과정에는 지도자(l: leader), 구성원(f: follower), 상황변수들(s: situational variables)이 있어서 지도성(L: Leadership)을 이들의 함수관계, 즉 $L = f(l, f, s)$로 나타낼 수 있다는 것이다(Hersey, et, al., 1977). 리더십에 대한 정의를 종합해보면 리더십이란 두 사람 이상으로 이루어진 집단 속에서 발생하며 집단 목표달성과 관련하여 집단구성원의 행동에 영향을 미치고, 주어진 조직의 상황에서 목표달성을 위해 영향력을 행사하는 것이며, 지도자와 구성원들이 공유하는 목표를 추구하도록 집단을 이끄는 개인이 보여 주는 설득의 과정이나 모범이다(안병환 외, 2008).

2) 리더십의 이론적 접근

(1) 특성이론

1950년대까지의 지도성 연구를 주도해 왔던 지도성에 대한 특성이론은 '비지도자와 구별되는 지도자 개인의 육체적, 심리적 또는 사회적 특성을 확인하는데 주로 관심을 갖는 접근방법'이다. 이 접근에서는 지도자가 지능, 창의력, 신장, 적응력 등의 영역에 있어서 선천적으로 높은 수준의 능력을 타고난다고 본다. 그리고 위인들에게서 지도자의 자질을 발견하려 했기 때문에 위인이론(great man theory)이라고도 한다.

특성이론은 리더십 연구에 있어서 가장 오랜 역사를 가지고 있는 이론으로서, 성공적인 리더들은 어떤 공통된 특성을 가지고 있다는 전제하에서 이를 개념화한 이론이다. 리더 개인이 가지고 있는 몇 가지 자질 및 특성에 따라서 발휘된다고 보기 때문에 지도자로서 어떤 특성과 자질을 가진 자는 시간과 공간을 초월하여 지도자가 될 수 있는 것이다. 이 접근법의 특징은 선천적이든 후천적이든 리더의 공통적 특성을 규명하는 것이다. 따라서 리더가 고유한 개인적인 특성만 가지고 있으면 그가 처해 있는 상황이나 환경에 관계없이 항상 리더가 될 수 있다고 가정하고 있다. 따라서 모든 사람이 리더의 자질을 구비하고 있지 못하기 때문에 그러한 특성을 가진 자만이 리더가 될 수 있다는 것이다. 지도자가 지녀야 할 특성 또는 자질로서 건강, 성실, 지능, 근면, 경력, 분석력, 판단력, 교육능력, 열의, 끝까지 해내는 능력, 자제심 등을 들고 있고(Reyburn, 1938), 스톡딜(R. M. Stogdill, 1974)은 지도자의 특성으로 능력, 성취, 책임감, 참여, 지위, 상황 등을 들고 있다.

① 능력(capacity): 지능, 기민성, 언어의 유창성, 독창력, 판단력
② 성취(achievement): 학문, 지식, 운동경기의 성취
③ 책임감(responsibility): 신뢰, 솔선, 인내력, 적극성, 자신감, 성취욕
④ 참여(participation): 활동성, 사교성, 협동성, 적응성, 유머
⑤ 지위(status): 사회경제적 위치와 인기
⑥ 상황(situation): 지적수준, 직위, 기술, 구성원의 욕구와 관심, 달성해야 할 목표

배스(B. M. Bass, 1990)는 지도성 특성을 신체적 특징, 사회적 배경, 지능과 능력, 성격, 과업관련 특징, 사회적 특징에 따라 다르다고 보았다.

① 신체적 특성: 연령, 신장, 체중, 정력적 활동성
② 사회적 배경: 교육, 사회적 지위, 이동성
③ 지능과 능력: 지능, 판단력, 지식, 결정능력, 언어구사력
④ 성격: 적응력, 진취성, 열정, 독립성, 지배력, 창의성, 주의력, 상승욕구,

통제성, 자신감, 확신, 자아정체성, 윤리적 행위, 스트레스의 인내력, 자원동원능력

⑤ 과업관련 특징: 과업지향형, 성취욕구, 책임부담욕구, 기업가 정신, 장애극복력

⑥ 사회적 특징: 행정능력, 유인력, 협동정신, 훈육, 인기, 위신, 사회성, 인간관계기술, 사회적 참여, 외교적 전술

(2) 행위이론

행위이론(behavioral theory)은 집단 내에서 지도자의 행위(behavior)를 관찰하고 분석하여 어떠한 행태가 구성원의 사기와 조직의 생산성에 영향을 주는가에 관점을 맞추어 연구하는 방법이다. 행위이론은 지도성이 행사되는 조직상황을 관찰하면서 지도자의 행태를 구성원의 반응 및 생산성 등과 관련시켜 평가하고 기술함으로써 기능이론과 관련된다. 특히 행위이론은 현장이나 실험실에서 지도자의 행위를 관찰하고 기술함으로써 어떤 패턴의 지도성 행위를 점차 인식하게 되어 이것이 유형이론으로 발전되었다. 지도자의 특성에 대한 탐구가 행동에 대한 탐구로 그 방향이 전환되면서, 성공적인 지도자의 행동방식을 알아내기 위한 방법으로 효과적인 지도자와 비효과적인 지도자를 비교하여 지도자가 나타내는 행동양식을 유형화하는 지도성 유형론이 제기되었다.

❶ 레빈의 연구

레빈(K. R. Lewin, 1938)의 주도하에 리피트와 화이트(R. Lippitt & R. K. White)에 의해 연구한 “집단생활에 관한 실험적 연구”에서 행동과학적 접근의 효시가 되었고, 이들은 지도성 유형을 전제적 리더십, 자유방임적 리더십, 민주적 리더십 유형이 있음을 밝혔다. 이 연구에서 민주적 지도자가 이끄는

집단은 생산성과 구성원의 만족도가 가장 높으며, 민주형 지도자는 존경을 받으면서 집단을 지속적으로 이끌어 나갈 수 있다. 이에 대한 구체적인 내용을 살펴보면 다음과 같다(황병준, 1981).

① 전제적 리더십: 전제적 리더십(autocratic leadership)에 있어서는 조직활동의 모든 것을 지도자가 직접 결정하고 지시한다. 지도자는 자신의 신념 및 판단을 최상의 것으로 믿고 부하의 참여나 충고를 받아들이지 않으며 오로지 복종만을 강요한다. 즉, 지도자는 조직구성원의 의견을 들으려 하지 않고 조직의 목표나 운영방침, 상벌 등을 독단적으로 결정하고 지시한다.

② 자유방임적 리더십: 자유방임적 리더십(laissez-faire or free rein leadership)은 지도자가 극히 소극적으로 조직활동에 참가하여 직접적으로 지시하고 명령을 내리지 않으며, 그렇다고 부하들의 적극적인 협조를 얻고 있는 것도 아니다. 부하들의 자유는 무제한으로 허용될 수 있으며, 그들이 자율적으로 자제를 할 의욕과 능력을 갖추지 못한다면 아무도 조직의 통제와 조정을 할 수 없다는 것이 문제점이 된다. 방임적 리더십에서는 공통의 목표를 성공적으로 달성할 수 없다. 방임된 부하들은 자기위치와 방향감각을 잃고 직무에 충실치 못한 결과로 낭비와 무질서를 초래하게 된다.

③ 민주적 리더십: 민주적 리더십(democratic leadership)은 자주적·참가적·협동적·종업원 중심적 리더십으로 지도자는 조직의 목표나 운영방침, 상벌 등을 조직구성원의 의견을 최대로 반영하여 결정하고 실행하는 가장 바람직한 리더십의 유형이다. 민주적 리더십의 특징은 다음과 같다.

첫째, 구성원에게 대폭적인 책임과 권한의 위양이 실시된다.

둘째, 직무의 수행과정에서 추종자의 자주성과 주체성이 허용된다.

셋째, 자기책임감의 증대에 수반하여 자기통제가 필연적으로 행해진다.

넷째, 객관적 사실에 기인한 업적평가에 의하여 추종자에게 만족감을 환기시켜 새로운 도전적인 일에 대하여 의욕이 발동된다.

리더십의 유형을 기준으로 하여 생산성과 관계를 조사한 결과, 라톤(Latone)은 민주적 리더십이 가장 생산적이라고 보고하고 있으며, 로젠바움(Rosenbaum)은 위기적 상황에서는 전제적 리더십이 종업원의 사기와 생산성을 더 높여 주었다는 것을 보고하였다. 일반적으로 리더십 유효성의 측면에서 볼 때 창업기에는 전제형이, 안정기에는 민주형이 적합하며 교육수준이 낮은 부하에게는 전제형이 적합하고 교육수준이 높은 부하에게는 민주형이 적합하다고 주장하고 있다.

❷ 오하이오 주립대학교 연구

1945년에 오하이오 주립대학교의 경영연구소에서 지도성 연구를 통해 지도자의 행동차원을 밝혀내는 작업이 시도되었고, 햄필과 쿤스(J. K. Hemphill & A. E. Coons, 1950)는 지도자 행동기술 질문척도(LBDQ: Leader Behavior Description Questionaire)를 개발하여 다양한 집단과 상황에 있어서 지도자의 행동을 객관적으로 분석하는데 획기적인 전기를 마련하였다(Hemphill & Coons, 1950).

핼핀과 위너(A. W. Halpin & B. J. Winer)는 LBDQ에 대한 반응을 요인·분석하여 지도성의 차원을 구조중심(initiating structure: 과업)과 인화중심(consideration: 배려) 차원으로 구분하여 제시하였다(Halpin, 1959). 구조중심 차원이란 '조직의 목적을 달성하기 위해서 주로 조직의 필요를 충족시켜 주는 행동으로서 구조성 차원'으로, 구조중심 지도자는 구성원 각자에게 기대되는 역할을 임무배정하고, 계획, 일처리 방법과 절차를 중요시한다. 그리고 인화중심 차원이란 '지도자가 신뢰, 존경, 온화, 지원, 집단구성원에 대한 관심을 나타내는 배려성 차원'으로 인화중심 지도자는 구성원의 아이디어 청취, 모든 직원에 대한 친절과 공평성, 피고용자의 아이디어를 활용한다.

오하이오 주립대학교 연구진들은 구조중심과 배려중심 차원이 상호독립된 차원임을 밝혔고, 한쪽 차원에서 높은 점수를 보인다고 해서 반드시 다른 한쪽 차원에서 낮은 점수를 보이지 않음을 지적하였으며, 지도자의 행동은 이와 같은 상호독립된 두 가지 행동차원의 조합에 의해 기술될 수 있다. 핼핀(A. W. Halpin)은 교육현장에서 LBDQ를 사용하여 구조중심 차원과 인화중심 차원의 결합에 의한 사분도를 개발하였다(Halpin, 1958).

출처: Andrew W. Halpin, "The Superintendent's Effectiveness as a Leader", Administrations Notebook, Vol. 7, No. 2, Oct., 1958. p.2.

그림 9-1 핼핀의 과업과 인화성 차원의 지도성 행위를 기술한 사분도

그림 9-1에서와 같이 네 가지 지도성 차원에서 인화중심과 구조중심 차원의 점수가 모두 높은 Ⅰ(과업 +, 인화 +)을 효과적 지도자로 평가하고, 인화중심과 구조중심 차원의 점수가 모두 낮은 Ⅲ(과업 -, 인화 -)을 비효과적 지도자로 평가하였다. 그 후 연구자들에 의하여 ① 효과적 지도성(effective leadership: 과업 +, 인화 +), ② 인화중심 지도성(human relationship-centered leadership: 과업 -, 인화 +), ③ 비효과적 지도성(ineffective leadership: 과업 -, 인화 -), ④ 과업중심 지

도성(task-centered leadership: 과업 +, 인화 -)이라고 하였다.

연구결과에 따르면 과업과 인화가 모두 높은 지도자들은 높은 성과, 낮은 불만, 이직률의 저하 등을 가져오는 반면에, 과업과 인화가 모두 낮은 지도자들은 성과의 저하, 높은 불만과 이직률을 가져오는 것으로 나타났다. 물론 지도자 자신이 이러한 두 가지 형태의 지도성 가운데 어느 하나를 선택할 수 있으나 과업과 인화가 동시에 높은 지도자가 더 나은 조직성과를 가져오는 것으로 밝혀지고 있다(김창걸, 2003).

❸ 미시건 대학교의 리더십 연구

1947년에 미시건 대학교의 조사연구소(Survey Research Center)의 리더십(leadership) 연구는 여러 회사의 관리자와 하급자들과의 인터뷰를 통하여 상호관계가 있는 리더십 특성군을 찾아내어 그 효과성을 검토하는 방법으로 접근하였다. 이 연구에서는 보험회사, 제조관련회사 그리고 은행과 같은 기업과 산업조직을 취급하였고 일부 연구에서는 병원, 정부기관, 공공사업회사에도 관심을 두었다(Likert, 1961).

이 연구들의 전반적 목적은 상호밀접하게 관련되어 있고 효과성 준거와 밀접하게 관련된 특성을 찾아내는 것이었는데, 이 준거에는 직무만족, 이직, 결근, 생산성 그리고 효율성이 포함되었다. 초기 연구에서는 지도성 유형이 생산지향과 피고용인 중심유형으로 확인되었다(Katz, et, al., 1950). 생산지향적 지도자는 과업을 성취할 계획과 절차의 개발에 신경을 쓰지만, 피고용인 중심적 지도자는 위임된 의사결정을 신뢰하고 지원적 작업환경을 조성함으로써 추종자들이 욕구를 만족시키도록 도와준다. 특히 피고용인의 개인적 성장, 승진 그리고 성취 등에 관심을 갖는다. 미시건 대학교의 연구팀들은 지속적인 연구를 통해 첫째, 지도자의 지원적 태도(leader support), 상호작용의 촉진(interaction faciliation), 목표강조(goal emphasis), 과업촉진(work faciliation)

등 네 가지 요인의 형태가 효과적인 집단성과와 관련이 있음을 알아냈다(Bowers & Seashore, 1966).

첫째, 지도자의 지원적 태도는 리더가 부하들에게 관심을 갖고 자신을 가치 있고 중요한 존재라고 느낄 수 있도록 리더는 부하에게 지원적인 행동을 한다. 둘째, 상호작용의 촉진은 리더와 부하들 간 그리고 부하들 상호간에 상호작용을 통해서 갈등을 최소화하기 위해 나타내는 지도자의 형태이다. 셋째, 목표강조는 지도자가 부하들에게 과업을 달성하도록 동기를 부여할 때 지도자의 행동능력에 비추어 약간 높지만 실현가능한 목표를 설정할 수 있도록 도와준다. 넷째, 업무촉진은 지도자가 부하들이 과업수행을 잘 하도록 역할을 명료하게 하며, 자원을 획득하고 배분하여 조직갈등을 완화하는 지도자의 형태이다.

④ 블레이크와 무턴의 관리망 이론

1985년 블레이크와 무턴(R. R. Blake & J. S. Mouton)은 오하이오 주립대학교의 리더십 연구를 확장시켜 관리격자(Managerial Grid)이론을 개발하였다. 이 이론은 관리자들에게 리더십 훈련을 시키기 위한 도구로 개발하였고, 생산에 대한 관심과 인간에 대한 관심의 리더십 행동을 두 가지 차원으로 분류하였다. 그림 9-2와 같이 직무의 관심을 X축에 그리고 인간에 대한 관심을 Y축에 표시하고, 각 축에 1에서 9까지의 점으로 구분하여 1을 관심도 최저, 9를 관심도 최고로 나타낸다. 그리고 각 점을 중심으로 직선을 교차시킴으로써 합계 9×9=81개의 격자도를 만들었다. 이렇게 하여 (1.1), (1.9), (9.1), (9.9), (5.5) 형을 5개의 전형적인 리더십의 모델로 하였다.

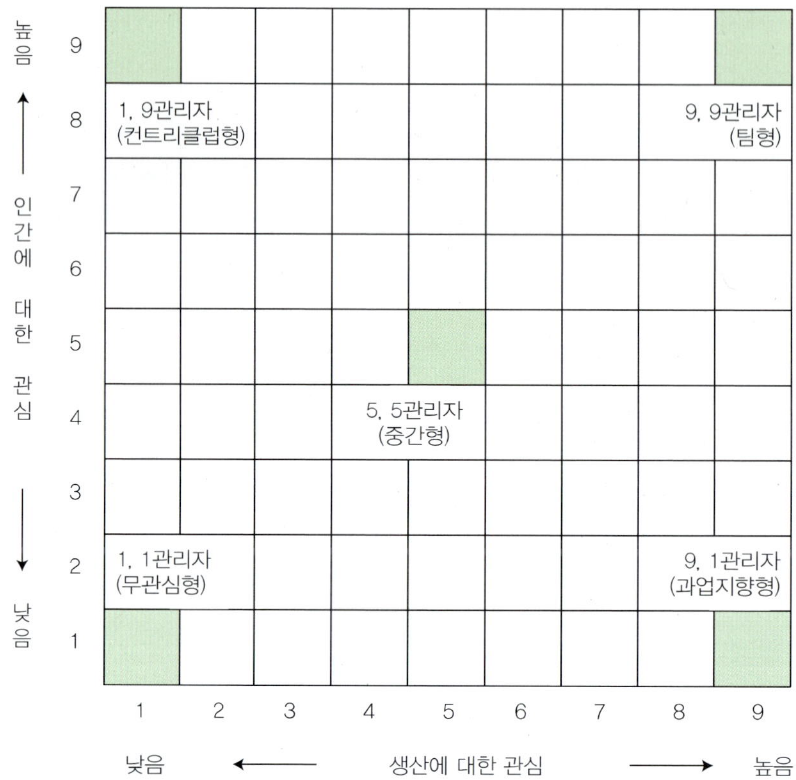

출처: 황병준(1981). p. 84.

그림 9-2 Blake와 Mouton의 관리 격자

① (1.1 형) 무관심형 리더십: 무관심형 리더십(impoverished style leadership)은 생산이나 인간에 대한 관심이 적은 지도성 유형이다. 과업이나 구성원의 인화에는 무관심하고, 구성원들이 생각하는 대로 행동하도록 내버려 둔다.

② (1.9 형) 컨트리클럽형 리더십: 컨트리클럽형 리더십(country club style leadership)은 인간에 대한 관심이 많고 생산에 대한 관심이 낮은 유형으로 원만한 인간관계를 유지해 나가는 인화중심 지도성이다.

③ (9.1 형) 과업지향형 리더십: 과업지향형 리더십(task-oriented style leadership)은 조직의 과업목표달성이 우선이고 인간에 대한 관심은 적다. 이 유형은 과업목표달성이 우선하기 때문에 구성원에게 엄격한 규칙과 명령, 통제에 의한 관리를 주도하는 과업중심 지도성이다.

④ (9.9 형) 팀형 리더십: 팀형 리더십(team style leadership)은 생산과 인간에 대한 관심이 있는 통합형 리더십으로 가장 바람직한 리더십 스타일이다. 이 유형은 구성원의 사기를 높여주고 참여시킴으로써 효율적이고 생산성을 높이는 지도성이다.

⑤ (5.5 형) 중간형 리더십: 중간형 리더십(middle style leadership)은 생산과 인간에 대한 관심이 적당한 정도로 유지되는 리더십이다. 이 유형은 구성원들의 적당히 사기를 높여주고 수락할 만한 생산을 얻을 수 있도록 일을 수행하는 중도노선을 취하는 지도성이다.

(3) 상황이론

상황이론(contingency theory)은 지도성 연구에서 특성이론이나 행위이론은 지도성이 발휘되는 시간과 장소 및 조직이나 집단의 성격이 고려되지 않았음을 지적하며, 지도자의 인성특성, 지도자의 행위, 과업구조, 지위권력, 부하의 기술이나 태도와 같은 상황변인에 의해서 결정된다고 본다. 이 모형은 어떤 상황에서도 효과적인 유일한 지도성이란 존재하지 않으며, 따라서 상황적 변인이 지도성의 효과와 어떠한 관계가 있는가를 다차원적으로 알아보고자 하는 데 있다. 생산과 인간이라는 두 축에다가 효과성이라는 또 하나의 축을 덧붙여서 상황적 변인을 강조하고 있다는 점에 그 특성이 있다. 즉, 특정 상황에 적합한 지도성 유형이 있는 것으로 보고 지도자의 지도성이 이러한 상황(조직의 과업구조, 직위권력, 부하의 기능 및 태도 등)에 부응하게 되면 그때 효과적인 지도성이 발휘되는 것으로 보고 있다.

지도성의 효과는 복잡한 상황변수가 지도자의 행동과 어떻게 조합되느냐에 따라 결정되므로, 지도자에게 가장 효과적일 수 있는 상황의 여러 측면을 확인하는 데 연구의 초점을 맞추고 있다.

❶ 피들러의 상황적합 리더십이론

상황적합 리더십이론(Contingency leadership theory)은 지도자의 성격과 상황의 복합성이라는 두 가지 요인을 모두 고려하기 위하여 1967년에 피들러(F. E. Fiedler)가 개발하였다. 피들러의 상황적합 리더십이론에 의하면 리더의 효과성은 상황에 의해 결정되며, 결과적으로 어느 리더가 어느 한 상황이나 조직에서는 효과적이지만 다른 상황에서는 그렇지 못할 수 있다고 한다. 또한 이 이론은 이와 같은 불일치가 발생하는 이유를 설명하고 어떤 리더가 어떤 상황에서 효과적인지를 규명하고자 하였다. 피들러 모형의 기본적인 가설은 첫째, 지도성 유형은 지도자의 동기체계에 의해서 결정된다. 둘째, 집단의 효과성은 지도성 유형과 상황의 호의성과의 결합에 의한 적합적 기능에 의해서 결정된다.

피들러는 리더의 행동특성을 측정하기 위해서 LPC(least preferred coworker: 가장 싫어하는 동료작업자) 척도를 개발하여 측정하였다. 이는 개인이 과업지향적(task oriented)인지 관계지향적(relationship oriented)인지를 측정하는 도구로 질문서 표 9-1를 통해서 기본적인 리더십 유형을 결정한다. 이에 따라 낮은 LPC 리더들은 과업지향적인 리더십을 강조하고, 높은 LPC 리더들은 관계지향적인 리더십을 강조한다.

LPC 점수가 높은 지도자는 대인관계를 밀접하게 가지려는 동기성향이 우세하므로 부하와의 사교를 강조하고 필요하다면 적극적이고 지원적인 태도를 취하는 관계지향적 지도성을 발휘하게 된다. 반면에 LPC 점수가 낮은 지도자는 과업목표달성에 우선적으로 동기를 부여하므로 직무를 훌

륭히 완수하는 데만 관심이 있으며 부하를 다룰 때에도 과업지향적 지도성을 발휘한다(예: 대학이나 전문가 단체에서는 관계지향적 리더가, 군대조직은 과업지향적 리더가 효율적이다).

표 9-1 LPC 척도

함께 일하기가 가장 싫었던 사람을 생각해 보십시오. 그 사람이 지금 함께 일하는 사람이라도 좋고 과거에 함께 일한 경험이 있는 사람이라도 좋습니다. 그러나 그 사람이 개인적으로 또는 감정적으로 가장 싫어한 사람일 필요는 없고, 다만 함께 일을 수행하기에 어려웠거나 어려운 사람이어야 합니다. 그 사람의 여러 측면에 대해서 해당되는 곳에 "V"표를 하시오.

즐거운 사람	8	7	6	5	4	3	2	1	즐겁지 않은 사람
우호적인 사람	8	7	6	5	4	3	2	1	비우호적인 사람
거부적인 사람	1	2	3	4	5	6	7	8	수용적인 사람
도움을 주는 사람	8	7	6	5	4	3	2	1	도움을 주지 못하는 사람
열정적이 아닌 사람	1	2	3	4	5	6	7	8	열정적인 사람
긴장하는 사람	1	2	3	4	5	6	7	8	심신을 편하게 해주는 사람
거리를 두는 사람	1	2	3	4	5	6	7	8	친근한 사람
냉담한 사람	1	2	3	4	5	6	7	8	다정한 사람
협동적인 사람	8	7	6	5	4	3	2	1	비협동적인 사람
지원적인 사람	8	7	6	5	4	3	2	1	적대적인 사람
따분한 사람	1	2	3	4	5	6	7	8	흥미 있는 사람
다투기 좋아하는 사람	1	2	3	4	5	6	7	8	조화를 이루기를 좋아하는 사람
자신이 있는 사람	8	7	6	5	4	3	2	1	주저하는 사람
능률적인 사람	8	7	6	5	4	3	2	1	비능률적인 사람
우울한 사람	1	2	3	4	5	6	7	8	쾌활한 사람
개방적인 사람	8	7	6	5	4	3	2	1	방어적인 사람

출처: Fried E. Fieddler(1967). A Theory of Leadership Effectiveness. New York: McGraw-Hill Book Company, p. 4.

LPC 질문서를 통해 개인의 기본적 리더십 유형이 결정되면 리더와 상황과의 연결이 필요하게 된다. 피들러는 리더와 구성원과의 관계, 과업구조, 리더의 직위권력의 세 가지 상황변수를 제시하였다.

① 리더와 구성원과의 관계: 리더와 구성원과의 관계(leader-member relations)는 구성원들이 리더를 좋아하고 신뢰하며 리더가 지시하는 바를 기꺼이 따르려고 하는 정도를 말한다. 구성원이 리더에 대해 갖고 있는 신뢰, 믿음, 존경의 정도로 지도자가 구성원들에게 호의적으로 수용되고 존경받을수록 더 큰 영향력과 통제력을 행사할 수 있다.

② 과업구조: 과업구조(task structure)는 할당된 여러 과업이 얼마나 명확하게 정해져 있는가 하는 정도로 과업의 구조화가 잘되어 있으면 지도자와 구성원이 해야 할 내용이나 방법을 정확하게 알 수 있다. 그러나 과업이 구조화가 잘되어 있지 않아 목표도 애매하고 분명한 해결방법도 없고, 접근방법도 여러 가지면 지도자나 구성원 모두가 명확한 행동을 취하기가 어렵다.

③ 리더의 직위권력: 리더의 직위권력(leader's position power)은 리더가 구성원에 대한 고용, 해고, 훈련, 승진, 임금인상 등과 같은 권력변수에 영향을 미치는 정도이다. 직위권력은 지도자가 구성원에게 상·벌을 줄 수 있는 권한으로 더 우수한 집단성과의 달성을 본질적으로 보충하지는 못하나 지도자가 그의 과업을 쉽게 수행할 수 있게 해준다.

이상 3개의 상황변수에 가중치를 매겨서 상황의 호의성 정도를 구분한다. 리더와 구성원 간의 관계는 좋고 나쁨으로, 과업구조는 높고 낮음(구조화와 비구조화)으로, 지위권력은 강함과 약함으로 나타나게 된다.

어떤 지도성 유형이 어떤 상황에서 가장 효과적인가를 밝히기 위해서 피들러는 10년 이상 800개 이상의 집단을 상대로 한 연구를 통해 광범위하고 다양한 집단상황에 관한 자료를 수집했다. 그는 이것을 통해서 8개의 집단

상황을 분류하고, 지도성 유형을 결정하여 어떤 집단이 과업을 성공적으로 또는 비성공적으로 수행하는가를 결정했다. 그리고 각 집단상황마다 집단 성과의 효과성에 지도성 유형을 서로 관련시켰다.

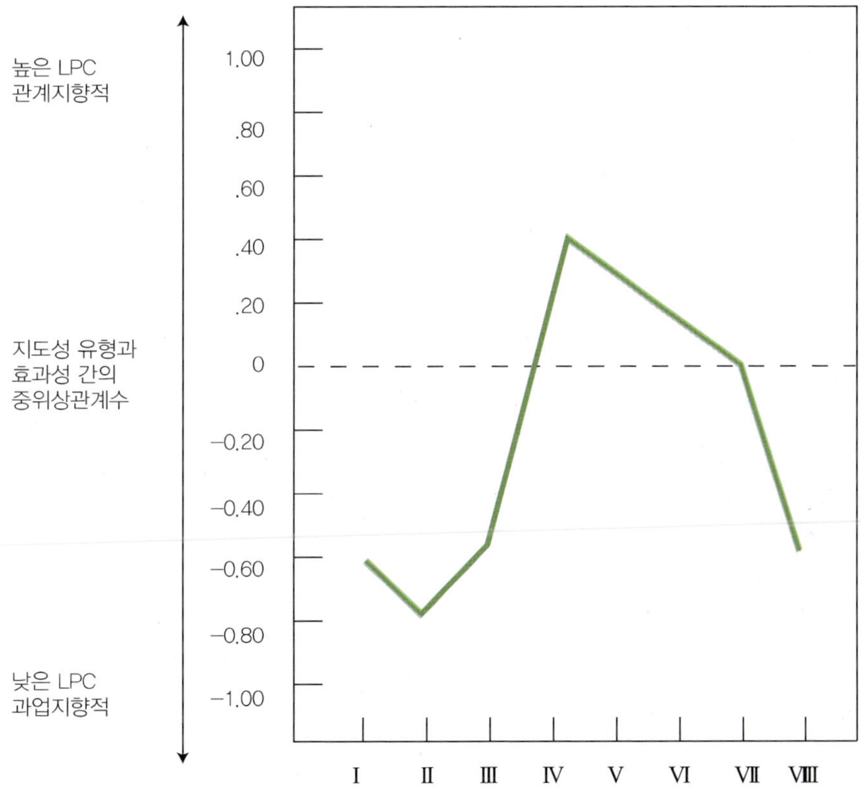

	호의적			중간 정도			비호의적	
집단상황	I	II	III	IV	V	VI	VII	VIII
리더—구성원관계	양호	양호	양호	양호	불량	불량	불량	불량
업무의 구조화 정도	명확		불명확		명확		불명확	
리더의 직위권한	강	약	강	약	강	약	강	약

출처: Fried E. Fieddler. *Validation and Extension of the Contingency Model of Leadership Effectiveness: A Review of Empirical Finding*, Psychological Bullerin, Vol. p. 131.

그림 9-3 피들러의 지도성 효과성의 상황적합모형

피들러는 그의 지도성 상황적합론의 중요한 명제를 다음과 같이 제시하였다.

첫째, 상황이 매우 호의적이거나 비호의적일 때는 과업지향적 지도자가 관계지향적 지도자보다 더 효과적이다.

둘째, 상황이 중간 정도 호의적일 때는 관계지향적 지도자가 과업지향적 지도자보다 더 효과적이다.

과업지향적인 리더는 매우 유리한 상황과 매우 불리한 상황에서 더 나은 업적을 이루는 경향이 있으나, 관계지향적 리더는 보통의 상황에서 더 나은 업적을 수행한다. 즉, 상황이 리더에게 매우 유리하거나 불리한 경우에는 낮은 LPC 리더가 우세하고, 상황이 보통일 때는 높은 LPC 리더가 우세하다는 것이다.

❷ 레딘의 삼차원 관리유형이론

레딘(W. J. Reddin, 1970)은 과업 차원과 관계성 차원에 효과성 차원을 추가시켜서 삼차원 관리유형이론(3-D management)을 제시하였다. 레딘의 모형은 과업 차원, 관계성 차원, 효과성 차원의 삼차원 리더십이다.

과업 차원(task dimension)은 조직의 목표달성을 위해 전력을 다하는 리더의 행동이고, 관계성 차원(relationship dimension)은 리더가 구성원에게 신뢰와 존경, 정서적 배려를 하며 인간관계를 중요시하는 리더의 행동이며, 효과성 차원(effectiveness dimension)은 리더가 자신의 책임하에 있는 목표를 달성하는 정도로 이해된다.

레딘은 5개의 상황변수를 다음과 같이 제시하고 있다(Owens, 1987). 첫째, 조직의 심리적 풍토(Organizational climate)는 조직 내에서 이루어지는 여러 가지 행동에 영향을 주며, 행동규범 등을 형성하게 한다. 둘째, 과업수행에 사용된 기술은 과업수행에 필요한 절차와 방법 등을 의미한다. 셋째, 상관과의 관계(superiors)는 리더가 상관과의 관계에서 지원적·호의적이냐 또는 적대적·비우호적이냐에 따라 리더십 행사가 달라진다. 넷째, 동료작업자와의 관계(co-workers)는 리더가 동료작업자와의 관계가 지원적이냐 또는 비우호적이고 반항적이냐에 따라 리더의 행동이 달라진다. 다섯째, 부하와의 관계(subordinate)는 부하들의 인성특성, 욕구, 태도 등과 리더십 행동과는 가장 밀접하게 관계되어 있다.

레딘은 리더가 상황에 어떻게 적응하느냐에 따라서 상황에 적합할 때는 같은 유형이라도 효과적인 유형이 되고, 적합하지 않을 때는 비효과적인 유형이 된다고 하였다. 그림 9-4와 같이 기본형의 리더십 유형을 중간 부분에 놓고 우측에는 효과적인 리더십 유형을 그리고 좌측에는 비효과적인 리더십을 놓았다.

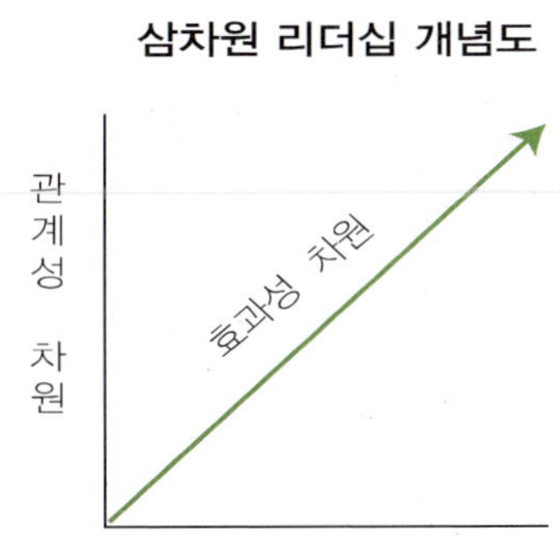

출처: Reddin(1970), p. 230.

그림 9-4 레딘의 삼차원 모형

■ 기본 유형

- 통합형(intergrated style): 과업 차원과 관계성 차원이 모두 높은 유형
- 관계형(related style): 관계성 차원은 높지만 과업 차원이 낮은 유형
- 헌신형(dedicated style): 과업 차원은 높지만 관계성 차원이 낮은 유형

- 분리형(separated style): 과업 차원과 관계성 차원이 모두 낮은 유형

■ 효과적 유형

- 경영가(executive): 높은 과업 차원과 낮은 관계성 차원을 수용하는 훌륭한 동기유발자이며, 높은 과업수준을 설정하고 개인차를 인정하며 팀 경영을 잘 운영한다.
- 개발자(developer): 상황적 요구에 적절하게 높은 관계성이 낮은 과업 차원을 발휘하는 효과적인 유형으로, 구성원에 대한 신뢰를 바탕으로 개개인의 개발에 관심을 기울인다.
- 호의적 전제자(benevolent autocrat): 상황적 요구에 적절하게 높은 과업 차원과 낮은 관계성을 지향하는 효과적인 유형으로서, 구성원의 원망을 사지 않으면서도 수행해야 할 내용과 방법을 알고 있는 것으로 인정되는 지도자이다.
- 관료형(bureaucrat): 낮은 관계성과 낮은 과업 차원을 행사하지만 이런 것이 상황의 요구에 적절하게 수용되어 효과적인 유형으로 인정되며, 특히 규칙과 절차에 관심이 대단하고 이를 통한 환경유지와 통제를 추구하지만 구성원들에게 양심적으로 비친다.

■ 비효과적 유형

- 타협자(compromiser): 높은 과업 차원과 낮은 관계성 차원을 보이나 상황적 요구에 적절하지 못한 경우로서, 비효과적인 지도성 유형이다.
- 선교자(missionary): 상황적 요구에 부적합한 높은 관계성 차원과 낮은 과업 차원을 행사하는 비효과적인 유형으로서, 오직 구성원들과의 조화에만 관심을 기울이는 적선가적인 행동을 한다.
- 전제자(autocrat): 상황적 요구에 부적절하게 높은 과업 차원과 낮은 관계성 차원을 지향하는 비효과적인 유형으로서, 구성원에 대한 신뢰성이

없으며 즐거운 작업분위기를 만들지 못하고 오직 당면한 과업에만 관심을 기울인다.

- 포기자(deserter): 상황적 요구에 어울리지 않게 낮은 관계성 차원과 낮은 과업 차원을 띠는 비효과적인 유형으로, 조직에 몰입하지 않고 수동적이며 부정적이다.

❸ 허쉬와 블랜차드의 상황적 리더십

허쉬와 블랜차드(P. Hersey & K. H. Blanchard, 1993)의 상황적 리더십에서는 모든 상황변인들도 중요하지만 부하들의 준비성 수준에 따른 리더의 행동을 더 중요시하고 있다. 이 이론에서는 리더십 행동을 과업행동과 관계성 행동이다.

■ 과업행동

과업행동(task behavior)은 리더가 집단의 구성원들의 역할을 조직화하고 그 역할들의 범위나 한계를 정하는 정도이다. 일반적으로 과업행동은 부하들에게 과업달성을 위한 지침을 제시할 때 필요하며, 리더는 구체적이고 명확하게 각 구성원이 수행해야 할 활동, 그 업무를 언제, 어디서, 어떻게 수행해야 하는지에 대해 설명하여 과업을 성취하려는 리더의 행동이다.

■ 관계성 행동

관계성 행동(relationship behavior)은 리더가 의사소통의 문을 개방하여 부하들과 원만한 의사소통을 하며, 부하들에게 친근하고 배려적이며 지원적으로 상호관계를 맺기 때문에 부하들의 과업수행에 대한 참여 동기와 자신감을 높여줄 수 있으며, 부하들 상호 간에 존중하고 협조적이므로 효과적인 과업활동을 하도록 도와주는 리더의 행동이다.

허쉬와 블랜차드는 그의 이론에서 상황변수로 구성원의 '성숙성(maturity)'을 추가시켰다. 성숙성이란 "달성가능한 목표의 설정능력과 정도로 기꺼이 책임을 맡으려는 자발성 그리고 교육 및 경험의 정도"라고 정의할 수 있다. 성숙성의 구성요소들은 성취동기, 책임감, 교육수준과 경험, 직무수행 등의 업무 성숙성과 심리적 성숙성 등이 포함된다.

허쉬와 블랜차드는 특정한 과업을 수행하는 능력과 그것을 수행하려는 의지를 결합시켜 부하의 성숙도를 가장 낮은 단계인 M_1에서부터 가장 높은 단계인 M_4로 나누었다. 첫째, 성숙도1(M_1)은 부하들이 직무를 수행할 수 있는 능력과 의지가 모두 낮은 상태로 자신감이 없는 매우 낮은 성숙상태이다. 둘째, 성숙도2(M_2)는 부하들이 의욕과 동기부여는 되어 있으나 일을 해나갈 능력이 부족한 상태이다. 셋째, 성숙도3(M_3)은 부하들의 업무수행 능력은 뛰어나지만 업무수행을 하고자 하는 의욕과 동기가 부족한 상태이다. 넷째, 성숙도4(M_4)는 부하들의 업무수행에 대한 능력과 의욕을 가지고 있으며, 책임감이 투철한 상태이다.

허쉬와 블랜차드는 부하직원의 이러한 성숙단계에 맞추어 효과적인 리더십 스타일을 제시하고 있다. 첫째, 지시적 지도성(telling leadership, S_1)은 부하의 성숙수준이 가장 낮은 상황(M_1)에서 리더가 역할을 정하고, 부하에게 과업수행에 관한 것을 지시하는 일방적 의사소통으로 리더의 지시적 행동이 강조된다. 둘째, 설득적 지도성(selling leadership, S_2)은 성숙수준이 M_2 상황에서 효과적인 리더십 스타일로, 리더는 지시적 행동과 지원적 행동을 모두 발휘하고, 과업수행과 원만한 인간관계에 노력을 기울여서 부하들과 원만한 의사소통을 통해 의사결정에 참여시켜 과업수행을 하는 지도성이다. 셋째, 참여적 지도성(participating leadership, S_3)은 성숙수준이 M_3 상황에서 효과적인 리더십 스타일로, 리더와 부하가 함께 의사결정에 참여하고, 리더의 역할은 업무를 촉진하고 의사소통을 촉진하는 일을 하는 지도성이다. 넷째, 위임적 지도성(delegating leadership, S_4)은 부하의 성숙수준이 가장 높은 상황(M_4)에서 효과적이며, 리더는 지시나 지원을 거의 하지 않고, 과업과 관련된 의사결정의 대부분을 부하에게 맡기며, 인간관계에 대해서도 별다른 노력을 기울이지 않는 지도성이다.

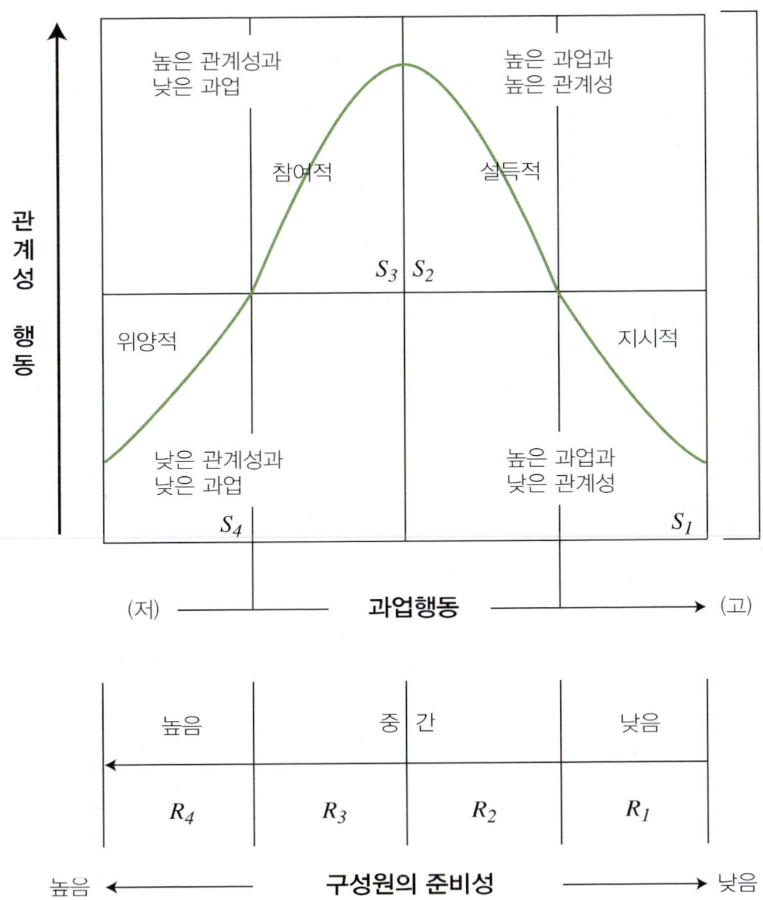

출처: Paul Hersey and Kenneth H. Blanchard, Management of Behavior, p. 208.

그림 9-5 지도성 상황모형

허쉬와 블랜차드는 실무관리자, 교사, 행정가들에게 실용적이고 쉽게 활용할 수 있는 리더십을 제공할 수 있다는 점에서 높이 평가되고 있지만, 실제의 작업상황에서 이론을 지지하는 실증적 연구가 부족하다는 지적도 받고 있다. 또한 부하의 성숙도가 후에 준비성으로 대체되었으나 그 개념이 명확하게 규정되어 있지 못하다는 비판도 받고 있다. 그러나 가장 결정적인 것은 그들이 제시한 상황적응론에 따라 행동한 리더가 높은 성과를 가져오며, 보다 나은 업무수행, 종업원의 만족을 가져온다는 증거를 제시하고 있지 못하다는 점이다. 그럼에도 불구하고 이 모형은 리더십의 효과가 상이한 부하들에 의해 신축적으로 다르게 나타날 수 있음을 알려주고 있다.

(4) 새로운 형태의 리더십이론

1980년대부터 가속화되기 시작한 기업환경의 격변으로 인해 안정적 환경을 전제로 정립되었던 전통적 리더십이론들이 비판을 받으며 새로운 리더십이론이 요구되었다. 산업사회가 지식사회로 이행됨에 따라 조직구성원들을 통제하는데서 벗어나 구성원들의 조직에 대한 전념이나 몰입을 유도하기 위한 리더십이 등장하게 되었다. 따라서 신조류 리더십에서는 리더가 변화를 효과적으로 이끌어 나가기 위한 집단 또는 조직이 궁극적으로 지향해야 할 바람직한 미래상을 창출하고 그것을 구성원에게 전달하여 비전(vision)의 성취에 전념하도록 하는 지도성이다. 신조류 리더십은 대부분 환경의 격변을 전제로 하고 변화를 주도하는 데 관련된 내용을 중점적으로 다룬다.

❶ 변혁적 리더십

변혁적 리더십(transformation leadership)은 조직의 노선과 문화를 변동시키려고 노력하는 변화추구적, 개혁적 리더십이다. 급진적 변화를 추구하며,

리더의 카리스마, 인간적 관계, 지적 자극, 신념, 상징적 활동, 효율적 관리 등이 어우러져 엮어내는 지도성이다.

1978년에 번즈(J. M. Burns)는 그의 저서 「Leadership」에서 새로운 지도성의 개념과 지금까지의 지도성을 거래적 지도성(transactional leadership)이라 하고, 새로운 개념의 지도성을 변혁적 지도성(transformational leadership)이라는 내용을 발표하였다(Burns, 1978). 그는 거래적 지도자는 구성원들의 노력과 봉사에 대한 보상을 그들에게 제공함으로써 그들을 동기화시키고, 개인적 권력에 근거하여 영향력을 행사하기보다는 관료적 권한에 바탕을 둔 영향력을 행사한다. 그리고 거래적 지도자가 주장하는 가치는 정직성, 공정성, 책임감, 호혜성 등에 국한된다. 그러나 변혁적 지도자는 높은 이상과 자신감의 소유자로서 새로운 비전을 제시하고 인간적 가치를 존중하는 솔선수범자로서 단순히 구성원들의 욕구나 목적을 충족시키려고 시도하는 것이 아니라 더 높은 수준으로 끌어올리려고 시도한다.

변혁적 지도자는 구성원이 자신에게 기대되는 것 이상의 성과를 달성하도록 동기를 유발시킨다. 그 방법은 다음과 같다. 첫째, 높은 생산성이나 능률성 등과 같은 결과의 중요성에 대한 구성원들의 의식수준을 높여준다. 둘째, 구성원들로 하여금 조직 전체의 이익을 위하여 그들의 개인적인 이해관계를 초월하도록 유도한다. 셋째, 구성원들의 상위수준 욕구인 도전감, 책임감, 성취 등의 성장욕구를 자극하고 충족시켜 준다.

이와 같은 세 가지 조건이 하나로 융합됨으로써 구성원들은 특정 결과에 더 많은 노력과 높은 조직 헌신성을 발휘하게 된다. 또한 변혁적 지도자는 구성원들에게 자신감을 심어줌으로써 높은 성과를 달성할 수 있다는 기대감을 상승시켜 주고, 이러한 것은 구성원들의 의식을 변화시켜 조직문화가 변화되고 특정 성과달성에 대한 의지가 더욱 확고해져서 기대 이상의 성과를 달성하게 된다는 것이다.

변혁적 지도성의 구성요인은 연구자에 따라 다양하게 제시되고 있다. 쿠

제즈와 포스너(J. M. Kouzes & B. J. Posner, 1987)는 변혁적 지도성 구성요인을 현실에 대한 도전, 비전제시 및 공유, 비전실천을 위한 여건 조성, 솔선수범, 비전구현, 격려 등으로 하였다. 김창걸의 연구(1999)에서는 비전제시, 선도적 추진성, 개인적 배려, 성과기대를 그리고 하위 변인으로 능력, 노력, 운명, 운을 제시하였다. 배스(B. M. Bass)는 변혁적 리더십을 발휘하는 리더는 부하가 자신에게 기대되는 것 이상의 성과를 달성하도록 동기를 유발시킨다고 보았다. 배스는 변혁적 리더십이 다음과 같은 세 가지 방식으로 부하가 보다 많은 노력을 기울이도록 만든다고 하였다. 첫째, 특정한 목표와 수단의 중요성에 대한 의식수준을 제고시킨다. 둘째, 부하로 하여금 집단이나 조직 전체의 이익을 위해 그들의 개인적인 이해관계를 초월하도록 유도한다. 셋째, 부하의 상위수준 욕구(예를 들면, 매슬로우의 존경이나 자아실현 욕구 등)를 자극하고 충족시킨다. 이러한 세 가지 요소가 융합됨으로써 부하가 특정한 결과(더 많은 노력, 높은 조직 전념도 등)에 부여하는 가치가 상승된다. 배스가 제시하는 변혁적 지도성 구성요인은 카리스마, 영감, 지적 자극, 개별적 배려 등이다(Bass, 1990).

① 카리스마: 카리스마(charisma)는 리더가 부하들에 대한 높은 기대감을 갖고 비전과 사명감 및 긍지를 심어주며 신뢰감과 존경을 확보한다. 부하들은 리더가 추진하는 일에 대한 강력한 지지와 몰입, 리더와 자신을 동일시하려는 경향이 있다.

② 영감: 영감(inspiration)은 부하에게 비전을 제시하고 신바람을 일으키며, 격려를 통하여 그들의 과업에 헌신하도록 만드는 지도성 요인이다.

③ 지적 자극: 지적 자극(intellectual stimulation)은 리더가 새로운 아이디어를 제시함으로써 부하들에게 도전감을 느끼게 하여 문제점을 새로운 방식으로 보도록 자극한다. 부하들은 문제해결을 위한 새로운 방법으로 구안하고 비판적으로 사고하며 창조하는 방법을 생각하도록 하는 것이다.

④ 개별적 배려: 개별적 배려(individual consideration)는 리더가 부하의 욕구에 개인적인 관심을 보이고 부하를 신뢰하고 존중하며 책임감을 고취시킴으로써 부하들이 개인적 욕구를 스스로 확인하게 만들고, 보다 높은 차원의 욕구를 가질 수 있도록 하는 것이다.

❷ 카리스마적 리더십

카리스마적 리더십(charisma leadership)이란 카리스마적 권위에 기초하는 리더십으로 영감적 리더십(inspirational leadership)이라고도 한다. 베버(M. Weber)에 의해 처음 사용된 것으로서 그 후 하우스(R. J. House)에 의해서 카리스마적 리더십이론이 주창되었고, 그 후 배스(Bass)에 의해 정립된 개념이다.

베버는 카리스마적 리더십을 부하의 리더에 의한 지각(perception)이라고 보고, 리더가 남들이 갖고 있지 못한 천부적 특성을 가지고 있다고 부하들이 느끼게 될 때, 리더는 카리스마적 리더십을 발휘할 수 있게 된다고 하였다. 즉, 리더가 갖는 어떤 특성을 실제보다 큰 것처럼 느끼게 됨으로써 추종자들은 리더로 믿고 따르게 된다는 것이다.

카리스마적 권위는 규칙, 직위가 아니라 지도자의 예외적인 자질에서 정당성을 얻는다. 따라서 카리스마를 소유한 사람은 보통 사람과 구별되며 초자연적이고 초인간적인 능력을 갖거나 적어도 예외적인 권력과 자질을 가진 것으로 취급된다. 그러므로 카리스마적 지도자의 구성원들은 지도자를 초인적 능력을 소유한 사람으로 지각하고 이러한 지도자의 명령, 지시 및 영향 등을 무조건적으로 받아들인다(Szilagyi & Wallace, 1996). 다시 말해서 카리스마적 권위란 지도자의 모범적 성격, 예외적 신성성, 영웅적 자질을 바탕으로 한 헌신에 권위를 둔 것으로, 카리스마적 지도자는 위기에서 사람을 구원할 수 있는 해결책을 지닌 신비롭고 자아도취적이며 사람을 끌어들이는 흡인력을 지닌 사람으로 지각하고, 구성원들이 이와 같은 지도자의 특별한 속성을 목격하고 그에게 초자연적이고 초인간적인 능력이 있다고 인정하면 카리스마 현상이 발현된다는 것이다(Bryman, 1992).

콩거와 카눙고(J. A. Conger & R. Kanungo, 1987)는 카리스마적 리더십 귀인이론(attributional theory of charisma leadership)을 제시하였다. 카리스마는 하나의 귀속현상이라는 가정에 근거하여 추종자가 리더에게 어떤 카리스마적 자질을 귀속시키는 것은 리더의 행동과 기술 및 상황의 측면 등이 합쳐져 결정된다는 것이다. 이때 추종자의 리더에 대한 카리스마의 귀속은 몇 가지 리더의 행동유형에 달려 있다고 보았다. 리더의 행동과 특성은 변혁적인 비전제시, 혁신적인 전략사용, 자기희생과 개인적 모험심, 신뢰감의 표현, 자신감의 전달, 설득적 호소력 사용, 상황의 정확한 평가 등이고, 영향력 과정은 일체감의 형성, 긴급상황의 창출, 카리스마의 내면화 등으로 보았다.

하우스(R. J. House, 1977)는 카리스마적 리더가 가지는 특성으로 권력에 대한 강한 욕구, 강한 자신감, 자신의 믿음에 대한 강한 신념을 들고 있으며, 이것은 리더의 감정적 호소력, 의사소통능력, 설득력의 소유를 뜻하고, 부하들의 동기의식과 목표추구 강도를 증대시키는 요인이라고 하였다. 카리스마적 리더는 추종자들에게 심오하고 비상한 영향을 준다는 것이다. 즉, 추종자들이 리더의 신념을 옳다고 지각하게 되면 그들은 스스로 리더에게 복종하고 리더에게 애착을 느껴 정서적으로 집단의 사명을 포용하고, 더 높은 성취목표를 세우며 그들은 성공적으로 사명을 완수하는 데 공헌할 수 있다고 믿는다. 하우스가 제시하는 카리스마적 리더십의 특성은 다음과 같다.

① 카리스마적 리더는 강력한 권력욕구, 고도의 자신감, 자신의 신념과 이상에 대한 강한 확신을 가지고 있다. 강력한 권력욕구는 구성원들에게 영향을 미치려는 동기를 유발하고 자신감과 확신은 구성원들로 하여금 리더의 판단을 신뢰하도록 한다.

② 카리스마적 리더는 자신이 유능하고 성공적인 리더라는 인상을 구성원들에게 심어주려고 계획된 행동을 한다. 이러한 인상관리는 리더의 결정과정에 대한 구성원들의 신뢰를 진작시키고 그들의 복종의지를 높여준다.

③ 카리스마적 리더는 구성원들이 모방할 수 있는 모범적인 행태를 정할 수 있다. 이런 역할 모델링(role modeling)은 단순한 리더의 형태 모방에 그치지 않고 그 이상의 의미가 포함되어 있다. 만일 구성원들이 리더를 찬양하고 일체감을 갖는다면 리더의 신념과 가치를 모방하게 된다.

④ 카리스마적 리더는 구성원들이 공유하고 있는 뿌리 깊은 가치, 이상, 열망 등과 집단의 사명에 관련된 이념의 목표를 구체화한다. 카리스마적 리더는 미래가 어떠할 것인가에 대한 호소력 있는 비전을 제시함으로써 집단 과업을 보다 의미 있게 하고 구성원들의 열정과 흥분을 불러일으킨다.

⑤ 카리스마적 리더는 구성원의 성과에 대해서 높은 기대를 전달하는 동시에 구성원에 대한 신뢰를 나타낸다. 강한 준거적 권력(referent power)을 가진 리더는 구성원들로 하여금 높은 성과목표를 설정하게 하고 이러한 목표달성에 헌신하도록 유도한다.
훌륭한 리더의 신뢰표현은 구성원들의 자긍심과 성공에 대한 신뢰를 높일 수 있다.

⑥ 카리스마적 리더는 집단의 사명과 유관한 동기를 유발하는 방법으로 행동한다. 성취동기의 유발은 창의력, 계산된 위험부담, 개인적 책임감, 꾸준한 노력 등을 요구하는 복잡하고 도전적인 과업에 필요하다. 권력동기의 유발은 구성원들의 경쟁, 설득, 공격 등을 필요로 하는 과업들과 유관하다. 귀속동기의 유발은 구성원들 간의 협력, 팀워크, 상호지원 등을 요구하는 과업과 유사하다.

❸ 수퍼리더십

맨즈와 심스(C. C. Manz & H. P. Sims, 1991)가 제안한 수퍼리더십(Super Leadership)이란 "리더가 구성원들 스스로 판단하고 행동하며 그 결과도 책임을 지는 자율적 리더를 만드는 리더십"이라고 했다. 따라서 수퍼리더십은 자율적 리더십(seif-Leadership)이다. 자율적 리더십은 구성원들이 업무수행에 필요한 자율적 동기와 지시를 성취하기 위해 자신에게 행사하는 영향력이다. 즉, 자기 스스로 자신을 리드하는 리더십을 의미한다. 수퍼리더십에서 리더의 부하에 대한 영향은 뚜렷한 목표와 비전의 설정과 건설적인 제안과 변화의 촉진, 부하들의 자아개념의 촉진, 부하들에게 권한을 위임하고, 이에 따른 효과는 부하들의 독자적 판단능력과 업무수행능력의 향상, 개인적 이익을 넘어서는 집단과 조직에 대한 기여이며, 개인능력의 자발적인 개발, 높은 도덕적 기준의 달성이 된다. 자율리더십을 촉진하는 데는 효과적인 행동에 초점을 두는 행태중심전략(behavior focused strategies)과 효과적인 사고와 감성을 중시하는 인지중심전략(cognitive focused strategies)이 있다(Manz와 Sims Jr., 1991). 첫째, 행태중심전략에는 자신이 변화시키기로 계획한 특정한 행동을 관찰하고 그것에 관한 정보를 수집하는 자기관찰(self-observation), 자신의 업무노력을 위한 목표를 설정하는 자발적인 목표설정(self-set goal), 바람직하다고 생각되는 개인적 행동을 촉발할 수 있도록 근무환경에서 얻는 다양한 단서들을 활용하는 단서의 관리(management of cues), 업무를 실제로 수행하기 전에 육체적 또는 정신적으로 업무활동을 연습하는 연습(rehearsal), 바람직한 행동을 완수했을 때 개인적으로 가치 있는 보상을 자신에게 제공하는 자기보상(self-reward), 바람직하지 않은 방식의 행태에 대해 자신에게 제재를 가하는 자기처벌 및 비판(self-punishment and criticism) 등이 있다. 둘째, 인지중심전략에는 자신의 업무에 내재적 보상수준을 증가시키기 위하여 업무를 자율적으로 재설계하는 과업의 내재적 보상 확립, 의식적으로 자신의 업무에서 얻을 수 있는 내재적 보상의 측면을 주로 생각하는 내재적 보상에 초점, 건설적이고 효과적인 사고방식과 습관을 확립하는 효과적인 사고방식의 확립 등이 있다. 이를 위해서 자신의 신념과 가정·정신적 상상·내적인 독백 등을 관리한다.

맨즈와 심스는 지도성 유형을 강력한 지도자(strong man), 계약지도자(transactor), 비전지도자(visionary hero), 수퍼지도자(super leader)로 설명하고 있다.

① 강력한 지도자: 강력한 지도자(strong man)는 합법적·강제적·신체적 권력을 기초로 조직 내에서 자기중심적으로 행동하는 리더이다. 이러한 리더는 전문성과는 무관하며 군대조직에 많이 있다.

② 계약지도자: 계약지도자(transactor)는 구성원과 조직의 계약에 의해 조직목표를 성취하기 때문에 구성원의 노력의 대가에 대한 조직의 보상이라는 유인－공헌(inducement-contribution)의 관계를 이끌어 나가는 것을 리더십으로 본다. 이 리더십은 하향적이며 목표의 성취와 보상의 분배에 대하여 리더가 직접 관여한다.

③ 비전지도자: 비전지도자(visionary hero)는 카리스마·영감·비전 등을 동원하여 구성원들에게 리더십을 행사한다. 특히 비전을 창출하고 그것을 조직구성원 전체에 일치하도록 전략을 수립하여 구성원에게 영향을 준다. 따라서 이 리더십의 구성원들은 지나치게 리더에게 의존하는 경향이 있다.

④ 수퍼지도자: 수퍼지도자(super leader)는 구성원들이 스스로 리더십을 발휘하도록 하는 기술이다. 수퍼리더는 구성원들을 자율적 리더로 양성하고 그들의 자기 확신감을 강조하며, 구성원들에게 자율관리의 모델로서 행동한다.

2 평생교육지도자

평생교육지도자는 평생교육과 관련된 기관이나 시설에서 교육목표를 설정하고 학습자의 학습활동을 촉진, 지원, 안내하며 그와 관련된 환경을 조성해 주는 사람이다. 평생교육지도자는 학습자 스스로 자기개선을 위해 노력할 수 있도록 상호작용의 장을 마련해 주고, 학습자들의 학습활동을 안내하고, 도와주고, 촉진하여 학습동기를 유발시키며 생활과 관련된 행동양식을 습득하도록 하는 것이다.

1) 평생교육지도자의 역할

평생교육지도자의 역할과 자질은 다양하게 요구된다. 평생교육지도자의 역할은 성인들의 학습전개과정에 있어서 교사중심보다는 학습자중심의 교육활동이 이루어질 수 있도록 학습환경 및 분위기를 조성하여 그들의 학습목표에 도달할 수 있도록 도와주어야 한다. 또한 문제해결과정에 있어서는 여러 가지 대안이나 유익한 정보 및 자료들을 제공해 줄 수 있어야 하며, 성인학습자들의 욕구나 필요를 충족시켜 주면서 그들에게 흥미유발이나 지속적인 학습참여 및 동기유발을 위하여 학습상황에 따른 의미 있는 적절한 경험들을 제공해 주는 역할을 수행해야 할 것이다. 성인학습지도자의 역할은 학습자가 요구하는 지식과 기능 및 정보를 수집하고 체계적으로 정리하여 적시에 제공해주는 역할을 담당하는 학습촉진자, 정보제공자, 학습격려자, 상담 및 조언자로서의 역할을 통합적으로 수행하여야 한다.

성인학습지도자의 역할에 대해 크랜톤(Cranton, 1992)은 전문가(Expert), 계획자(Planner), 교수자(Instructor), 조력자(Faciltator), 자원인사(Resource Person), 관리자(Manager), 모델(Model), 멘토(Mentor), 협력학습자(Co-Learner), 개혁가(Reformer),

반성적 실천가(Reflective Practioner) 그리고 연구자(Researcher)의 역할 등 12가지로 분류하였다. 로저스(Rogers, 1998)는 집단의 리더 역할, 교수자의 역할, 집단의 구성원 역할, 청중의 역할 등 4가지로 분류하였으며, 브룩필드(Brookfield, 1988)는 교수 역할, 프로그램개발 역할, 인적자원개발 역할, 지역사회교육의 역할 등 4가지로 분류하였다.

첫째, 교수 역할이다. 브룩필드(1987)는 교사의 포괄적인 역할에서 교수활동에 대한 몇 가지 대안적인 개념들로 구분하는데, 즉 예술가로서의 교사, 촉진자로서의 교사, 비판적 분석가로서의 교사의 역할이다. 예술가로서의 교사는 사람들과 특정 상황에 대해 창조적·즉흥적인 반응을 유도해 낸다. 예술가로서의 개념에 있어서는 창의성, 혁신, 민감성 등의 특성이 중요하다(Lenz, 1982). 촉진자로서의 교사는 학습자를 존중하며 학습자와의 관계에서 공감하고 지지하는 역할이다. 비판적 분석가로서의 교사는 학습자들의 잘못된 신념이나 사고, 행동 등에 대해 대안을 제시하고, 합리적인 사고, 신념 및 행동을 할 수 있도록 안내하고 깨닫게 한다.

둘째, 프로그램개발 역할이다. 평생교육지도자는 프로그램개발자로서 프로그램의 기획, 요구분석, 목표설정, 교육내용 선정, 인적·물적자원 배분, 홍보 전략, 평가 등의 일련의 활동을 수행한다.

셋째, 인적자원개발의 역할이다. 인적자원개발자의 역할은 세 가지로 구분된다. ① 수업, 커리큘럼 개발, 자료개발, 방법설계, ② 개인연수 관리, 지역사회 관계개선, 예산배정에 참여한 행정가, ③ 조직형태를 변화시키고 다른 사람들이 학습하도록 자극하며, 유행되지 않거나 알려지지 않은 관점을 지지하는 데 참여한 자문가(consultant)가 되는 것이다.

넷째, 지역사회교육의 역할이다. 미국의 성인교육자들은 지역사회교육의 역할에 대해 강조한다. 지역사회를 학습의 공간으로 간주하고 지역에 위치하고 있는 성인학습기관들이 지역주민의 학습욕구를 만족시키며, 학습에서 소외되었던 학습자들에 대한 문제를 지역사회에서 해결하고자 한다. 그리고 지역사회 발전을 위한 정책수립과 지역문제를 해결하는데 지역주민들의 합의된 의견이 도출될 수 있도록 성인학습자의 역할이 중요하다.

2) 평생교육지도자의 자질

평생교육지도자의 개인적 특성은 건강, 정력, 적응력, 주도력, 성실감, 낙관적 기질, 협동심이 타인보다 우수해야 한다. 그리고 평생교육지도자는 학습내용이나 교육과정에 대한 전문적인 지식이 있어야 하고, 학습자를 지도할 수 있는 교수자, 촉진자, 관리자의 자질이 있어야 한다. 따라서 평생교육지도자의 자질은 첫째, 건강하고 정력적이며, 적응력과 주도성을 갖추어야 한다. 둘째, 학습내용과 교육과정에 대한 전문적인 지식을 갖춘 교수자여야 한다. 셋째, 학습자의 과제나 요구를 신속하게 파악해야 한다. 넷째, 학습내용을 계획하고 전개하는 능력을 갖추어야 한다. 다섯째, 집단과정을 민주적인 지도력을 갖고 잘 이끌어갈 수 있어야 한다. 여섯째, 변화와 혁신을 촉진하는 발전지향적인 선도적 지도자여야 한다. 일곱째, 교육에서나 기관운영에서 인간관계를 원만하게 할 수 있는 자라야 한다(가영희 외, 2007).

평생교육지도자의 자질에 대해 그라보스키(S. Grabowski, 1976)는 ① 성인학습자의 학습동기와 참여유형에 대한 이해, ② 성인의 학습욕구에 대한 이해, ③ 성인학습의 이론과 실천에 대한 숙달, ④ 지역사회 욕구에 대한 인식, ⑤ 다양한 교수방법론에 대한 숙달, ⑥ 의사소통 능력 및 경청능력, ⑦ 교육자료 활용능력, ⑧ 개방성의 8가지로 분류하였다. 놀스(M. S. Knowles, 1980)는 평생교육자의 자질을 학습의 촉진자, 프로그램개발자, 행정가로 보았다.

성인학습지도자의 자질에 대한 놀스의 견해는 다음과 같다.

첫째, 학습촉진자로서의 자질이다. 평생교육자는 성인학습의 개념 및 이론 틀에 관한 능력과 학습경험의 설계 및 집행에 관한 능력, 학습자들이 자기주도적이 되는데 도움을 주는 것과 관련된 능력을 갖추고 학습자의 학습을 촉진시킬 수 있어야 한다.

둘째, 프로그램개발자로서의 자질이다. 즉, 프로그램을 기획하고 프로그램의 전 과정을 설계할 수 있는 능력이다. 평생교육자는 고객이나 학습자를 기획과정에 적절히 참여시키고 다양한 상황(직업교육, 문해교육, 기초기술교육, 연수교육 등)에서 학습자들의 욕구를 충족시키기 위한 다양한 프로그램을 개발할 수 있으며, 기관의 책무성 요건을 충족시키고 프로그램 평가를 분석하여 프로그램 개선을 할 수 있는 능력을 갖추어야 한다.

셋째, 행정가로서의 자질이다. 조직의 발전 및 유지를 시키기 위해 조직형태나 운영 및 개선에 관한 이론과 연구결과를 기술하고 적용하는 능력, 조직의 사명에 맞도록 정책을 입안하고 조직의 효율성을 평가하며 지속적인 발전을 유지시키는 능력, 직원에 대한 업무수행을 평가하고 격려하는 능력, 프로그램의 실행자로서 예산된 범위 내에서 재정적인 계획을 세우고 홍보전략을 적절하게 설계하여 활용하는 능력 등을 갖추어야 한다.

3 평생교육사

평생교육법에 의하면 평생교육현장의 효율성과 전문성을 강화하기 위하여 평생교육사 자격제도가 규정되어 있다. 이는 실제 현장의 평생교육의 기획, 운영, 평가 등을 담당하는 전문인력의 양성과 배치, 연수체제를 기반으로 한 국가자격이다. 즉, 평생교육 직업현장에서 평생교육 담당자라는 특정직무 수행능력을 보장해주고 있는 제도이다.

1982년 사회교육법이 제정·공포되고, 1983년 사회교육법 시행령이 제정되면서 대학을 중심으로 사회교육전문요원을 양성하기 시작하였다. 2000년 평생교육법이 제정되면서 사회교육전문요원은 평생교육사로 그 명칭이 변경되어 양성되고 있다. 평생교육사 양성은 평생교육법 제24조(대학)나 제25조(양성기관)에 따라 이원화되어 평생교육 관련 과목을 일정 학점 이상 이수한 자에게 평생교육사 자격을 부여하도록 되어 있다.

제24조(평생교육사)

① 교육부장관은 평생교육 전문인력을 양성하기 위하여 다음 각 호의 어느 하나에 해당하는 자에게 평생교육사의 자격을 부여한다. 〈개정 2008.2.29〉

1. 고등교육법 제2조의 규정에 의한 학교(이하 "대학"이라 한다) 또는 이와 동등 이상의 학력이 있다고 인정되는 기관에서 교육부령으로 정하는 평생교육 관련 교과목을 일정 학점 이상 이수하고 학위를 취득한 자.
2. 「학점인정 등에 관한 법률」 제3조 1항에 따라 평가인정을 받은 학습과정을 운영하는 교육훈련기관(이하 "학점은행기관"이라 한다)에서 교육부령으로 정하는 평생교육 관련 교과목을 일정 학점 이상 이수하고 학위를 취득한 자.
3. 대학을 졸업한 자 또는 이와 동등 이상의 학력이 있다고 인정되는 자로서 대학 또는 이와 동등 이상의 학력이 있다고 인정되는 기관, 제25조에 따른 평생교육사 양성기관, 학점은행기관에서 교육부령으로 정하는 평생교육 관련 교과목을 일정 학점 이상 이수하고 학위를 취득한 자.
4. 그 밖에 대통령령으로 정하는 자격요건을 갖춘 자.

② 평생교육사는 평생교육의 기획·진행·분석·평가 및 교수업무를 수행한다.

③ 제24조의 2, 제28조 제2항의 1호－5호까지 각 호의 어느 하나에 해당하는 자는 평생교육사가 될 수 없다.

④ 평생교육사의 등급, 직무범위, 이수과정, 연수 및 자격증 교부절차 등에 필요한 사항은 대통령령으로 정한다.

제28조(평생교육기관의 설치자)

① 평생교육기관의 설치자는 다양한 평생교육프로그램을 실시하여 지역주민을 위한 평생교육에 기여하여야 한다.

② 다음 각 호의 어느 하나에 해당하는 자는 평생교육기관의 설치자가 될 수 없다.

1. 피성년후견인 또는 피한정후견인
2. 금고 이상의 실형을 선고받고 그 집행이 종료(집행이 종료된 것으로 보는 경우를 포함)되거나 집행이 면제된 날부터 3년이 경과되지 아니한 자

3. 금고 이상의 형의 집행유예를 선고받고 그 유예기간 중에 있는 자
4. 법원의 판결 또는 다른 법률에 따라 자격이 정지 또는 상실된 자
5. 제42조에 따라 인가 또는 등록이 취소되거나 평생교육과정이 폐쇄된 후 3년이 경과되지 아니한 자
6. 임원 중 제1호부터 제5호까지의 어느 하나에 해당하는 자가 있는 법인

제25조(평생교육사 양성기관)

① 교육부장관은 평생교육사의 양성 및 연수에 필요한 시설·교육과정·교원 등을 고려하여 대통령령으로 정하는 바에 따라 평생교육기관을 평생교육사 양성기관으로 지정할 수 있다.〈개정 2008.2.29., 2013.3.23〉

평생교육사 양성과정은 평생교육법 제24조(평생교육사)에서 보면 교육부장관은 고등교육법 제2조의 규정에 의해 학교(대학)에서 평생교육 관련 과목을 일정 학점 이상 이수한 자 또는 제25조의 규정에 의한 일정한 자격과 기준을 갖춘 평생교육사 양성기관에서 소정의 과정을 이수한 자에게 평생교육사 자격을 부여하는 제도이다. 따라서 평생교육사 자격을 취득하는 방법은 대학, 대학원 혹은 전문대학에서의 신규 인력의 양성과 현장 재직자를 위한 양성과정의 두 가지 방식으로 양성이 추진되고 있다.

평생교육의 양적 확대와 함께 평생교육을 담당하는 실무자들이 평생교육에 대한 아무런 인식이나 자격 없이 근무함으로써 발생하는 전문성의 문제와 양성기관의 부재로 인한 현직 종사자들을 위한 자격취득 통로문제를 제기하였다. 이러한 문제를 해결하기 위해 대학의 평생교육과정과 함께 교육부장관이 평생교육사의 양성 및 연수를 위하여 대통령령이 정하는 바에 따라 평생교육단체 또는 평생교육시설을 평생교육사 양성기관으로 지정할 수 있다고 규정하고 있다(성낙돈 외, 2009).

평생교육법시행령 제21조(평생교육사 양성기관의 지정)에서 이를 구체화하여 ① 법 제25조에 따른 평생교육사 양성기관으로 기능을 대행하는 법인 또는

단체, ② 법 제30조 제2항에 따른 부설 평생교육원, ③ 공무원교육훈련법에 따른 공무원교육훈련기관, ④ 교육공무원법에 따른 연수기관, ⑤ 특별법 또는 정부출현으로 설립된 연수 및 교육훈련기관 등으로 그 대상을 다양화하고 있다.

교육부령이 정하는 평생교육 관련 과목들은 크게 필수과목과 선택과목으로 분류된다. 평생교육사 양성과목은 표 9-2와 같다.

표 9-2 평생교육사 양성과목

과정	구분	과목명
양성 과정	필수	평생교육론, 평생교육방법론, 평생교육경영론, 평생교육프로그램개발론
		평생교육실습(4주간)
	선택	아동교육론, 청소년교육론, 여성교육론, 노인교육론, 시민교육론, 문자해득교육론, 특수교육론, 성인학습 및 상담(1과목 이상 선택하여야 함)
		교육사회학, 교육공학, 교육복지론, 지역사회교육론, 문화예술교육론, 인적자원개발론, 직업·진로설계, 원격(이러닝, 사이버)교육론, 기업교육론, 환경교육론, 교수설계, 교육조사방법론, 상담심리학(1과목 이상 선택하여야 함)

비고

1. 양성과정의 과목 명칭이 동일하지 아니하더라도 교과의 내용이 동일하다는 평생교육진흥원장의 승인을 받을 경우 동일과목으로 본다.
2. 필수과목은 평생교육실습을 포함하여 15학점 이상을 이수하여야 한다.
3. 과목당 학점은 3학점으로 하고, 성적은 각 과목을 100점 만점으로 하여 평균 80점이 이상이어야 하며, 평생교육실습 과목은 「평생교육법시행령」 제69조 제2항에 따라 문자해득교육프로그램으로 지정받은 기관, 「평생교육법」 제19조부터 제21조까지의 규정에 해당하는 평생교육기관에서의 4주간 현장실습을 포함한 수업과정으로 구성한다.

출처: 평생교육법 시행규칙 [별표 1]

평생교육법에 의하면 교육부장관은 고등교육법 제2조의 규정에 의한 학교에서 평생교육법 제2조의 규정에 의한 학교에서 평생교육 관련 과목을 일정 학점 이상 이수한 자 또는 제25조의 규정에 의한 평생교육사 양성기관에서 필요한 과정을 이수한 자에게는 평생교육사 자격을 부여한다고 규정하고 있다. 평생교육사의 등급별 자격요건은 2008년 개정에 의하여 기존의 평생교육사 자격 요건과 다소 변경이 있었다. 이러한 평생교육사의 등급별 자격요건을 살펴보면 표 9-3과 같다.

표 9-3 평생교육사의 등급별 자격요건(평생교육법시행령 제16조 제2항 관련)

등급	자격기준
평생교육사 1급	평생교육사 2급 자격증을 취득한 후, 교육부장관이 정하는 평생교육과 관련된 업무(이하: "관련업무"라 한다)에 5년 이상 종사한 경력이 있는 자로서 진흥원장이 운영하는 평생교육사 1급 승급 과정을 이수한 자
평생교육사 2급	1. 「고등교육법」 제29조 및 제30조에 따른 대학원에서 교육부령으로 정하는 평생교육과 관련된 과목(이하 "관련 과목"이라 한다) 중 필수과목을 15학점 이상 이수하고 석사 또는 박사 학위를 취득한 자. 다만, 「고등교육법」 제2조에 따른 학교(이하 "대학"이라 한다)에서 필수과목을 이수한 경우에는 선택과목으로 필수과목 학점을 대처할 수 있다. 2. 대학, 원격대학형태의 평생교육시설 또는 사내대학에서 관련 과목을 30학점 이상 이수하고 졸업한 자 3. 대학, 원격대학형태의 평생교육시설 또는 사내대학을 졸업한 자로서 다음 각 목의 어느 하나에 해당하는 기관에서 관련 과목을 30학점 이상 이수한 자 가. 대학, 원격대학형태의 평생교육시설 또는 사내대학 나. 법 제25조 제1항에 따른 평생교육사 양성기관(이하 "지정양성기관"이라 한다) 다. 「학점인정 등에 관한 법률」에 따라 평가인정을 받은 학습과정을 운영하는 교육훈련기관 4. 평생교육사 3급 자격증을 보유하고 관련 업무에 3년 이상 종사한 경력이 있는 자로서 진흥원장이나 지정양성기관이 운영하는 평생교육사 2급 승급과정을 이수한 자
평생교육사 3급	1. 대학, 원격대학형태의 평생교육시설 또는 사내대학에서 관련 과목을 21학점 이상 이수하고 졸업한 자 2. 대학, 원격대학형태의 평생교육시설 또는 사내대학을 졸업한 자로서 다음 각 목의 어느 하나에 해당하는 기관에서 관련 과목을 21학점 이상 이수한 자 가. 대학, 원격대학형태의 평생교육시설 또는 사내대학 나. 지정양성기관 다. 「학점인정 등에 관한 법률」에 따라 평가인정을 받은 학습과정을 운영하는 교육훈련기관 3. 관련 업무에 2년 이상 종사한 경력이 있는 자로서 진흥원장이나 지정양성기관이 운영하는 평생교육사 3급 양성과정을 이수한 자 4. 관련 업무에 1년 이상 종사한 경력이 있는 공무원 및 「초·중등교육법」 제2조 제2호부터 제6호까지 또는 학력인정 평생교육시설의 교원으로서 진흥원장이나 지정양성기관이 운영하는 평생교육사 3급 양성과정을 이수한 자

평생교육법에 의하면 평생교육기관이나 시설에서는 평생교육사를 배치하여야 한다. 평생교육사 배치기준은 첫째, 단순노무에 종사하는 자를 제외한 종사자가 10명 이상이고 동시에 300명 이상의 학습자를 교습할 수 있는

시설과 설비를 갖춘 평생교육단체 및 평생교육시설, 둘째, 연간 교육인원이 3,000명 이상인 평생교육단체 및 평생교육시설로 되어 있다. 그리고 평생교육사 양성 및 연수기관으로 지정대상기관과 국가 및 지방자치단체, 평생학습관, 기타 공공기관의 평생교육전담기관에는 평생교육사 배치를 적극적으로 권장하고 있다.

평생교육사 배치와 채용에 관한 평생교육법을 살펴보면 다음과 같다.

제26조(평생교육사의 배치 및 채용)

① 평생교육기관에는 제24조 제1항에 따른 평생교육사를 배치하여야 한다.
② 「유아교육법」, 「초·중등교육법」 및 「고등교육법」에 따른 유치원 및 학교의 장은 평생교육프로그램을 운영함에 있어서 필요한 경우에 평생교육사를 채용할 수 있다.
③ 제20조에 따른 시·도 평생교육진흥원 및 제21조에 따른 시·군·구 평생학습관에 평생교육사를 배치하여야 한다.
④ 제1항부터 제3항까지의 규정에 따른 평생교육사의 배치대상기관 및 배치기준은 대통령령으로 정한다.

제27조 (평생교육사 채용에 대한 경비보조)

국가 및 지방자치단체는 제26조 제2항에 따른 운영 및 평생교육사 채용에 사용되는 경비 등을 보조할 수 있다.

CHAPTER 10

평생교육기관 조직관리론

1. 인적자원
2. 평생교육기관의 인적자원개발
3. 인적자원개발의 패러다임

인적자원이란 물적자원과 대비되어 사용되는 공식적인 용어로서 '사람의 노동력을 다른 물자와 똑같이 사회가 가지는 자원의 하나로 보고 사용하는 말'로 정의되어 있다. 이 정의에서 나타나는 것은 사람 자체에 대한 관심보다는 사람의 노동력에 관심을 갖고 있다고 볼 수 있다. '인적자원'이라는 용어는 자원에는 여러 가지가 있는데 그중에서 인적인 자원을 지칭하며, 중심이 되는 말도 자원이지 인간이 아니라는 점이다. 사람을 중시한다는 관점에서는 인적자원이라는 개념보다는 인간자원이라는 개념이 타당하다고 보는 학자도 있지만, 인적자원이라는 용어는 인력이라는 뜻뿐만 아니라 사람이 중요하다는 포괄적인 의미로 현실적으로 널리 쓰이는 용어이다.

1 인적자원

인적자원(human resource)은 인간을 자원으로 보는 개념이다. 이 용어가 처음으로 사용된 것은 제2차 세계대전 이후지만, 인적자원의 중요성이 처음으로 부각된 것은 1944년 제26차 ILO(국제노동기구) 총회에서이다. 이 총회에서는 노동과 인적자원의 중요성을 강조하면서 노동은 상품이 아님을 천명하였다. ILO 총회 이후 미국의 루스벨트 대통령은 물적자원의 발굴 못지않게 인적자원의 보존(conservation of human resources)을 강조하였는데, 여기서 인적자원이라는 용어가 처음으로 사용되었다.

인적자원이란 국민 개개인·사회 및 국가의 발전에 필요한 지식·기술·태도 등 인간이 지니는 능력과 품성을 말하며, 구체적으로 이러한 지식·기술, 도덕적 품성 등을 갖춘 사람을 뜻하기도 한다. 이는 사람 개개인에 체계화되어 있는 가치 있는 지식, 기능, 태도 등 인적요소의 종합으로써 저량(stock) 개념으로 파악된다. OECD에서는 인적자원을 개인에게 통합 또는 체계화되어 개인적·사회적·경제적 복지 창출을 촉진하는 지식, 기술, 능력 및 속성으로 정의하고 있다. 인적자원은 사람 개개인뿐만 아니라 그 사람들로 구성된 조직 속에 체계화되고 발전될 수 있다.

자원은 특정한 조직이 소유 혹은 통제하고 있는 이용가능한 요소의 저량(stock)이며, 자원이 자원으로서 인정받기 위해서는 가치성과 대체 불가능성이라는 속성을 만족시켜야 한다. 가치성은 자원이 효용가치가 있고 사용가치가 있는 상태를 말한다. 대체 불가능성은 특정한 자원이 다른 자원에 의해 쉽게 대체되지 않음으로써 희소성이 커지고 자원으로서의 가치가 높아지는 것을 의미한다. 인적자원 역시 자원이 갖는 이와 같은 속성을 가지고 있어야 자원으로서 인정받을 수 있다. 물적자원이나 재정자원 중심이던 조직 내 자원에 대한 시각을 인간의 자원적 가치, 즉 인적자원을 중심으로 전환시켰다는 데에 인적자원 개념이 가지는 의의가 있다.

인적자원의 가치는 인적자원을 보유한 사람의 외적인 조건이나 배경에 의해서 보장되는 것이 아니라 실제로 그가 무엇을 할 수 있는가와 같은 내적인 능력에 의해서 좌우된다. 이런 점을 반영하여 최근에는 역량을 강조하는 경향이 강하게 나타나고 있다. 역량(competency)이란 막연한 심리적 능력이 아니라 실제로 일을 하는 장면에서 무엇인가를 할 줄 아는 능력, 즉 실행능력을 의미한다. 그런 점에서 업무수행 역량은 현업에서 일을 하면서 체득된 암묵지나 노하우(know-how)에 의해 좌우되는 부분이 많다. 역량은 미래의 가치가 예상되는 추상적 자원이 아니라 지금 현재 가치가 살아 있는 구체적인 지식이므로 이의 활용과 관리는 중요한 이슈가 된다. 따라서 암묵지를 가지고 있는 사람을 찾아 네트워크를 구축하고, 이를 활용·공유할 수 있는 통로와 장치를 만드는 것이 중요하다.

1) 인적자원관리

어떤 기업을 막론하고 국제경쟁 속에서 살아남기 위해서는 일하려는 욕구와 능력을 가진 사람(man)과 적절한 설비와 기계(machine) 그리고 제품을 사 주는 시장(market)이 있어야 하고, 거기에다 보다 좋은 품질(quality)을 보다 싸게 그리고 보다 빠르게 필요한 양을 납품(delivery)해야 한다.

인적자원관리는 무엇보다도 '조직목적을 달성하기 위한' 관리 활동이다. 여러 조직체는 각각 그 조직체로서의 목적을 갖고 있다. 그리고 그 목적을 달성하기 위해서 물적·인적자원을 유효하게 배분하기 위한 경영관리가 행해지고 있지만, 인적자원관리는 인간의 활동을 조직목적의 실현을 위해서 공헌하도록 작용하는 것이다. 따라서 인적자원관리가 유효하게 기능하고 있는가는 조직의 구성원이 각각 그 조직목적의 달성을 위해서 가장 바람직한 행동을 취하고 있는지의 여부에 의해서 판단된다. 이와 같은 견지에서 인적자원관리 시스템은 경제, 기술, 사회, 문화, 정치 등의 제환경이 내부 시스템인 이념, 환경전략, 제도, 운영 등과 관련하여 경영성과(經營成果)가 이루어진다. 평생교육기관 또한 경영시스템 내에서 목적을 달성하기 위하여 운영되고 있는 현실에서 인간활동을 돕는 효율적인 관리가 이루어져야 하는 입장에서 일반 기업과 마찬가지로 인적자원관리의 중요성이 부각되고 있는 것이다.

2 평생교육기관의 인적자원개발

1) 인적자원개발의 개념

인적자원개발(Human Resources Development; HRD)은 "조직의 효과성을 증진시키기 위한 역동적이고 발전적인 실천 활동"이다. "인적자원개발"이라는 용어는 개념 정의에 필요한 단서들을 제공한다. 확실히 HRD는 사람의 개발과 관련된다. 그러나 사람을 "인적자원"이라고 부르는 것으로 보았을 때 그것은 "재정자원"이나 "자본자원"과 유사하게 조직지향적임을 알 수 있다. 따라서 HRD는 조직 내에서 사람을 개발하는 일에 관한 것이다. HRD를 정의하기 위해서는 "인적자원"과 "개발"이라는 용어에 대해 좀 더 구체적으로 검토해야 한다.

인간사회 조직체는 그 목적 혹은 목표를 달성하기 위하여 자원들이 필요한 것이다. 그리고 조직체의 지도자들은 어떻게 하면 그 자원들을 회사에서나 단체에서 유익하게 사용할 수 있을까 심사숙고해야 한다. 또한 우리는 자원들이 어떻게 발생되었는가 하는 것도 탐구할 필요가 있다. 또한 인간자원 사용에 관한 결정을 어떻게 내리느냐 하는 것과 자원의 사용이 어떻게 평가되었는가 하는 것은 세밀하게 계획과 평가가 이루어져야 한다. 모든 조직체는 크게 세 가지의 자원으로 대변할 수 있다.

첫째, 물리적 자원(physical resource)이고, 둘째, 재정적 자원(financial resource)이며, 셋째, 인적자원(human resource)이 그것이다. 이러한 세 가지 종류의 자원을 가지고 있는 조직체는 크게 다국적 조직체(international organization), 기업체, 자선단체, 지역사회 조직체와 그리고 작게는 가족의 모임까지 모두 포함하는 것이다. 이상과 같은 세 가지 자원은 국가발전이나 지역사회 개발에 꼭 필요한 요소이다. 특히 이 중에 더욱 필요한 것은 지역사회의 주역이 될 인적자원으로 그 개발에는 노력이 뒤따라야 한다. 인적자원개발 과정은 자기에 대한 성찰과 타인에 대해서는 피드백(Feedback)을 통하여 자신들의 문제성을 도출하는 기회를 창조하며, 사회의 성원에 필요한 존재, 즉 명실공히 사회와 단체에서 원하는 인간상을 회복하도록 인간자원을 안으로부터 도출하는 노력을 경주해야 한다.

또한 인간이 가진 아이디어의 창출이 미래를 밝게 할 수 있도록 다듬는 기회도 가져야 할 것이며, 새로운 정보를 컨트롤할 수 있는 기능과 대체능력, 나아가서 예측하여 준비하는 자질을 가꾸도록 동기유발과 자신감을 갖도록 자원개발에 힘써야 할 것이다.

2) 인적자원개발의 구성요소

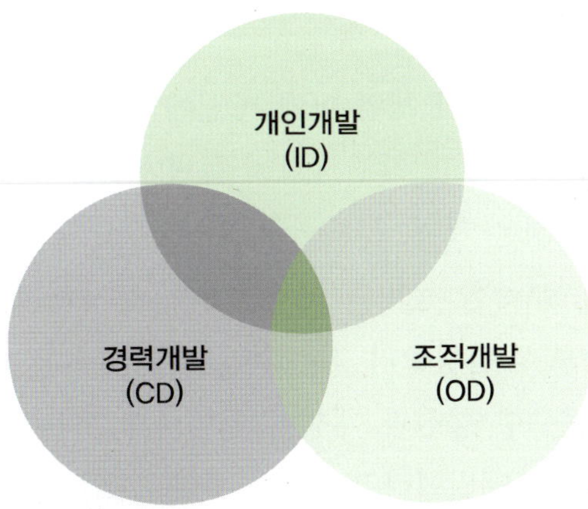

그림 10-1 인적자원개발의 구성요소

인적자원개발의 세 가지 구성요소들을 실행하기 위해서는 핵심적인 실천 영역이 있다고 볼 수 있다.

첫째, 다양한 분석활동을 통해 개인, 사업, 수행, 조직의 요구를 규명할 수 있다. 둘째, 학습활동과 경력개발 프로그램을 설계하고, 개발, 평가하는 교수설계 영역이다. 셋째, 학습조직원들의 지식, 기술, 능력을 향상시키기 위한 목적으로 설계된 수업의 전달과 촉진 영역이다. 넷째, 학습과 변화가 업무에 적용되었는지를 확인하는 활동인 학습 전이 단계가 있다. 마지막으로 행동의 변화와 학습, 수행, 변화 촉진 활동들에 대한 검토를 하는 단계인 평가 영역이 바로 그것이다.

(1) 개인개발(ID: Individual Development)

개인개발은 새로운 지식과 기술 그리고 개선된 행동의 개발을 의미하는 것이다. 이것은 개인의 현재 업무와 관련된 수행개선을 낳는다(훈련). 학습은 공식적, 비공식적 활동들을 포괄하지만, 많은 경우에 비공식적인 현직훈련(OJT)을 통해 이루어진다.

개인개발이란 자기 자신의 책임 아래 자신에 대한 분석과 평가에 의해서 성장, 자기개발 의욕을 갖고 자주적으로 능력개발을 하고자 하는 노력을 말한다. 개인개발 과정은 첫째, 문제의식, 목표설정, 둘째, 문제해결을 위한 방법의 강구, 셋째, 부족한 능력의 개발, 넷째, 문제해결의 순서로 진행된다. 개인개발은 주로 직업생활의 직무수행과 관련된다. 따라서 한 개인의 직무와 연관된 업무수행 증진과 개선이 일어나게 하는 새로운 지식, 기술 그리고 개선된 행동의 개발이라고 할 수 있다. 개인개발을 통하여 능력을 개발한다 함은 지식, 기술, 업무수행능력을 증진시키는 것 그리고 조직 내 인간행동을 개인적, 직업적 목적으로 개선시키는 것을 말한다. 조직원의 학습은 형식적 프로그램을 통해서도 일어나지만, 비형식적, 무형식적 상황에서 훨씬 더 많이 이루어짐으로써 자기계발의 중요성은 더욱 강조되고 있다.

개인개발은 자기의 책임 아래 실행되는 것이지만, 직장에서의 자기계발은 일종의 인사제도로서 이루어진다. 개인개발제도란 종업원의 능력개발을 위하여 경영관리상 또는 직무수행 상 필요한 자기계발 목표를 스스로 설정하게 하고, 회사의 제도적 장치하에 소정의 절차에 따라 자학자습하는 인력개발활동이다. 여기서 중요한 것은 직원 스스로가 개인개발 활동을 하되, 회사의 제도적 장치하에 이루어진다는 것이다. 이 제도의 특징은 세 가지로 요약될 수 있다. 첫째, 본인의 개인개발 동기를 전제로 하며 스스로 연수의 주체가 된다는 점, 둘째, 개인개발의 내용과 방법을 회사와 협의한다는 점 그리고 셋째, 일정한 기준에 따라 평가를 실시한다는 점이다. 조직은 종업원의 개인개발 지원을 위하여 개인개발을 위한 분위기 조성, 보상체계, 경력 경로 설정 등의 방식으로 제도적인 환경을 마련해줘야 한다.

최근 정보화 사회가 가속화됨에 따라 사이버공간을 통한 개인개발 학습방법이 널리 확산되고 있다. 또한 평생직장의 개념이 없어짐에 따라 조직과 개인이 함께 평생직업사회에 대처해 가려는 추세를 보이고 있으며, 다양한 개인개발 제도를 마련, 지원하고 있다. 많이 활용되고 있는 제도에는 다음과 같은 것들이 있다. 교육 이수학점제(필요한 직급, 직책에 필요한 소정의 학점 취득제도), 뷔페식 오픈 연수제도, 통신교육프로그램, 사이버 강좌, 관심분야 연구회, 세계화 교육지원(어학연수, 지역연구회, 해외 배낭연수 등), 사내 독서교육, 경영필독 도서제도, 자기계발 지원금 제도(어학연수, 학원강좌 수강 등) 등이 그것이다.

(2) 경력개발(CD: Career Development)

경력개발은 미래의 업무를 위한 기술개발에 필요한 개인의 흥미, 가치, 역량, 활동 그리고 과업을 파악하고 분석하는 데 초점을 맞춘다. 경력개발은 개인활동과 조직활동을 모두 포함한다. 개인활동에는 경력계획, 경력인식, 경력 자원센터의 활용이 있다. 조직활동은 직무공고제도, 멘토링, 경력 자원센터의 개발과 유지, 경력 상담자로서 관리자의 활용, 경력개발 워크숍과

세미나 개최, 인적자원계획, 수행평가 그리고 경력 경로 프로그램을 포함한다.

경력에 대한 개념은 학문분야에 따라서 다양하게 정의되고 있다. 할(Hall, 1976)은 경력이란 "한 개인이 일생에 걸쳐서 일과 관련하여 얻게 되는 경험"이라고 정의한다. 간단히 말해서 경력이란 한 개인이 직장생활에서 일을 통해 거쳐 가는 길을 일컫는다. 이 길을 조직구성원 본인과 조직이 함께 계획하며 열어 가는 것이 경력개발이다. 즉, 경력개발이란 한 개인이 일생에 걸쳐 일과 관련하여 얻게 되는 경험을 통해 자신의 직무관련 태도, 능력 및 성과를 향상시켜 나가는 과정이라고 정의할 수 있다. 경력개발을 개인의 직업선택 이후의 과정을 주요 대상으로 하는 경영학적 관점에서 보면, 한 개인이 입사로부터 퇴직에 이르기까지의 경력 경로(career path)를 개인과 조직이 함께 계획하고 관리하여 개인욕구와 조직목표를 달성해 가는 총체적 과정으로 파악할 수 있다. 일반적으로 경력개발에는 승진을 위한 경로를 계획하는 것, 개인적 성장의 기회를 마련하고 직무능력을 향상시키는 것, 피고용자의 능력과 적성에 맞는 목표를 세울 수 있도록 카운슬링을 하는 것 등이 포함된다.

21세기에 들어 경력과 경력개발의 패러다임이 변화하고 있다. 기존의 경력 패러다임에서는 종업원의 경력 목표(career goal)를 주로 수직이동에 두었다. 다시 말해 열심히 일하여 더 빨리 더 높은 지위까지 승진하는 것이 그들의 직장생활의 목표였다. 수직이동이라는 목표를 위해 경력계획을 세우고 이를 관리하는데 개인과 조직이 함께 노력했다. 그러나 21세기 기업의 조직구조는 기존의 위계조직으로부터 네트워크 또는 셀 조직으로 전환되고 있다. 네트워크 조직은 정보기술의 발달과 함께 장소와 관계없이 조직의 부문이 서로 연결된 구조를 가지며, 적은 계층과 소규모 인원으로 구성된 핵심부서와 이로부터 서비스를 제공받는 다양한 부서와 제휴 조직 그리고 외부 용역 지원을 받는 기능들로 구성된다. 따라서 앞으로 개인의 경력 경로는 공간과 시간의 구애를 받지 않는 다중 경력(multiple career)의 특성을 갖는다. 과거 산업화 시대 개인의 경력 경로는 직무 간, 부서 간, 직종 간, 프로젝트 간 또는 지역 간을 이동하는 것이었으며, 이는 한 조직 내의 경계 안에서 이동하는 것을 의미했다. 그러나 21세기에는 개인의 이동공간이 조직과 국가라는 경계를 초월하여 기존의 조직경계가 무의미해지는 무경계(boundaryless) 경력의 시대로 돌입하고 있다. 그런 가운데 조직에서 개인의 경력패턴이 기존의 직선형과 전문가형으로부터 나선형과 전이형으로 변화한다. 여기서 나선형(spiral career)이란 개인이 자신의 창의성과 개인적 성장을 위해 7~10년을 주기로 직장 또는 직종을 옮겨다니는 것을 말한다. 그리고 전이형(transitory career)은 직업적 독립성을 확보하고 경력의 다양성을 기하기 위해 3~5년의 기간을 주기로 수평적으로 이동하는 것을 의미한다.

(3) 조직개발(OD: Organization Development)

1950년대부터 시작된 행동과학(behavioral science)의 발전은 1960년대에 이르러 조직과 경영연구에서 조직행동론(organizational behavior)이라는 학문영역을 탄생시켰고, 조직개발은 조직행동론이 발전시킨 한 분야로 탐구되어 왔다. 행동과학의 발전은 조직의 인적요소에 대한 중요성을 강조하였으며 구체적인 조직개발기법을 발전시키는 데 공헌하였다. 조직개발은 수행문제와 조직의 비효율성에 대한 새롭고 창조적인 해결방안을 만드는 데 초점을 맞춘다. 그것은 조직문화, 구조, 과정, 사명, 정책과 절차, 경영관행 전략 그리고 리더십 사이의 조화를 증진시키고자 한다. 그 결과로 조직은 이 요소들 사이의 긴밀성과 기능성을 높일 수 있다. 조직개발의 궁극적 목적은 조직의 자기갱신 능력과 경쟁력 제고에 있다. 그것은 조직이 스스로를 진단하여 조직의 문제와 약점을 발견하고, 조직을 개선하는데 필요한 자원을 올바르게 투입하는 능력을 의미한다. 조직구성원들과 변화촉진자(HRD 전문가)

사이의 협력을 통해서 조직은 새롭고 그리고 끊임없이 변화하는 환경에 대응할 수 있다.

조직개발은 조직의 생산성이나 효율성을 높이기 위하여 조직을 변화시키는 일종의 조직혁신기법이다. 기술이나 시장 등 조직환경의 복잡성과 불확실성이 증대됨에 따라 종래의 기계적 조직에서 신축적인 유기적 조직으로 조직을 변화시키는 일이 중요하게 되었다. 이러한 요청에 따라 신축적인 조직구조, 개방적, 지지적인 조직풍토, 상호신뢰의 태도, 민주적인 리더십 스타일 등 조직의 구조와 과정을 통합하여 유기적 조직으로 변화시키려고 하는 조직전략 또는 교육훈련전략을 조직개발이라 한다. 베니스(Bennis, 1969)는 조직개발의 개념에 대하여 "새로운 기술이나 시장, 도전, 속도가 빠른 변화에 대하여 가장 잘 적응할 수 있도록 구성원의 신념, 태도나 조직구조를 변혁해 가는 것을 목적으로 한 포괄적인 교육전략이며, 변화에의 적응과정"이라고 하였다.

조직개발계획의 목적으로는 첫째, 구성원 간의 상호신뢰와 지지관계를 높이는 것, 둘째, 조직문제의 해결, 셋째, 커뮤니케이션의 개방성을 높이는 것, 넷째, 구성원의 자주 관리에 의해 모티베이션을 높이는 것 등을 들 수 있다. 조직개발 방법의 특징은 먼저 액션 리서치를 통해 조직의 운영, 구성원의 태도나 행동에 대한 자료를 수집하고, 구체적인 조직 문제를 참가자들에게 피드백하여, 그 조직문제를 해결하기 위한 조직변화계획이나 교육훈련 계획을 세워 실시하는 데 있다.

조직의 전반적인 효율성을 증진시키고 조직이 변하기 위해서는 결국 그 구성원들, 즉 사람이 바뀌어야 한다. 개개인의 지식, 태도, 기능의 변화 없이는 과업수행상의 개선이나 조직의 변화가 불가능하다. 조직을 구성하는 세 가지 형태의 자원, 즉 물적자원과 재정적 자원 그리고 인간자원 가운데 인간이 나머지 두 자원을 관리하고 통제한다는 견해가 일반적이다. 따라서 조직개발은 인적자원개발(HRD) 활동과 밀접한 관련이 있다. 전통적으로 인적자원개발은 개개인의 변화에 중점을 두는데 비해 조직개발은 조직 전체의 변화에 관심을 두고 있다. 여기에서 조직개발의 중요한 개념인 조직 전체의 효율성과 성과의 증대가 강조된다. 이는 조직개발이 조직구성원의 행동변화뿐만 아니라 그룹 행동, 조직체 행동 그리고 조직체 전체의 조직문화 등 여러 수준의 변화도 포함함으로써 조직 전체의 효율성 증대를 강조하고 있다는 것이다. 인적자원개발 측면에서 보면 개개인을 변화시키기 위해서는 조직 내의 다른 요소들이 그와 같은 변화를 지지하도록 조성되어야 하고 조직의 변화는 개개인의 변화를 전제로 한다.

조직 개발은 단순한 기법이 아니라 일종의 사고방식 또는 철학으로 볼 수 있다. 조직개발이 적용되기 위해서는 두 가지의 요건이 충족되어야 한다. 하나는 조직개발의 효과에 대한 확신과 최고경영자와 조직원들로부터의 지지이다. 조직개발은 상대적으로 장기적 시간을 요한다. 따라서 효과에 대한 확신과 최고경영층의 신념이 필수적이다.

3 인적자원개발의 패러다임

세계 제일의 교육열과 교육투자에도 불구하고 우리 사회의 교육은 계속 후진성과 보수성을 탈피하지 못하고 있다. 그 원인 중의 하나는 지금까지의 교육에 대한 인식과 관심이 학교교육, 교실교육에서 탈피하지 못하기 때문이다. 변화하는 시대, 정보화 사회에서 국민의 교육 필요를 학교교육이 감당하지 못하는 것은 당연하다. 인적자원개발(HRD)은 평생교육사회, 평생직업능력이 필요한 시대에서 교육에 대한 새로운 접근방법이다.

교육이라는 행위는 인류의 출현과 함께 있어 왔다. 교육의 범위를 학교에서의 형식적 교육에만 국한시킨다면 그 안에 포함되는 영역보다는 그 밖에 있는 교육의 형태가 더 많을 것이다. 그만큼 교육이 분화, 다양화되었다는 증거이다. 우리나라 교육학에서 다루는 교육 이론이나 교육정책은 주로 학교생활이나 교실 속에서의 학생들만을 대상으로 연구하여 왔으며, 이러한 현상은 요약하면 교실교육학 또는 학교교육학이라고 지칭할 수 있다.

따라서 인적자원개발(HRD)은 전혀 새로운 학문이 아니라, 학교제도를 중심으로 하는 전통적인 교육이 정보사회의 도래에 따른 문제들을 해결할 수 없는데 대한 대안으로 나타난 새로운 패러다임이라 할 수 있다.

1) 인적자원개발의 관점

인적자원개발(HRD)은 크게 세 가지의 기본 관점을 갖는다.

첫째, 자원으로서의 인간이다.

인간은 조직과 사회가 가진 자원이다. 자원은 개발되어야 한다. 자원이란 '쓰임새'이다. 쓰임새로서의 인간이 인적자원이다. 인적자원개발은 인간이 자원이 될 수 있는 모든 곳에서의 교육개념이다. 즉, 가정, 사회, 군대, 공직, 산업체 등 인간이 활동하는 모든 공간에서 필요한 활동이다. 일반적으로 교육이 인간의 자아실현과 인격적인 성장에 주요 관심이 있다고 하면, 그 인간의 '쓰임새'에 초점을 둔 관심이 인적자원개발이다. '자원'이라는 용어가 내포하는 의미가 그러하다.

둘째, 일하는 존재로서의 인간이다.

인간은 일하는 존재이다. 일은 단순한 경제적 활동이 아니라 삶의 표현양식이다. 또한 인간은 교육적 존재이다. 삶의 질을 유지하며 일을 수행하기 위해서는 계속적으로 교육이 수반되어야 한다. 전인으로서의 인간에 대한 일반적인 개발을 교육이라고 한다면, 일하는 존재로서의 인간을 이해하는 바탕 위에서 그를 개발하기 위한 노력이 인적자원개발이다.

인간이 왜 일을 하는가에 대한 설명은 여러 가지 견해가 있다. 인간이 일하는 동기는 몇 가지 관점으로 정리해 볼 수 있는데, 첫째, 인간의 본성에 일하려는 욕구가 있다는 것이다. 인간에게는 호기심, 도전의지, 희망하는 바를 추구하려는 능력이 있는 것이다. 둘째는 경제적 관점으로, 생존하기 위한 필요를 공급받기 위해서라는 것이다. 셋째는 개인이 삶의 의미를 추구하고 소속감, 자긍심을 얻기 위해 일한다고 보는 사회학적, 심리학적 관점에서의 설명이다.

대부분의 성인들에게 일은 자신의 정체감을 형성하는 데 핵심이 된다. 특히 남성에게는 일의 가치가 절대적이다. 일이란 축복이고, 노동이 여가를 즐기기 위한 수단이 아니라 그 자체가 목적일 수 있으며, 일은 모든 사람이 해야 할 임무라고 보는 견해가 우세하다. 외부로부터의 보상이 없더라도 일 그 자체를 위해서, 일에 내재되어 있는 가치를 추구하는 것이 중요하다고 보는 것이다.

셋째, 조직에서의 인간이다.

인간은 조직에서 실질적인 가치를 갖는다. 자원은 조직에서의 가치를 의미한다. 물론 조직과 인간의 관점은 시대 변화에 따라 변천되고 있다. 과거의 관점은 조직이 인간에 우선하는 조직인간의 관점이지만, 현대는 인간이 조직에 우선하는 인간조직의 관점이다. 그러나 인적자원개발(HRD)의 인간에 대한 관점은 개별적 존재로서가 아니라 조직에서의 인간이다.

조직은 개인으로 하여금 새로운 일에 대하여 열린 상태가 되도록 하고 조직의 미래의 발전방향에 터한 직무수행을 준비하는 학습경험과 관련되는 것이다. 조직이 발전하고 변화하고 커감에 따라 종업원이 자신도 발맞추어 나갈 수 있도록 준비하는 활동이 인적자원개발이다. 뿐만 아니라 변화주도자, 혁신주도자의 역할도 수행하게 된다.

2) 인적자원개발 전문가의 역할 및 양성

인적자원개발(HRD)을 수행하고 있는 전문가의 역할은 크게 인적자원개발 관리자와 인적자원개발 스태프로 나누어진다고 보겠다.

먼저 인적자원개발 관리자로서 인적자원개발 간부는 최고경영자(CEO)의 핵심참모이며, 모든 인적자원 활동에 대한 1차적 책임이 있고, 인적자원개발 프로그램을 조직의 목표 및 전략과 통합시킨다고 볼 수 있다.

최고경영자층에 대한 조언의 역할도 수행해야 한다. 인적자원개발 스태프와 과업은 조직변화 중개자, 조직디자인 컨설턴트, 교육훈련 프로그램개발자, 교수자, 개인 및 경력 개발상담자, 업적 컨설턴트 연구 등이다.

CHAPTER 11

평생교육기관의 경영전략

1. 평생교육기관 경영전략의 의미
2. 평생교육기관 경영전략의 유형
3. 평생교육기관 경영전략 수립과정
4. 평생교육기관의 경영전략 상황분석
5. 평생교육기관의 프로그램 경쟁 전략

1 평생교육기관 경영전략의 의미

전략이란 원래 군사용어로서 '전쟁에서 이기는 방법', '전쟁을 위한 기획에 관한 일', '전쟁을 종합적이고 전국적으로 전개하는 방법'을 의미한다. 전쟁을 기관으로 대체시켜 보면, 군사용어인 전략의 의미가 경쟁에 관한 것임을 알 수 있다. 전략은 경쟁구도하에서의 치열한 시장경쟁을 전제로 하며, 경쟁이 없는 전략은 무의미한 것이다. 경영전략이란 경쟁우위 확보를 위해 경영활동을 체계화하는 것으로, 환경적응능력을 촉진하고 전(全) 기관적 관점에서 경영활동을 통합하는 것을 의미한다. 즉, 기관의 장기적 목적과 목표를 정하고 이것을 실현하기 위해 각종 행위들을 수행하고 자원을 배분하는 것이다.

앤드루스(K. Andrews)는 경영전략이란 "기업의 목표와 그 목표를 달성하기 위한 여러 가지 계획이나 정책을 말한다. 그 기관이 어떤 사업 분야에 참여해야 하는지 또한 그 기관이 어떠한 성격의 기관이어야 하는지를 결정하는 중요한 의사결정"이라고 했다.

포터(M. Porter)는 "기업의 여러 활동들을 결합하여 독특하고 가치 있는 전략적 지위(strategic position)를 창출하는 것을 의미"한다고 했다.

웹스터 사전은 "전략이란 크게 세 가지 뜻으로 정의할 수 있다. 첫째, 전쟁 내지는 평화 시 채택된 정책(목표)을 달성하기 위해 정치적·심리적·군사적 힘을 사용하는 과학 또는 기술이다. 둘째, 목표를 달성하기 위한 계획이다. 셋째, 궁극적으로 성공하기 위해 중요한 기능을 적용시키는 것"이라고 적고 있다.

이승주(2006)는 경영전략을 다음과 같이 설명하고 있다. 첫째, 경영전략은 기관의 기본적인 목표를 달성하기 위한 종합적인 활동계획이다. 둘째, 경영전략은 기관의 경쟁우위를 구축하고 구체적인 경쟁방식을 선택하는 의사결정이다. 셋째, 경영전략의 핵심은 고객을 위한 가치창출에 있다. 넷째, 경영전략은 기관의 한정된 경영자원을 효율적으로 배분하는 의사결정의 패턴이다(권두승, 최운실, 2009).

앞에서 살펴본 바와 같이 경영전략이란 경쟁관계에 있는 다른 평생교육기관과의 경쟁상황에서 기관의 목표설정, 목표를 달성하기 위한 행동 결정, 적합한 자원배분 등 효율적인 방법으로 다른 기관보다 어떻게 경쟁우위를 획득할 수 있는가를 체계적으로 분석하고 사고하는 것으로 정의할 수 있다.

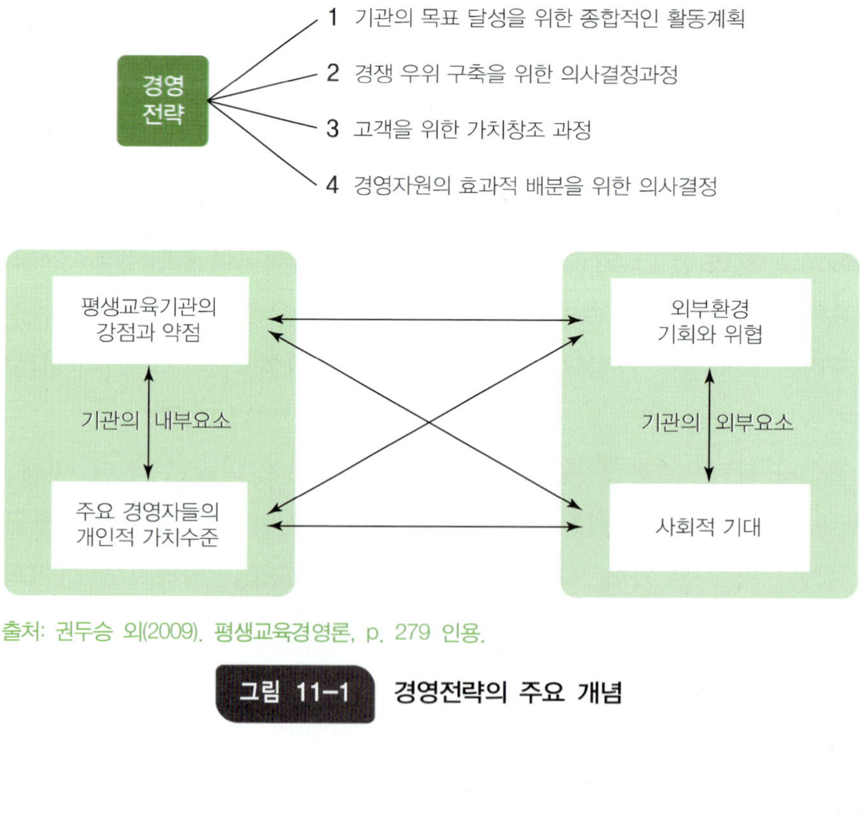

출처: 권두승 외(2009). 평생교육경영론, p. 279 인용.

그림 11-1 경영전략의 주요 개념

2 평생교육기관 경영전략의 유형

1) 전략의 수준: 조직위계 단위별 전략

평생교육기관들이 경쟁우위를 확보하기 위해서 선택할 수 있는 경영전략은 조직 내부의 수준에 따라 기관수준 전략, 사업수준 전략, 기능별 전략 등이 있다(윤종훈 외, 2008, 이광로 외, 2009).

(1) 기관수준 전략

기관수준 전략(corporate strategy)이란 기관 전체의 장기적인 방향을 설정하는 전략이다. 즉, 평생교육기관이 나아갈 방향을 정하는 것이다. 프로그램을 독립적으로 운영하는 것보다 다각화된 프로그램을 통합하여 운영하면 프로그램 단위들 간에 시너지효과를 얻을 수 있다. 관련 프로그램으로 다각화하는 경우 개발된 기존 프로그램이 보유하고 있는 기술이나 경험을 신규프로그램에 이전하여 비용 절감 및 시설이나 기자재의 공유가 가능하다.

❶ 포괄전략

포괄전략이란 평생교육기관이 환경을 평가하고 설립한 목표를 달성하도록 하기 위한 광범위한 계획을 말한다. 즉, 비전과 사명, 목표를 정하고 프로그램수준에서 제시하는 여러 형태의 제안들이나 과제들을 검토하는 것을 의미한다. 포괄전략에는 성장전략, 안정전략, 감량전략이 있다(표 11-1 참조).

표 11-1 포괄전략

	성장전략	안정전략	감량전략
의미	미래의 목표를 과거보다 높여 시장점유율과 매출액을 증가시키려는 전략	기업이 과거의 경영성과에 만족하여 과거와 동일한 목표를 추구하고 현재의 성장률을 유지하려는 전략	조직의 내적 약점과 외적인 위협에 의해 성과가 감소할 경우 비용절감을 통해 조직활동의 효율성을 재고하려는 전략방법
방법	집중화 전략 통합화 전략 분산화 전략	-	우회전략(다운사이징, 구조조정) 영업양도전략 청산전략

출처: 윤종훈 외(2008). 경영학원론. p. 226.

❷ 포트폴리오 전략

포트폴리오 전략이란 여러 분야에 걸쳐 프로그램 영역을 가지고 있는 평생교육기관이 프로그램 구상을 어떻게 할 것이며, 각 프로그램에 자원을 어떻게 할당할 것인가를 결정하는 전략이다. 사업 포트폴리오 전략과 프로그램 포트폴리오 전략이 있다. 사업 포트폴리오 전략은 기관 전체 수준에서 적용하는 것을 의미하는 것으로, 기관 전체 차원에서 각 프로그램 단위구성에 초점을 두고 있으며, 프로그램 포트폴리오 전략은 프로그램 단위 수준에서 적용하는 것으로, 프로그램 구성에 초점을 둔다. 포트폴리오 전략수립을 위해서는 BCG Matrix, GE Matrix, Life-cycle Matrix 등을 이용한다.

(2) 사업수준 전략

사업수준 전략(business strategy)은 프로그램개발 및 운영을 효과적이고, 효율적으로 유도할 수 있는 전략을 말한다.

개별사업의 경쟁우위는 '경쟁시장에서 평생교육기관 평균수익률보다 지속적으로 높은 수익률을 올릴 수 있게 하는 힘'이다. 이러한 경재우위를 확보하기 위해서 기관은 원가우위 전략, 차별화 전략, 집중화 전략을 실행한다.

❶ 원가우위 전략

원가우위 전략(Cost Leadership strategy)이란 프로그램개발이나 마케팅에서 극도의 효율성을 강조함으로써 원가우위를 확보하려는 전략이다. 기관의 시설 이용률을 최대화하고, 규모의 경제를 실현하며, 기술혁신 추구, 능력 있는 평생교육사를 고용함으로써 원가를 최소화하는 것이다. 경쟁기관이 새로운 프로그램이나 값싼 노동력을 이용하여 더욱 저렴한 가격으로 경쟁함으로써 경쟁우위를 빼앗길 가능성이 있으며, 경쟁기관이 동일한 프로그램을 모방할 가능성도 배제할 수 없다.

❷ 차별화 전략

차별화 전략(Differentiation strategy)이란 자기 기관의 프로그램이나 서비스를 경쟁기관의 프로그램에 비해 아주 독특하다고 인식시키는 전략이다. 프로그램 차별화, 시장 차별화, 서비스 차별화 등이 있다. 차별화의 특성으로는 고품질의 프로그램, 월등한 고객서비스, 편리한 교육장소 등을 들 수 있다.

❸ 집중화 전략

집중화 전략(Focusing strategy)이란 특정 지역이나 시장의 한 부분에 제한된 교육수요자들에게 독특한 프로그램과 서비스를 제공하는 전략을 말한다. 시장세분화는 지리적, 교육수요자 형태, 프로그램 영역별로 이루어진다. 원가전략이나 차별화 전략이 평생교육산업 전체를 대상으로 함에 반하여 집중화 전략은 세분화된 특정 시장에 대한 원가우위 전략이나 차별화 전략을 사용하는 것으로, 특정 목표만을 집중함으로써 효과적이고 능률적으로 대응하는 전략이다.

(3) 기능별 전략

기능별 전략(functional strategy)이란 사업전략의 원활한 수행을 위하여 조직의 자원을 어떻게 사용할 것인지에 대한 지침을 제공하는 것이다. 이 전략의 핵심은 제한된 자원을 어떻게 하면 효과성과 효율성을 극대화되도록 배분할 것인가이다. 기관의 프로그램개발, 마케팅, 인적자원관리, 재무관리, 연구개발 등에 있어서 필요한 기능을 개발하는 전략이다.

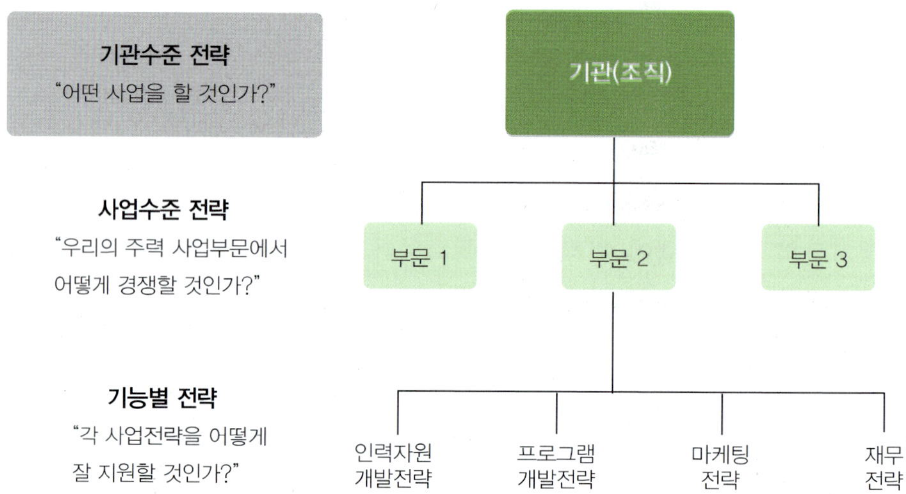

출처: 이광로 외(2009). 경영학개론. p. 321. 참조하여 재작성.

그림 11-2 경영전략의 수준

2) 성장과 축소전략

(1) 성장전략

성장전략(growth strategy)은 기관수준 전략이나 사업수준 전략 차원에서 가장 일반적으로 활용되어온 전략이다. 성장전략은 현재의 마케팅활동 범위와 크기를 키우는 전략으로 기관이 장기적인 경쟁에서 살아남기 위한 방편으로 이용되어 왔다. 성장전략으로는 집중화 전략, 다각화 전략 등이 있다(이광로 외, 2009).

❶ 집중화 전략

집중화 전략(concentration strategy)은 동일 사업영역 내에서 확장하는 것을 말한다. 특정 프로그램 학습집단이나 지역적으로 한정된 특정 프로그램을 표적(target)으로 삼고, 특정한 표적시장을 집중적으로 겨냥하여 경영활동을 전개해 나가는 전략이다.

❷ 다각화 전략

다각화 전략(diversification strategy)은 새로운 프로그램 영역에 진출하는 것을 말한다. 다각화 전략은 새로운 프로그램 영역이 현재의 프로그램 영역과 관련이 있는 관련다각화(related diversification) 전략과 두 영역이 전혀 관계가 없는 비관련다각화(unrelated diversification) 전략으로 나눌 수 있다. 다각화 전략이 성공을 거두는 것을 전제할 경우, 전자는 기관의 핵심 역량과 기존의 기술능력을 잘 활용할 수 있는 장점이 있는 반면 후자는 프로그램 위험을 분산시키는 효과가 있다.

❸ 수직적 통합화 전략

수직적 통합화 전략(vertical integration strategy)이란 프로그램개발 과정이나 마케팅 과정에서 프로그램개발 기관이나 교육수요자(분배업자)를 통합하는 전략을 말한다. 프로그램개발 기관을 통합하는 후방수직통합(backward vertical integration)과 교육수요자(분배업자)를 통합하는 전방수직통합(forward vertical integration)으로 나눈다. 수직적 통합전략은 일종의 다각화 전략이다.

계열화는 통합화보다 느슨한 형태이지만 통합화가 제공하는 효율을 추구하는 다른 방안이다. 통합화가 복수의 기관을 통합하여 하나의 기관으로 합치는 것이라면, 계열화는 법적으로는 독립된 기관이 매우 유기적인 관계를 맺는 것을 의미한다.

❹ 성장전략의 평가

성장전략 평가의 성장과 효율성은 성장전략이 사전에 치밀하게 준비되고 목표달성을 위한 관리활동이 제대로 뒷받침될 때 동의어라는 등식이 성립될 수 있다. 기관의 규모를 키우면 조직의 탄력이 떨어져 환경변화에 제때 대응하지 못하는 경우가 많다. 또한 다각화로 조직이 너무 복잡해져 관리의 집중도가 떨어지기도 한다. 연구들에 의하면 지나친 비관련다각화는 경영의 효율성을 오히려 떨어뜨린 것으로 나타난다.

3) 축소 또는 현상유지 전략

경영에 심각한 문제가 발생하거나 환경이 갑작스럽게 변화하는 등 정상적인 경영이 어려운 경우에는 기관은 조직의 생존을 위하여 축소전략을 활용할 수 있다(이광로 외, 2009).

(1) 조직의 재편: 리스트럭처링

리스트럭처링(restructuring)은 조직의 효율성을 높이고 성과를 개선하기 위해 조직의 규모나 사업구조, 운용 내용을 바꾸는 것을 말한다. 경영자의 입장에서 리스트럭처링은 자신의 경영실패를 인정하는 형태로 보일 수 있기 때문에 리스트럭처링을 선호하지 않는다. 그러나 근래 들어서 경쟁이 치열해지고 미래의 경영환경이 갈수록 불투명해지면서 경영이 매우 양호한 상태에서도 리스트럭처링을 행하는 기업이 나타나고 있다.

(2) 규모의 축소: 다운사이징

다운사이징(downsizing)은 비용절감과 영업효율성 제고를 기대하고 조직규모를 줄이는 것을 말한다. 가장 일반적인 다운사이징 방법은 인력을 줄이는 것이다. 다운사이징은 핵심목표에 인력 역량을 집중시킬 수 있기 때문에 인력감축 방법이 가장 효과적일 수 있다.

(3) 현상유지 전략

현상유지 전략(stability strategy)은 새로운 사업진출에 따른 위험부담을 안거나 축소전략으로 인한 내부 반발 등을 야기하지 않기 위하여, 현재의 시장점유율을 유지하는 정도의 영업활동을 하려는 안정전략이다. 이 전략은 성장이나 축소 전략의 수립시행 전에 활용할 수 있는 비교적 단기성 전략이라고 할 수 있다.

4) 경쟁력 강화전략

(1) 전략적 제휴

전략적 제휴(strategic alliances)는 둘 이상의 기관이 서로의 이익을 도모하기 위하여 동반자관계를 맺는 것을 말한다. 전략적 제휴의 형태는 다양하다. 우수한 프로그램을 개발하여 상호 간에 공급하기 위한 공급제휴(supplier alliances), 프로그램이나 서비스의 공동 개발, 판매를 위한 분배제휴(distribution alliances) 등이 있다.

(2) e-비즈니스 전략

e-비즈니스 전략(e-business strategy)이란 경쟁상의 우위를 점하기 위하여 인터넷을 활용하는 전략을 말한다.

e-비즈니스 전략에는 크게 B2B, B2C 모형이 있다. B2B(business to business)는 평생교육기관 간의 전자상거래를 말하는 것으로 정보 기술 및 인터넷 기반 기술을 이용하여 상거래를 하는 것이다. B2C(business to customer)는 평생교육기관과 평생교육수요자와의 전자상거래를 말한다. B2C 비즈니스는 거래의 중간 단계를 대폭 줄임으로써 평생교육기관과 평생교육수요자에게 이익이 될 수 있는 모형이다. B2C에서 거래되는 대부분의 프로그램 가격은 오프라인에서보다 저렴하다.

3 평생교육기관 경영전략 수립과정

경영전략은 다양한 방법으로 수립되는데 전략수립의 기본적인 과정은 다음과 같다(윤종훈 외, 2008).

1) 사명과 비전수립

경영전략수립은 기관의 사명을 정의하고 전략목표를 설정하는 것으로부터 시작된다. 기관의 사명은 기관이 사업을 통해 궁극적으로 어떤 가치를 창출할 것인가 하는 기관의 존립근거를 명확히 제시하는 것이다. 비전수립은 전략을 수립하는데 있어서 가장 중요한 단계로서 사업영역의 작성, 경영이념과 경쟁관계의 집약, 구조와 기능평가, 핵심 프로그램 파악, 주요 경영목표의 설정 등의 절차를 통해 이루어진다.

2) 목표설정

수립된 사명과 비전을 기초로 하여 전략적 프로그램 영역이 정해지면 그 영역에서 기관이 추구해야 할 구체적인 세부목표를 설정한다. 기관의 사명이 추상적이고 포괄적인 성격을 띠고 있으므로 이를 보다 정량화된 형태로 구체화한 것이 전략목표이다. 이러한 전략목표는 수익성, 효율성, 경쟁력 확보, 프로그램개발 등 다양한 형태로 설정될 수 있다.

3) 외부환경 분석

외부환경 요인인 잠재학습자, 경쟁기관 등을 포함한 평생교육 외부환경으로부터 어떠한 기회와 위협이 존재하는지를 분석하는 것이다. 평생교육 외부환경의 분석에 가장 많이 사용되는 기법으로는 포터(M. Porter)의 다섯 가지 모델이 있다. 이 모델은 기관이 둘러싸인 외부환경 요인을 잠재적 경쟁기관의 진입 위협, 기존업계 내에서의 경쟁, 대체 프로그램의 위협, 공급자의 교섭력, 고객의 교섭력 등이다.

(1) 잠재적 경쟁기관의 진입 위협

대부분의 평생교육기관 내에서 경쟁의 정도와 수익률을 결정하는 가장 중요한 요소는 평생교육산업 내에서 이미 경쟁하고 있는 경쟁기관들 간의 관계이다. 평생교육산업 내에 있는 기관의 수가 적으면 산업의 경쟁 정도가 낮아지고 잠재적인 수익률은 상대적으로 높아진다. 반대로, 기관의 수가 많아지면 경쟁 정도가 높아짐에 따라 잠재적인 수익률도 낮아진다. 예를 들어, 평생교육 산업의 성장속도가 완만하고 비슷한 규모의 경쟁기관이 다수 존재하는 경우 또는 프로그램과 서비스의 차별화 정도가 약하고 수요자의 전환비용이 적은 경우 등을 들 수 있다.

(2) 신규참여 기관 위협

현재 평생교육산업 내에서 경쟁하고 있지 않지만 언제든지 시장에 진입해 경쟁할 수 있는 신규평생교육기관의 시장진입 가능성이 높을수록 기존 평생교육기관이 초과이익을 누릴 가능성이 낮아진다. 신규업체의 시장진입 가능성은 시장의 진입장벽에 의해 결정되는데, 크게 구조적 진입장벽과 전략적 진입장벽으로 구분할 수 있다. 구조적 진입장벽은 평생교육 산업구조의 특성에 의해 발생하는 것으로 좁은 의미의 진입장벽이라고 할 수 있으며, 전략적 진입장벽은 잠재적인 경쟁기관의 시장진입을 막기 위해 기존 기관들이 취하는 진입저지를 의미한다.

(3) 대체 프로그램 위협

평생교육기관이 생산·공급하는 프로그램이나 서비스의 수요는 수강료에 의해 결정된다. 그러나 대체 프로그램이 없는 경우 가격이 높게 상승해도 프로그램이나 서비스를 구입해야 하나, 대체 프로그램이 있는 경우는 프로그램이나 서비스의 가격이 상승하면 대체 프로그램을 구입하게 된다. 따라서 대체 프로그램이 많을수록 가격을 높일 수 없으므로 수익률이 낮아진다. 그러나 특정 프로그램이나 서비스에 대한 학습자들의 충성도가 높은 경우, 대체 프로그램 위협이 낮아지므로 기관의 잠재적인 이윤이 높아질 수 있다.

(4) 외부 프로그램 공급기관 협상력

프로그램이나 서비스를 생산·공급하는 외부 프로그램 공급기관에 대한 협상력이 높으면 기관은 가격을 높이거나 서비스의 질을 낮춤으로써 초과이윤을 얻을 수 있다.

(5) 잠재학습자 협상력

잠재학습자의 협상력이 높으면 평생교육기관에게 가격인하 또는 높은 품질과 서비스를 요구하기 때문에 기관의 잠재적인 이윤이 줄어들 수 있다.

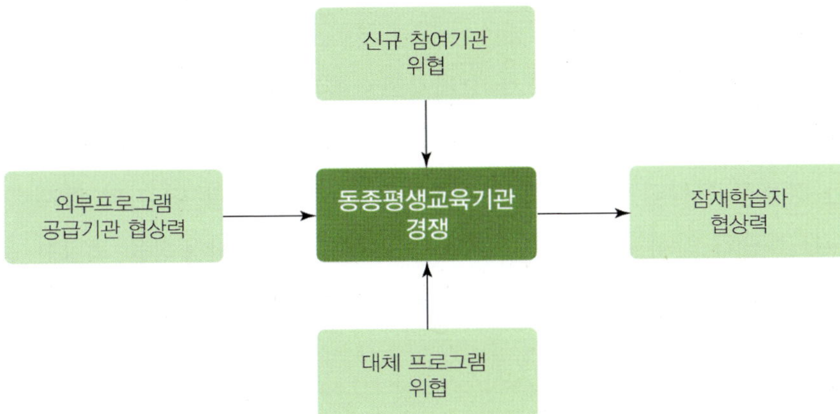

출처: 윤종훈 외(2008). 경영학원론. p. 231 참조하여 재작성.

그림 11-3 평생교육 산업경쟁 구조분석 모델

4) 내부환경 분석

평생교육기관의 내부환경 분석은 자기 기관의 강점과 약점을 분석하는 SWOT 분석과 BCG 매트릭스를 통한 분석 방법이 있다. SWOT 분석이란 기관이 구체적인 경영전략을 세우기 전에 시행하는 자기분석 및 평가를 위한 전략도구이다. 즉, 기관의 강점(strength)과 약점(weakness) 그리고 기회(opportunity)와 위협(threat)을 하나의 틀로 요약하는 분석수단이다. SWOT 분석을 통하여 기관의 외부환경과 기관의 내부환경인 장점과 약점을 정확히 파악하여 강점을 최대한 육성하고 약점을 보완하는 전략을 수립하는 것이다. 또한 앞으로 향유할 수 있는 기회요인과 닥칠 위협요인을 분석하는 전략이다.

5) 전략대안 수립 및 선택

기관의 외부환경의 기회를 최대한 활용하고 기관의 강점을 살릴 수 있는 전략을 대안의 평가와 함께 선택한다. 경영전략은 기관의 단기적인 방향과 성과에 큰 영향을 미치는 중요한 의사결정이므로 의사결정의 일반적인 과정을 거치게 된다. 전략개발 시 고려사항으로는 ① 신 프로그램 서비스 기회를 포함한 학습자와 시장의 요구사항과 기대수준, ② 신 프로그램을 포함한 경쟁적 환경과 역량, ③ 재무적 위험, 사회적 위험 및 기타 잠재적 위험, ④ 기관의 인적자원 역량과 요구사항, ⑤ 자원의 가용성을 포함한 운영상의 역량과 요구사항, ⑥ 프로그램 공급업체와 협력업체의 역량과 요구사항 등이다.

6) 전략의 실행

기관이 보유하고 있는 인적·물적자원을 최대한 활용하여 기관의 목표를 달성하기 위해 선택된 전략을 실행에 옮기는 과정이다. 선택된 전략을 구체적으로 세분화하여 전술방안을 설정하고 실행한다. 선택된 전략을 실행하기 위하여 조직구조와 통제시스템을 정비한다.

7) 전략의 평가

선택된 전략이 실행되면 그 결과가 기관목표 달성에 얼마나 기여했는지를 평가한다. 그 평가결과를 가지고 프로그램에 대한 전략수립과 실행에 반영하여 미래의 프로그램 개발 의사결정할 때 피드백한다.

평생기관의 경영전략 수립과정을 그림으로 나타내면 그림 11-4와 같다.

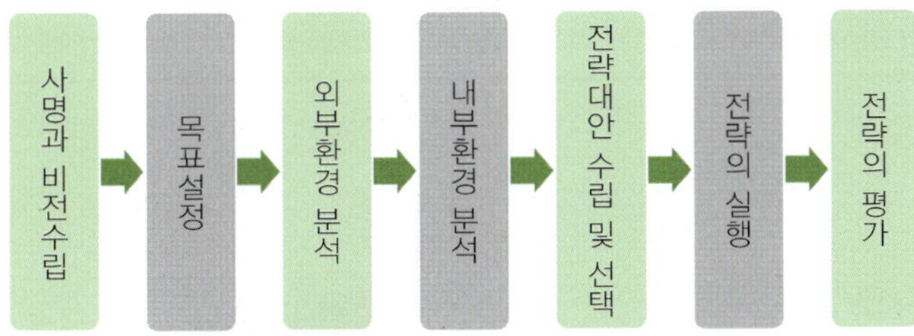

그림 11-4 경영전략 수립과정

4 평생교육기관의 경영전략 상황분석

평생교육기관이 경쟁에서 우위를 차지하기 위하여 활용될 수 있는 전략 방법으로, 전략을 수립하는 과정에서 고려해야 하는 변수로는 다음과 같은 것들이 있다.

- 수강료와 프로그램 품질
- 새로운 아이디어를 프로그램화하여 시장에 내놓을 수 있는 지식(혁신능력)과 신속성
- 진입장벽
- 자본

이러한 변수들을 복합적으로 고려한 많은 전략들이 기관적 전략과 사업 전략으로 구분하여 개발되어서 활용되고 있다(이광로 외, 2009).

조직상의 전략수준	적용 전략
기관적 전략	• 포트폴리오 방법(BCG 매트릭스, GE 사업심사법)
SWOT 분석	
사업전략	• 포터의 본원적 전략법 • 프로그램 수명 주기 방법 • 앤소프 매트릭스

출처: 이광로 외(2009). 경영학개론. p. 330 참조하여 재작성.

그림 11-5 평생교육기관의 경영전략 분석

1) 기관적 전략

(1) 포트폴리오 방법

단일프로그램이나 단일사업만을 영위하는 평생교육기관에서는 모든 자원을 한 프로그램으로만 투입하기 때문에 자원배분 문제는 발생하지 않는다. 그러나 프로그램영역이 두 개 이상이 되면, 각 프로그램영역의 성공적인 수행을 위하여 제한된 자원을 어떻게 배분할 것인가가 중요한 의사결정 문제가 된다. 이런 상황에서 활용할 수 있는 전략기법이 포트폴리오 방법이다. 포트폴리오(portfolio) 방법은 여러 가지 프로그램의 기회를 대상으로 최적의 투자조합을 구성하려는 방법이다. 대표적인 방법인 BCG 매트릭스와 GE 방법이 있다.

❶ BCG 매트릭스

BCG(Boston Consulting Group) 매트릭스(matrix) 기법은 산업이나 시장의 성장률과 점유율로 프로그램 기회를 분석하는 기법이다. 이때 분석의 대상은 전략적 사업단위(SBU)이며, 그림 11-6은 이 기법을 그림으로 표현한 것이다.

그림 11-6에서 보듯이 시장성장률의 높고 낮음과 시장점유율의 높고 낮음을 대응시키면 4개의 상황이 생긴다. 각 상황의 별칭과 특징 그리고 기관이 취해야 할 전략은 다음 표 11-2와 같다.

기관의 입장에서 가장 바람직한 것은 물음표인 사업단위를 별, 현금 젖소의 단계로 이어지도록 관리하는 것이다. 물음표인 사업단위를 계속 개발해야 이러한 선순환이 이어질 수 있다.

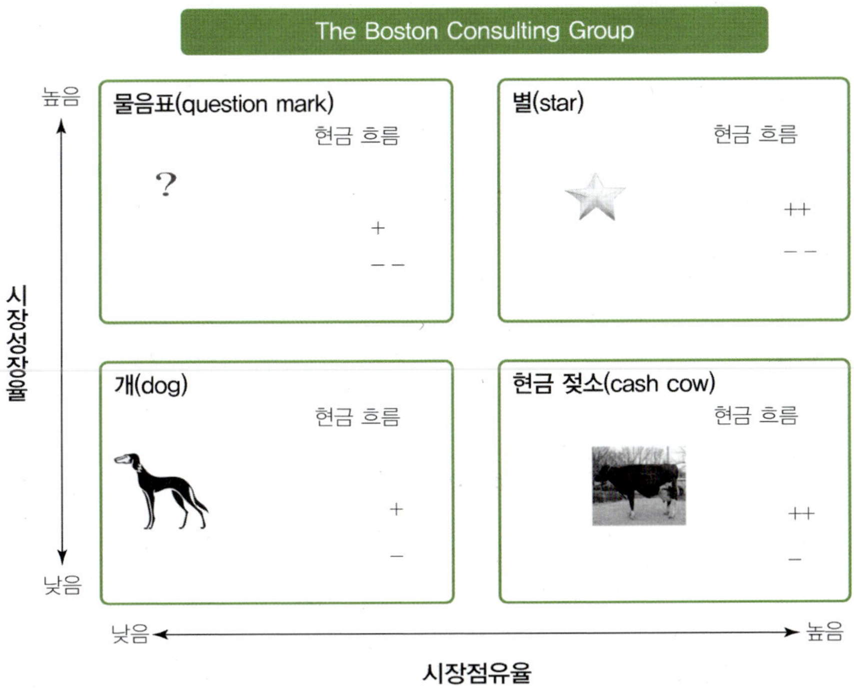

출처: 이광로 외(2009). 경영학개론. p. 331.

그림 11-6 BCG 매트릭스

표 11-2 BCG 매트릭스의 전략분석

별	상황	높은 시장성장률, 높은 시장점유율
	특징	성장하고 있는 시장에 효과적으로 침투해 있기 때문에 많은 수익을 내고 있음(큰 현금유입 ≒ 큰 현금유출)
	대응전략	시장이 커지고 있으므로 성장전략이 요구되며, 따라서 많은 투자자금이 필요
물음표	상황	높은 시장성장률, 낮은 시장점유율
	특징	시장은 성장하고 있으나 경쟁력이 떨어져 수익을 별로 올리지 못하고 있음(현금유입 < 현금유출)
	대응전략	시장이 성장하고는 있지만 추가적인 투자에는 위험이 상존함. 경쟁력이 확보될 수 있는 부문에 집중투자하고 나머지는 과감한 철수를 고려해야 함
현금 젖소	상황	낮은 시장성장률, 높은 시장점유율
	특징	현금을 많이 벌어들이고 수익도 크게 내고 있음(현금유입 > 현금유출)
	대응전략	시장이 더 이상 성장하지 않으므로 현상유지 전략이 필요함. 여기에서 나오는 자금으로 별이나 물음표에 투자
개	상황	낮은 시장성장률, 낮은 시장점유율
	특징	시장의 성장 가능성도 낮고 수익도 거의 나지 않는 상태임(작은 현금유입 ≒ 작은 현금유출)
	대응전략	사업에서 철수함

출처: 이광로 외(2009). 경영학개론. p. 332.

❷ GE 사업심사법

포트폴리오를 이용한 전략수립 방법의 강점은 여러 프로그램의 강약점을 비교할 수 있다는 점이다.

GE 사업심사법(GE business screen)은 그림 11-7과 같이 프로그램 경쟁력 정도(경쟁상의 위치)와 산업의 매력도를 대응시켜 전략을 수립하는 방법이다. Y축은 산업의 매력도에 영향을 미치는 요인으로 시장크기, 시장성장률, 소요자본 규모, 경쟁강도 등이다. X축은 프로그램 경쟁력 정도 또는 경쟁상의 위치는 시장점유율, 기술적 우위의 정도, 프로그램이나 서비스의 품질, 원가, 수강료경쟁력 등이 포함된다.

그림 11-7과 같이 두 지표를 대응시켜 9개의 셀을 만들면 각 사업단위는 해당 산업 내에서 우월한 프로그램, 물음표, 평균적인 프로그램, 수익창출

프로그램, 실패한 프로그램으로 분류할 수 있게 된다. 우월한 프로그램과 물음표 프로그램에 대해서는 투자가 계속되는 전략이, 평균적인 프로그램과 수익창출프로그램은 현상유지 전략이 수립되며, 실패한 프로그램은 철수를 고려하게 된다.

산업의 매력도	강함	평균	약함
높음	우월한 프로그램 [성장 추구]	우월한 프로그램 [성장 추구]	물음표 [성장 추구]
중간	우월한 프로그램 [성장 추구]	평균적인 프로그램 [계속 유지]	실패한 프로그램 [철수(매각)]
낮음	수익창출 프로그램 [계속 유지]	실패한 프로그램 [철수(매각)]	실패한 프로그램 [철수(매각)]

프로그램 경쟁력 정도(경쟁상의 위치)

출처: 이광로 외(2009). 경영학개론. p. 333 참조하여 재작성.

그림 11-7 GE 사업심사법의 기본체계

2) SWOT 분석법

SWOT 분석법은 조직 내부의 강점(strength)과 약점(weakness)을, 조직 외부의 기회(opportunity)와 위협(threat)요인과 대응시켜 전략을 개발하는 방법이다. 네 가지 요인의 머리글자를 따서 SWOT라고 한다. 이 전략수립 방법은 전(全) 기관적 차원에서도 활용할 수도 있고 프로그램 단위차원에서도 적용할 수 있다.

외부환경을 분석하면 기관이 활용할 수 있는 기회와 기관에게 위협이 되는 요인을 파악할 수 있고, 또한 기관 자신이 가지고 있는 강점과 약점이 있다. 이렇게 하면 4가지의 상황이 도출되며 각 상황에 적합한 전략을 구사하는 것이다.

그림 11-8에서 보듯이 SWOT 분석에서 중요한 것은 외부환경의 기회와

위협요인, 기업 내부의 강점과 약점을 정확하게 파악하는 일이다.

그림 11-9는 SWOT를 파악하는데 도움이 되는 몇 가지 지표를 제시한 예이다(이건창, 2006).

기업 내부적 요인 \ 외부환경 요인	기회(Opportunity)	위협(Threat)
강점 (Strength)	**SO 전략** • 내부 강점을 이용하여 외부 기회 포착 [확대전략]	**ST 전략** • 내부 강점을 활용하여 외부 위협은 회피 [안정, 성장전략]
약점 (Weakness)	**WO 전략** • 외부 기회는 포착하되 내부 약점은 극복 [우회, 개발전략]	**WT 전략** • 외부 위협에 약점 밖에 없으므로 사업 축소, 철수 고려 [축소, 철수전략]

그림 11-8 SWOT 분석 체계

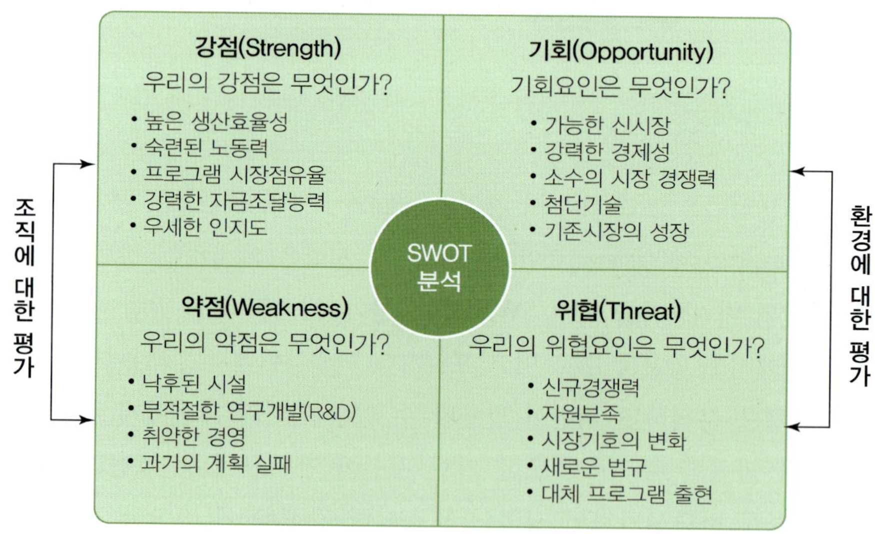

출처: 이건창(2006). 현대경영의 이해. p. 275 참조하여 재작성.

그림 11-9 SWOT 분석의 예

3) 사업전략

(1) 포터의 본원적 전략

포터(M. Porter)는 사업단위의 전략적 의사결정은 목표로 하고 있는 시장의 범위가 넓고, 좁은 시장의 범위와 프로그램 가격이 저가 또는 프로그램의 독창성의 경쟁우위 원천인 두 가지의 기본적 요소에 의하여 결정된다고 하였다(이광로 외, 2009; 오준석 외, 2005).

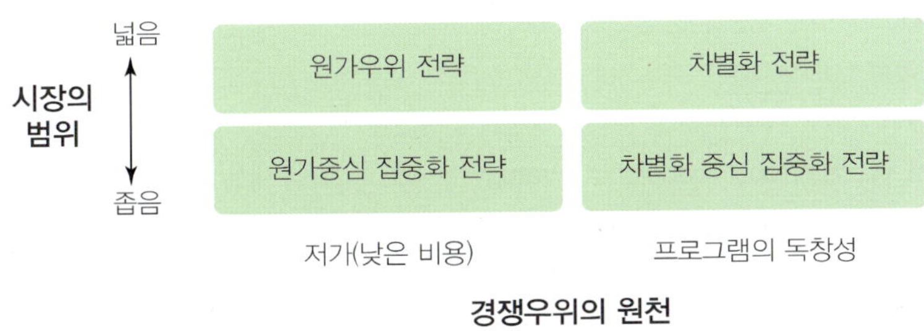

출처: 이광로 외(2009). 경영학개론. p. 336 프로그램 참조.

그림 11-10 포터의 본원적 전략의 체계

이들 두 요소를 대응시켜 그림 11-10과 같이 상황에 적합한 전략을 수립한다.

❶ 차별화 전략

차별화 전략(differentiation strategy)은 경쟁기관과는 다른 독창적인 프로그램을 공급함으로써 경쟁우위를 확보하고자 하는 전략이다. 이 전략은 학습자들이 경쟁 프로그램을 기피하고 우리 프로그램에 대한 충성도를 갖게 하고자 시도한다. 이 전략의 성공 여부는 학습자들이 프로그램 독창성과 서비스에 대하여 지속적으로 혹은 우호적으로 인지하느냐에 달려 있다.

코틀러(Philip Kotler)는 차별화 전략으로써 제품 차별화, 서비스 차별화, 직원 차별화, 채널 차별화 그리고 이미지 차별화 등과 같은 5가지를 지적하고 있다(김정구 역, 2001).

- 프로그램 차별화: 프로그램의 질, 신뢰성, 취업가능성 등
- 서비스 차별화: 고객에 대한 교육서비스의 내용과 질
- 직원 차별화: 전문적이고 친절하며 고객에게 신뢰를 주는 직원
- 채널 차별화: 학습자 외 기관 간의 의사소통의 통로 및 구조
- 이미지 차별화: 브랜드, 기관의 아이덴티티

❷ 원가우위 전략

원가우위 전략(cost leadership strategy)은 프로그램개발, 마케팅 등 기관 내의 모든 분야에서 원가를 낮추어 경쟁기관보다 수강료를 저렴하게 함으로써 경쟁력을 확보하려는 전략이다. 원가우위 전략을 적용하는 데 유리한 상황은 다음과 같다(김종재 외, 2007).

- 교육기관들 간의 경쟁이 수강료 경쟁에 바탕을 둔 경우
- 교육프로그램이 일회적이거나 학습자들이 쉽게 참가할 수 있는 경우
- 교육프로그램의 차별화를 할 수 없거나 교육프로그램의 차별화가 학습자에게 큰 의미가 없을 경우
- 신규 교육프로그램의 개발비용이 낮은 경우
- 학습자의 규모가 크고 교육비로 인하여 강한 교섭력을 지니는 경우

진입장벽이 낮아 새로운 경쟁자가 출현하여 수강료 경쟁 양상으로 전개될 경우 원가우위 전략은 큰 힘을 발휘하게 된다. 원가가 낮을수록 가격을 많이 낮출 수 있기 때문이다.

❸ 집중화 전략

집중화 전략(focus strategy)은 시장을 세분화하여 특정 시장을 경쟁기관보다 낮은 원가를 기반으로 경쟁우위를 점하거나(원가중심 집중화 전략), 프로그램의 독창성으로 경쟁우위를 확보하고자(차별화 중심 집중화 전략) 하는 전략이다. 시장은 연령, 소득, 지역, 직업 등 여러 가지 기준에 의해 세분화할 수 있으며 집중화 전략은 그중에 특정 시장을 대상으로 하는 전략이다. 집중화 전략이 효과적인 사항은 다음과 같다(권두승 외, 2009).

- 세분된 시장이 성장잠재력이 크거나 수익성이 높은 경우

반면 집중화 전략은 다음과 같은 위험성도 존재하고 있다.

- 기술변화나 학습자(잠재자 학습자 포함)의 인식변화로 세분된 시장이 사라지고 전체 교육기관에 동화되는 경우
- 차별화 기관들이 집중화 기관들의 고객욕구를 충족시킬 수 있는 교육프로그램을 공급하는 경우

(2) 프로그램 수명주기 방법

프로그램 수명주기(PLC: Program life cycle)란 프로그램이 갖는 상품가치(marketability)로써 프로그램이 개발되어 운영되고 폐기될 때까지 프로그램이 있는 시장에서의 단계를 말한다. 즉, 프로그램이 시장에 나타난 후 「도입기 – 성장기 – 성숙기 – 쇠퇴기」를 거쳐 시장에서 사라진다는 것이다. 프로그램 수명주기 방법은 이러한 프로그램 수명주기 이론을 전략수립에 적용하여 각 단계에 적합한 전략을 구사해야 한다는 일종의 동적(dynamic)인 사업 전략수립 방법이다.

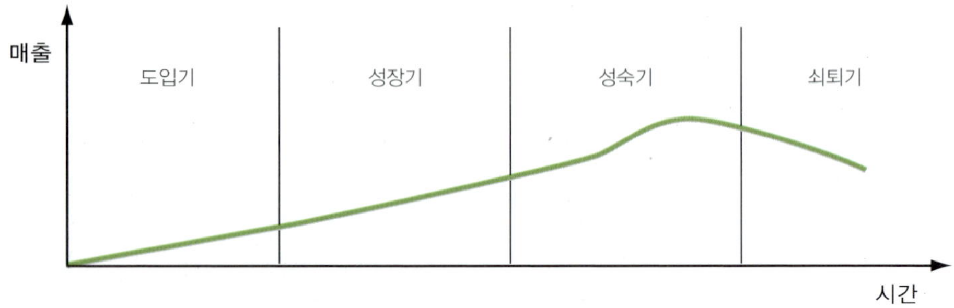

그림 11-11 프로그램 수명주기 곡선

표 11-3 프로그램 수명주기에 다른 특징과 전략

시기	도입기	성장기	성숙기	쇠퇴기
특징 및 현상	• 신 프로그램 소개 • 프로그램개발 투자 • 광고비 과다 • 이익이 없음	• 매출증가 • 경쟁자 유입 • 이익 증가	• 매출증가율 감소 • 현금유입 많음 • 경쟁가속	• 매출과 이익감소 • 수강료 하락 • 경쟁치열
마케팅 전략	• 공격전략 • 광고홍보 • 기술혁신투자	• 새로운 학습자 확보 • 투자증대	• 신 프로그램개발 • 기존 학습자 유지	• 현상유지 • 비용통제 • 소극적 자세

출처: 임창희(2006). 경영학. p. 272 참조.

(3) 앤소프 매트릭스

앤소프(H. I. Ansoff)는 전략을 기관들이 제공할 프로그램과 시장을 선택하는 것이라 하였으며, 기관의 성장 벡터(growth vector)를 표시하고 전략 간 시너지(synergy)를 통해 경쟁우위를 얻기 위한 전략 도출을 위해 앤소프를 만들어 그림 11-12에 제시하였다(오준석 외, 2005).

시 장	프로그램	
	기존 프로그램	신 프로그램
기준시장	시장침투 전략 →	프로그램개발 전략
	↓	↓
신시장	시장개발 전략 →	다각화 전략

출처: 오준석 외(2005). 전략경영시대의 경영학. p. 76.

그림 11-12 앤소프 매트릭스

❶ 성장 벡터

성장 벡터(growth vector)란 프로그램과 시장차원에서 기관이 나갈 성장의 방향을 정한 것으로 궁극적으로 시장과 프로그램이 계속 개발되는 확대화 전략의 방향을 의미한다.

확대화 전략
- 시장 확대화 ← 신시장개발(Market Development)
- 프로그램 확대화 → 신 프로그램개발(Program Development)

❷ 다각화 전략

시장 확대화와 프로그램 확대화를 동시에 이루어 시너지 효과를 얻는 것을 다각화 전략(Diversification Strategy)이라 한다. 앤소프 매트릭스(Ansoff Matrix)는 다각화 전략에 초점을 맞추어 기관 내부의 경영자원보다는 기관 외부의 시장환경을 중심으로 전략을 수립한다.

① 시장침투 전략: 시장침투 전략(Market Penetration)은 기존 시장에서 기존 프로그램으로 매출액을 높이는 전략으로 가격을 낮추고 광고를 중점적으로 하여 시장점유율을 높이고자 하는 전략이다.

② 시장개발 전략: 시장개발 전략(Market Development)은 기존 프로그램으로 새로운 시장에 진출하는 전략으로 시장점유율 성장이 한계에 다다랐을 때 새로운 지역과 학습자에게 접근하는 유통채널 확보전략이다.

③ 프로그램개발 전략: 프로그램개발 전략(Product Development)은 기존 시장에서 현재 학습자에게 새로운 프로그램을 제공하는 전략으로 프로그램의 진부화로 인한 매출액 감소를 회복하기 위하여 학습자의 필요와 요구에 맞는 프로그램 개발 전략이다.

④ 다각화 전략: 다각화 전략(Diversification)이란 신시장에 프로그램을 제공하는 전략으로 확대화 전략의 시너지를 추구한다.

5 평생교육기관의 프로그램 경쟁 전략

1) 전략경영

(1) 전략경영의 필요성

전략계획의 단계에 있어서는 프로그램 전략과 기관 전략으로써 포트폴리오 전략 등 여러 가지 전략기법이 개발되었지만 기관환경의 이질적 변화에 따라 기관 전략만으로는 환경적응이 어렵다. 이에 따라 기관 전략뿐 아니라 기관의 정당성·합법성·존재 이유를 명백히 하기 위한 사회·정치적 전략이 전략경영(strategic business)의 구성부분으로 인식되었다.

전략계획에서 전략경영으로 발전한 이유는 전략계획 자체만으로는 부족하기 때문이다. 즉, 전략의 실행을 위해서는 내부적인 조직문제를 해결해야 전략계획이 성공적으로 실행되었을 때 성과를 가져올 수 있다.

앤소프는 전략계획시스템이 성공적이지 못한 것은 이에 대한 조직의 명시적, 묵시적인 저항이 있었기 때문이며, 전략의 행동화에는 조직문제가 제약요인이 되므로 조직의 전략화를 강조하였다.

(2) 전략경영의 특징

앤소프는 전략계획과 전략경영의 차이를 다음과 같이 제시하고 있다.

표 11-4 전략계획과 전략경영

	전략계획	전략경영
관 련 성	프로그램·시장 전략수립	조직시스템과 조직변화
중 점 사 항	전략의 수립	전략의 실행과 통제(관리과정)
전략수립 시 고 려 사 항	환경적 요인강조(기술, 정보)	조직의 내적 요인

전략계획에 있어서는 프로그램·시장분야의 선택을 주된 내용으로 하는 기관 전략 중심이었다.

(3) 전략경영의 수립단계

호퍼와 센델(Hofer and Schendel)에 의하면 전략경영을 수립하기 위해 기본적으로 다음 7가지의 단계를 거치게 된다고 한다.

① 전략의 식별(strategy identification)

② 환경의 분석(environmental analysis)

③ 자원의 분석(resources analysis)

④ 갭의 분석(gap analysis)

⑤ 전략적 대체안(strategic alternatives)

⑥ 전략의 평가(strategic evaluation)

⑦ 전략의 선택(strategic choice)

2) 경영정책과 전략경영

(1) 경영정책

경영정책(management policy)이란 경영이념이나 경영목적을 달성하기 위한 수단이나 원리를 말한다. 경영이념은 경영목적을 실현해 갈 경우의 정신적인 지도원리이고, 경영정책은 경영목적을 경영이념을 가지고 실현해 나갈 경우의 방법적인 지도원리로, 경영목적을 달성하도록 의사결정의 경로를 정하고 계획의 틀짜기를 설정하는 것이다. 즉, 경영정책은 경영계획의 방향과 범위를 설정하는 것이다. 경영자가 기업 가치의 제고와 같은 기업의 궁극적인 목적을 설정하고, 이를 실현하기 위한 여러 가지 방법을 모색하는 경영의 기본 방침이 경영정책이다. 피셔(Guide Fischer)는 경영정책을 시장지향의 경영정책과 기업 내부지향의 경영정책으로 구분하였고, 멜레로비츠(K. Mellerowicz)는 기초적 의사결정과 경상적 의사결정으로 구분하고 경상적 의사결정을 경영정책이라 구분했으며, 전반적 경영정책과 개별적 경영정책으로 구분하였다.

(2) 전략경영적 사고

민쯔버그(H. Mintzberg)는 시장환경의 정태성을 가정한 경영정책(business policy) 또는 장기전략계획이 점차 유효성이 낮아지는 이유를 다음과 같이 설명하고 전략경영적 사고를 강조하였다.

첫째, 장기전략계획(business planning)은 경영환경의 급격한 변화로 환경에 대한 예측력이 현저히 떨어졌다.

둘째, 전략이란 계속적으로 진화, 발전하는 동태적 과정(dynamic process)이며 계획을 세우고 이후의 기간 동안 이행하는 과정이 아니다.

셋째, 정형화되고 잘 짜인 장기전략계획은 상황변화에 따라 대응하는 조직의 순발력을 오히려 저하시킬 수 있다.

CHAPTER 12

평생교육기관 홍보

1. 마케팅의 정의
2. 미시적 마케팅과 거시적 마케팅
3. SWOT 분석과 마케팅 전략의 개발

평생교육의 기관에서 마케팅은 일반적인 조직에서의 마케팅과는 달리 이익보다는 많은 학습자들이 좋은 프로그램을 접할 수 있도록 학습 기회를 제공하는 것을 목적으로 한다. 그러나 평생교육기관에 대한 국가의 재정적 지원이 많지 않은 현실에서 평생교육기관은 저마다의 마케팅을 통하여 기관을 유지하고 발전시키는 이익 창출 또한 여느 기관들과 마찬가지로 목적으로 삼고 있다. 이 장에서는 마케팅의 개괄적인 개념과 마케팅 전략을 살펴보기로 한다.

1 마케팅의 정의

마케팅(marketing)이란 무엇일까? 가장 간단하게 마케팅을 정의하면 "이윤을 목적으로 고객에게 만족을 전달해주는 기업의 경영철학이나 기업활동"을 말한다. 여기서 마케팅이란 용어는 기업이 행하는 구체적인 활동을 가리키는 의미로 쓰이기도 하지만, 어떤 때에는 그러한 기업을 경영하는 최고경영자의 경영철학(또는 경영마인드)을 가리키는 의미로 쓰이기도 함을 볼 수 있다. 전자의 의미를 마케팅 관리(Marketing Management) 그리고 후자의 의미를 마케팅 컨셉(Marketing Concept)이라고 하여 고객중심적 마인드를 가지고 경영함을 각각 말한다. 따라서 고객에 대한 이해는 현대경영학의 출발점이며 마케팅의 근본을 형성하고 있음을 알 수 있다.

1985년 미국 마케팅협회(AMA)에서 내린 정의는 다음과 같다.

> "마케팅은 개별 소비자와 조직 소비자의 목적을 만족시키기 위한 교환을 창조하기 위해 아이디어와 상품·서비스의 개념, 가격, 촉진 그리고 유통 등을 계획하고 집행하는 일련의 과정이다"
>
> *Marketing is the process of planning and executing the conception*

pricing, promotion, and distribution of ideas, goods, and services to create exchange that satisfy individual and organizational objectives.

AMA의 정의에 나타나는 주요한 마케팅 개념 정의의 구성요소는 5가지로 정리될 수 있다.

첫째, 마케팅은 욕구(want)나 니즈(needs)를 만족시킨다.

마케팅은 개별 소비자나 기업·조직 소비자의 당면해 있는 문제해결 능력(예를 들면, 욕구나 니즈 충족 등)을 가지고 있어야 한다. 따라서 마케팅은 기업-소비자뿐만 아니라, 기업-기업단위의 고객(기업소비자)과의 관계에서 파생되는 제반 마케팅문제를 다룬다.

둘째, 마케팅은 가치의 교환활동(An Exchange of Value)이다.

오늘날 마케팅의 가장 중심적인 핵심을 이루는 부분은 기업과 고객 간의 가치의 교환활동이다. 예를 들면, 기업은 고객에게 고객이 필요로 하는 제품이나 서비스를 제공하고 그 대가로 고객은 일정 금액을 지불하게 된다. 고객과 기업이 서로 가치교환을 통해 장기적으로 건설적인 관계를 유지·발전시켜야 한다는 것이 현대 경영학, 좁게는 마케팅적 사고의 핵심을 이룬다.

평생교육기관은 고객의 요구에 맞는 프로그램들을 개발하여 개강함으로써 평생교육기관과 가치교환을 만들어냄으로써 평생교육기관 수입의 일정부분을 담당해야 하는 것이다.

셋째, 마케팅의 대상은 포괄적(Anything can be marketed)이다.

마케팅은 고객의 욕구를 만족시키기 위한 가치교환의 활동이라 했다. 그러면 가치란 무엇을 통해 실제로 고객에게 전달·소비되는가? 일반적으로 마케팅의 대상은 유·무형의 소비재와 서비스(음료수, 화장품, 정보서비스 등), 유·무형의 산업재(석유중간제품, 기업 상대의 컨설팅 등), 유·무형의 공공재(조달청에 구입하는 물품들, 정부에 제공되는 정보서비스 등), 아이디어(창업·제품·광고 아이디어 등), 사람(배용준, 이병헌 등 스타 마케팅 전략), 시간(실시간 주가 정보서비스나, 24시간

편의점 등), 장소(관광의 도시 제주도) 등으로 매우 다양하다.

넷째, 마케팅은 수단(Marketing Tools)이다.

마케팅은 기업의 목적을 달성하기 위해 행하는 기업활동이다. 예를 들어, 기업의 매출증대를 단기적 목적으로 정한 경우 마케팅의 역량은 매출증대에 공헌하기 위한 방향으로 모아져야 할 것이다. 마케팅 관리자가 이러한 목적을 달성하기 위해 사용가능한 의사결정변수를 마케팅 믹스(Marketing Mix)라 하고, 이에는 제품(Product), 가격(Pricing), 판매촉진(Promotion), 유통(Place) 등이 있다. 이들 마케팅 믹스는 모두 P로 시작하고 있다. McCarthy는 4P라고 이름 붙였다.

다섯째, 마케팅은 과정(Process)이다.

'마케팅은 계획하고 집행하는 과정이다'라는 것은 마케팅활동이 일회성에 목적을 둔 것이 아니라, 지속적인 노력을 요구하는 것을 강조하는 의미이다. 이러한 맥락에서 현대 마케팅에서 중요시하는 개념이 '관계 마케팅'(Relationship Marketing)이며 기본적인 핵심은 고객과의 가치교환을 통해 장기적인 우호관계 증대가 기업성장의 지름길이 된다는 사고방식이다.

이러한 5가지 구성요소로 마케팅을 정의해도 되지만, 다음과 같이 간단하게 마케팅을 정의하고 이해해도 무방할 것으로 보인다. 마케팅이란 "시장을 정의하고 정의된 시장에서 가능한 마케팅 수단으로 대응해 나가는 활동"으로 정의할 수 있다.

1) 마케팅의 핵심 개념

(1) 소비자의 필요와 욕구(Needs & Want)

마케팅은 인간의 필요와 욕구로부터 발생한다. 인간이 생명을 유지하고 삶을 영위하기 위해서는 먹을 것, 입을 것, 쉴 곳 등을 필요로 한다. 또한 사회가 발전하고 윤택해지고 복잡해지면서 휴식, 교육, 오락 등에 대한 욕구도 가지게 되었다. 인간은 대부분의 경우 이와 같은 기본적인 상품이나 서비스의 특정 형태나 상표에 대해 강한 선호를 가지고 있다.

욕구가 활성화되면 인간은 내적으로 긴장의 상태가 된다. 마케터는 소비자가 이러한 긴장을 줄일 수 있도록 그들이 원했던 편익(Benefit)을 제공하는 제품이나 서비스를 만들려고 한다. 즉, 배고픔을 해소시킬 수 있는 빵을 만든다든가, 갈증해소와 저칼로리를 원하는 욕구를 충족시킬 수 있는 다이어트 콜라를 만든다.

매슬로우(Maslow)에 의하면 인간의 욕구는 생리적 욕구부터 자아실현의 욕구까지 5단계로 구성되는데, 이 욕구는 하위 수준에서 상위 수준으로 이어진다. 초기엔 가장 하위 수준의 욕구가 활성화되고 특정 행동으로 그 욕구가 채워지면 상위 수준의 욕구가 활성화된다. 만약 하위 수준의 욕구가 충족되지 못하면 상위 수준의 욕구는 활성화되지 않는다.

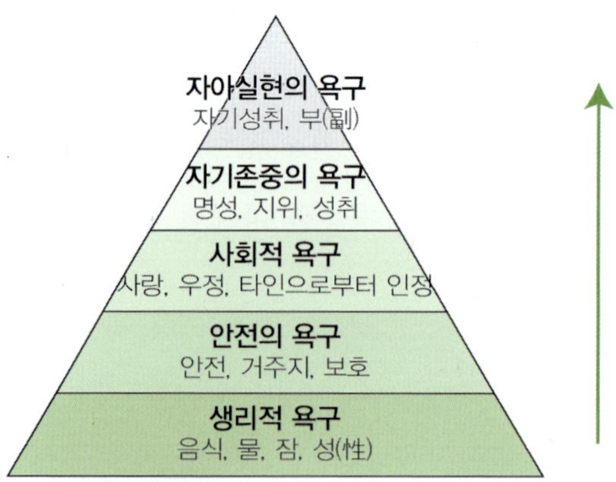

그림 12-1 매슬로우의 욕구위계설

인간의 필요(Needs)는 기본적인 만족의 결핍을 느끼고 있는 상태를 말한다. 앞에서 말한 것들에 대한 욕구가 결핍되었을 때 사람은 필요를 가지고 있다고 말할 수 있다. 이러한 필요들은 인간이 생리적으로 갖고 있거나 인간의 조건 그 자체에 의해 생겨나는 것이지 사회나 마케팅에 의해 만들어지는 것은 아니다. 간혹 기업들이 지나친 광고를 통하여 새로운 욕구를 창출시켜 소비자로 하여금 불필요한 제품을 구매하도록 강요한다는 비난이 있다. 그러나 기본적인 욕구는 생산자가 창출하는 것이 아니라 타고나는 것이며, 생산자는 단지 욕구를 효과적으로 충족시킬 수단으로써 제품을 제공하는 것에 불과하다. 따라서 소비자는 제품이 자신이 욕구를 충족시켜 줄 것이라는 인식하에서 자유의사에 따라 구매 여부를 결정하는 것이며, 광고에 의해 자신의 욕구와 관계없는 제품을 구매하지는 않는다는 것이다.

(2) 소비자의 만족(Satisfaction)과 가치(Value)

소비자들은 제품이나 서비스로써 필요와 욕구를 충족시킨다. 가령 소비자들은 자신들의 배고픔을 해소하기 위해 햄버거, 쌀, 국수, 피자, 자장면, 불고기 등의 많은 수단을 사용할 수 있다. 소비자들은 이러한 대안들 중에서 그들의 필요를 가장 잘 만족시켜 줄 수 있다고 생각하는 것을 택하게 된다. 하지만 소비자들은 필요와 욕구의 충족이라는 측면뿐만 아니라 특정 대안의 선택에 대한 대가의 지불을 고려해야 한다. 따라서 소비자들이 제품이나 서비스를 선택하는데 있어 기준이 되는 것은 각 대안이 소비자에게 제공할 수 있는 가치(value)라고 할 수 있다. 대안의 가치는 가격을 고려한 대안의 고객만족 수준을 말한다. 어떤 소비자는 자장면보다 피자를 더욱 선호하지만 피자의 가격이 자장면보다 높기 때문에 자장면을 택하는 경우도 있을 것이다. 이처럼 소비자들은 자신들의 필요나 욕구를 충족시키기 위해 지불해야 하는 가격 단위당 가치가 가장 큰 제품을 선택하게 될 것이다.

(3) 교환(Exchange)

어떤 제품이나 서비스가 소비자의 필요나 욕구를 충족시키고 소비자에게 만족과 가치를 제공한다 하더라도, 해당 제품 및 서비스를 제공하는 기업이 취하는 이득이 없다면 교환은 일어나지 않을 것이다. 교환은 가치 있는 제품 및 서비스에 대하여 대가를 지불하고 획득하는 행위를 말한다. 교환의 발생 여부는 교환관련 당사자들의 교환조건에 대한 동의 여부에 달려 있는데, 교환이 발생하기 위해서는 교환의 조건이 교환의 당사자들로 하여금 교환 이전보다 더 만족한 상태로 만들어줄 수 있어야 한다.

(4) 시장(Market)

시장이라는 개념은 반드시 제품 및 서비스에만 한정된 것도 아니다. 가령 자금을 필요로 하는 사람들과 이를 공급할 수 있는 능력을 가진 사람들 사이에 교환이 이루어지는 자금시장이나 노동력을 공급하고자 하는 사람들과 이를 필요로 하는 사람들이 형성하는 노동시장의 개념에도 시장의 개념이 활용될 수 있다.

과거의 시장		근래의 시장
과거에는 시장이라는 개념이 가락동 시장이나 평화시장과 같이 판매자와 구매자가 만나 교환이 일어나는 장소적인 의미로 사용되었다.	VS	근래에는 시장이 반드시 특정한 장소를 말하는 개념이라기보다는 특정 제품이나 서비스의 실제 또는 잠재적 구매자들의 집합을 뜻하는 것으로 이해되고 있다. 특히 통신과 교통이 발전하면서 사람들은 물리적인 접촉 없이도 교환을 할 수 있게 되었다.

그림 12-2 시장의 개념

2) 평생교육기관 마케팅의 의의

평생교육기관에서 마케팅에 대한 개념은 첫째, 일반적인 기관과 마찬가지로 경영철학으로서의 마케팅이다. 이는 평생교육기관을 운영하는 경영자가 가지고 있는 경영철학에 의해서 나타나는 것으로 학습자(고객)가 현재 무엇을 원하는지 그리고 앞으로 원하는 것은 무엇인지에 대한 예측을 통하여 기관의 성장과 발전 방향을 만들어가야 한다는 인식을 가지는 것이다. 따라서 교육에 대한 가치의 기준에 높은 의의를 두며, 평생교육기관은 이러한 고객의 가치충족에 만족을 줌으로써 기관의 이익이 이루어진다고 여기는 것이다. 둘째, 기관활동으로서의 마케팅이다. 기관은 기관의 생존과 성장을 위하여 실무자의 획득과 유지, 프로그램개발, 홍보, 분석 등 여러 가지 활동을 해야 하는데, 이러한 활동을 통하여 고객에게 경쟁기관들보다 더 큰 가치를 제공하고, 계획하고, 실행하며 통제하는 과정이라고 할 수 있다.

평생교육기관에서의 마케팅은 공익적인 면과 수익적인 면을 모두 추구해야 하는 기관이다 보니 잠재적 학습자들에게 교육에 참여할 수 있는 기회를 제공하며, 아울러 그러한 요구에 맞는 교육프로그램이 실제적인 수익을 창출할 수 있도록 홍보하여 기관의 재정확보에 도움이 될 수 있도록 운영되어야 한다. 따라서 고객의 요구에 충족할 수 있는 프로그램을 개발·개설하여 재정확보에 도움이 될 수 있으며, 시민들에게 가치 창출까지 뒤따를 수 있도록 평생교육기관 마케팅의 의의를 가져야 한다고 할 수 있다.

2 미시적 마케팅과 거시적 마케팅

마케팅 기술은 시대의 흐름 및 환경에 따라 변화하였지만, 그 기본적인 과정과 현상은 크게 변한 것이 없다. 역사의 어떤 시점에 있어서도 마케팅에 관한 연구는 두 가지의 방법에 의하여 접근될 수 있을 것이다. 그 하나는 미시적 마케팅 접근이고, 다른 하나는 거시적 마케팅 접근이다. 평생교육기관도 이러한 마케팅의 기술을 접목하여 고객의 요구에 접근할 수 있어야 할 것이다.

1) 미시적 마케팅

'충족되지 않은 고객의 욕구'를 발견해 내고 그러한 욕구를 충족시켜 줄 수 있는 제품을 생산하고, 중간상을 거쳐 고객에게 흐르도록 함으로써 조직의 목표를 효과적으로 달성하려는 활동이라 할 수 있다. 즉, 마케팅을 고객의 욕구를 충족시키기 위한 기업의 활동으로 정의하고 평가하는 관점을 미시적 마케팅이라고 한다. 이는 시장조사, 제품개발, 판매촉진, 유통경로 설계 그리고 서비스 활동을 포함한다.

평생교육기관은 공적인 의무를 함께 가지고 있으며, 또한 고객들에게 교육이라는 상품을 제공하기 때문에 고객의 욕구충족에 많은 관심을 기울여야 할 것이다. 따라서 지역주민들을 상대로 하는 꾸준한 요구조사와 함께 현재 시민들의 관심사는 무엇이며, 운영하는 교육기관에서 개설, 운영할 수 있는 프로그램에 대한 개발과 함께 시민들에게 프로그램을 어떻게 소개하며, 많은 시민들을 프로그램에 참여시킬 수 있는지에 대하여 끊임없는 요구조사가 이루어져야 할 것이다.

2) 거시적 마케팅

거시적 마케팅은 "이질적인 공급능력을 이질적인 수요와 효과적으로 대응시키고, 사회의 장·단기 목표를 효과적으로 달성할 수 있도록 전체 경제시스템의 제품들이 생산자로부터 소비자들에게 원활하게 흐르도록 하는 사회경제적인 활동"으로 정의된다. 즉, 거시마케팅이란 가치를 교환하려는 전체 구성원들의 욕구를 효과적으로 해결하기 위하여 한 사회 내에서 필연적으로 발전한 사회적 과정이다. 거시적 마케팅은 앞에서 언급한 미시적 마케팅활동들과 사회가 상호영향을 미치는가에 대하여 관심을 갖는데, 국내시장의 개방, 경쟁구조의 변화, 정부규제에 대한 기업 및 소비자의 반응, 마케팅활동의 효율성과 같은 산업 일반적인 면에 초점을 두는 것이다.

평생교육기관에서 거시적 마케팅이라는 관점은 평생교육기관이 지역사회에 어떤 목적으로 영향을 미칠 것인지를 고려한 운영을 말하며, 지역사회 발전을 위한 장기적인 목표설정을 통하여 일회성 평생교육프로그램이 아닌 지속적인 프로그램의 개발·운영의 장기적인 마케팅 전략의 수립을 의미하는 것이다.

3 SWOT 분석과 마케팅 전략의 개발

1) SWOT 분석의 개념

SWOT 분석이란 기업 내부의 강점(Strength), 약점(Weakness)과 외부환경의 기회(Opportunity), 위협(Threat)을 기본으로 하여 기업 내·외부에서 발생하는 각종 상황을 분석하여 사업의 방향성을 잡고 대처하기 위해 사용하는 분석 방법이다. SWOT 분석의 주요 목적은 기업의 성장기회와 미래의 위협요소에 대한 파악이다.

(1) 강점(Strength)

강점은 기업의 내부적 강점을 말한다. 충분한 자본력, 기술적 우위, 유능한 인적자원 등이 이에 속한다.

(2) 약점(Weakness)

약점은 내부적 약점을 말한다. 생산력 부족, 미약한 브랜드 인지도 등이 이에 속한다. 이때 강점과 약점은 기업의 외부요소를 배제하고 사실에 기초한 내부의 장단점을 말한다.

(3) 기회(Opportunity)

기회는 사회적·경제적 기회를 말한다. 예를 들어, 현재 회사가 목표로 하는 시장에 경쟁자가 없다거나, 경제상황이 좋아지고 있음으로 인하여 새로운 사업의 기회가 생긴다면 이는 곧 외부로부터 발생하는 기회에 해당한다.

(4) 위협(Threat)

위협은 외부적인(사회·경제적 또는 경쟁자로부터의) 위협이다. 예를 들어, 중소기업인 한 회사가 막 시작한 사업에 대기업이 거대자본을 바탕으로 진입한다거나 반대로 대기업의 입장에서 대기업이 장악하고 있는 시장에 새로운 기술을 가진 새로운 기업이 출현하는 것 등이 외부적인 위협요소로 작용할 수 있다. 또한 사회 전반적으로 반미감정이 고조된다면 미국상품을 수입·판매하는 회사에게 큰 위협이 될 수 있다.

기회와 위협은 해당 기업의 내부적 장단점과 상관없이 존재하는 외부적 기회와 위협이며, 이는 사실과 그에 기초한 예측으로 이루어진다. 다시 말해 SWOT 분석에서 강점은 경쟁기업과 비교하여 소비자로부터 강점으로 인식되는 것은 무엇인지, 약점은 경쟁기업과 비교하여 소비자로부터 약점으로 인식되는 것은 무엇인지, 기회는 외부환경으로부터 생성되는 유리한 요인은 무엇인지, 위협은 외부환경으로부터 발생된 불리한 요인은 무엇인지를 찾아내는 것을 말한다. SWOT 분석은 기업의 내부환경과 외부환경을 분석하여 기업 역량과 비교하여 전략방향을 수립할 때 많이 활용되고 있다. SWOT의 개념은 다음과 같이 표시된다.

표 12-1 SWOT 분석의 개념

	기회요인(O)	위협요인(T)
기업의 강점(S)		
기업의 약점(W)		

SWOT 분석을 하면 현재 기업의 위치가 4가지(SO, ST, WO, WT) 중 하나로 정해지게 된다. 이 현재의 위치를 바탕으로 기업의 전략방향을 평가하고 설계하는데 유용하게 활용될 수 있다.

2) SWOT 분석의 특징

SWOT 분석의 가장 큰 특징은 기업의 내부와 외부를 동시에 판단할 수 있다는 점이다. SWOT 분석 이외에 다른 분석들은 내부와 외부환경 중 하나에만 집중하는 경향이 있지만, SWOT 분석의 경우 내부와 외부의 모습을 동시에 파악할 수 있기 때문에 장기적인 안목에서도 유리하다. 또한 SWOT 분석은 분석 자체가 간단명료하게 정리되기 때문에 쉽게 문제점을 파악할 수 있다. 사업가들은 긴 설명문보다 짧고 명료한 요약문을 선호한다는 점에서 SWOT 분석은 장황한 사업 환경과 내부적 요인들은 A4지 한 장으로 명료하게 표현할 수 있기 때문에 유용하다.

SWOT 분석을 정확하게 이해하기 위해서는 분석과 관련된 기업 내·외부의 제반사항에 관한 지식이 필요하다. SWOT 분석은 짧은 문장으로 끝나고 추가 설명이 들어 있지 않기 때문에 기초적인 지식이 없는 상태에서는 분석 자체를 이해하지 못할 수 있으며, 이해하더라도 부분적인 면에서 그릇된 해석을 할 수 있기 때문이다. 준비하는 기획자의 입장에서도 국내외 환경영향을 한두 줄로 정리할 수 있어야 하며 제시되는 약점이나 위협에 관하여 체계적으로 설명할 수 있어야 한다.

SWOT 분석은 사업의 분석을 돕는 여러 가지 분석방법 중 하나이다. 너무 SWOT 분석을 맹신해서는 안 되며 모든 사업에 대한 문제점 파악 및 대안 선택을 SWOT 분석만으로 해결하려 하는 것도 어리석은 방법이다. 다만 현재 우리가 사용하고 있는 분석방법 중 가장 효과적인 분석방법 중 하나가 바로 SWOT 분석방법이라는 것이며, 앞으로도 요긴하게 사용될 것이라는 것이다.

3) SWOT 분석의 방법

(1) 내부환경 분석(Strength, Weakness)

내부적 환경을 살펴보면 회사의 구조, 자본, 현금동원력, 인적자원, 생산능력, 기술적 우위, 종업원들과의 관계, 기업문화, 기업의 목표, 기업이 현재 추진하는 사업내용 등 거의 모든 기업의 내부적 내용이 포함된다.

예를 들면, 각 부분의 마케팅 환경과 마케팅활동의 연관성을 살펴보면, 첫째, 자본이 탄탄하고 현금동원력이 좋은 경우, 보다 공격적이고 큰 규모의 마케팅활동이 가능해진다.

둘째, 유능하고 충분한 인적자원을 가진 경우, 보다 빠르고 효과적으로 마케팅활동을 포함한 기업활동이 가능해지며 동시에 상대적 저비용을 통한 고효율의 기업활동이 가능해 진다.

셋째, 기업이 가지고 있는 생산이나 관리 혹은 마케팅에서의 기술적 우위는 높은 경쟁력을 바탕으로 기업활동을 가능하게 함으로써 마케팅활동의 높은 효과와 기업의 높은 이익을 실현할 수 있게 해준다.

넷째, 기업의 관리층과 실무자와의 친밀한 관계 및 높은 직업 정신은 높은 효율과 효과를 가져다준다.

다섯째, 친밀하고 공동체적인 기업문화는 기업 각 부문 간의 통일성과 일하기 좋은 기업의 분위기에는 큰 도움이 되지만, 보다 공격적이고 치열한 경쟁을 가로막는 요인이 될 수 있다. 특히 세일즈의 부문에서는 내부적으로도 모든 다른 세일즈맨들이 경쟁자가 되며 그러한 경쟁을 통해 더 높은 판매실적과 이익이 발생하기도 하기 때문에 친밀한 기업 문화는 때로는 이러한 경쟁을 가로막기 쉽다.

(2) 외부환경 분석(Opportunities, Threats)

기업 외부환경은 크게 사회·문화적, 정치적, 경제적인 환경으로 구분된다. 사회·문화적 환경이란 기업이 기업활동(생산, 관리, 유통, 판매 등)을 하는 지역적인 사회적 혹은 문화적 특성에 기인하는 환경이다. 기업은 기업활동에 있어서 해당 지역(국가, 특정인종에 의한 지역 혹은 특정 정치적 입장이나 종교적 입장을 가진 지역 등)의 문화와 사회적 특성을 반드시 이해하고 이를 전략적으로 반영해야만 한다.

정치적 환경이란 기업활동과 법, 정부단체 혹은 정치적 입장을 가진 단체나 그룹들이 연관되어 있는 부분을 말한다. 예를 들어, 소리바다와 같은 P2P 서비스의 경우 법원의 명령으로 인해 기존의 모든 서비스가 중지되었다. 세계적으로 많은 P2P 업체들이 비슷한 법률적 이유로 사실상 서비스가 중지되었다. 이런 외부적 기업활동 요인을 마케팅 환경 중 정치적인 외부적 환경이라고 한다.

또 특정 국가, 지역 혹은 세계적인 경제환경도 기업의 계획과 활동에 큰 영향을 준다. 예를 들어, 대규모의 유가상승은 승용차의 판매를 둔화시키며 승용차의 판매내용을 소형차 위주로 변환시키거나 디젤차량의 판매가 증가하도록 만드는 요소로 작용하기도 한다. 이때 한국의 전반적인 경제사정도 좋지 못하다면 자동차업계는 할인판매와 저이자율의 장기 할부판매를 할 수밖에 없는 상황으로 이끌려가게 된다. 이렇게 전반적인 경제환경은 수요와 공급의 균형점을 이동시킴으로써 기업의 전반적인 활동과 가격책정에 큰 영향을 주게 된다.

4) SWOT 분석을 이용한 전략수립

기업 내부의 강점과 약점을, 기업 외부의 기회와 위협을 대응시켜 기업의 목표를 달성하려는 SWOT 분석에 의한 마케팅 전략의 특성은 다음과 같다.

❶ SO 전략(강점 – 기회 전략)

시장의 기회를 활용하기 위해 강점을 사용하는 전략을 선택한다. 주로 선도기업에 의한 시장선점 전략이 일반적이며, 때로는 시장과 제품의 다각화를 추구하여 사업의 기반을 확대해나가는 것도 좋은 방안이 된다.

❷ ST 전략(강점 – 위험 전략)

시장의 위협을 회피하거나 극복하기 위해 기업의 강점을 사용하는 전략을 선택한다. 구체적인 대안으로는 시장 침투 전략과 제품확충 전략이 있다.

제품확충 전략의 경우에도 브랜드를 통한 확장 전략과 틈새를 공략하기 위한 틈새제품 전략이 있다.

❸ WO 전략(약점 – 기회 전략)

약점을 극복함으로써 시장의 기회를 활용하는 전략을 선택한다. 약점을 극복하기 위해선 기업의 핵심역량을 강화시키거나 단기간에 어려울 것으로 예상되면 전략적 제휴를 통해 선도기업의 장점을 활용하는 것이 바람직할 것이다.

❹ WT 전략(약점 – 위협 전략)

시장의 위협을 회피하고 약점을 최소화하는 전략을 선택한다. 고려할 수 있는 전략대안으로는 철수 전략과 집중화 전략이 있다.

표 12-2 평생교육기관(김포시 여성회관)의 SWOT 분석

1. 기회 요인 주민들의 문화수준 향상으로 인한 학습의 기회 확대 주민들의 유입으로 인한 인구 증가 다양한 직업군의 변화로 인한 교육 수요 증대	2. 위협요인 주변의 여타 문화센터들의 개소 백화점의 문화센터 활성화 과정에 따른 불규칙한 수요
3. 강점 타 기관에 비해 저렴한 수강료 매년 공개 채용을 통한 강사의 자질 우수 최신 기자재 확보 회관 시설의 최신화 운영자 입장에서 기자재 활용이 용이(다양하게 활용 가능) 정보 교류의 원활	4. 약점 공공기관으로서의 한계 운영에 있어서의 번거로움 주말 운영의 어려움 관리에 있어서의 인원의 한계 시설 개·보수에 있어서의 시간적 한계

(계속)

전략 수립

외부분석 \ 내부분석		강점	약점
		• 타 기관에 비해 저렴한 수강료 • 매년 공개 채용을 통한 강사의 자질 우수 • 최신 기자재 확보 • 회관 시설의 최신화 • 운영자 입장에서 기자재 활용이 용이(다양하게 활용 가능) • 정보 교류의 원활	• 공공기관으로서의 한계 • 운영에 있어서의 번거로움 • 주말 운영의 어려움 • 관리에 있어서의 인원의 한계 • 시설 개·보수에 있어서의 시간적 한계 • 시 재정에 따라 운영되므로 수익 사업을 할 수 없음
기회	• 주민들의 문화수준 향상으로 인한 학습의 기회 확대 • 주민들의 유입으로 인한 인구증가 • 다양한 직업군의 변화로 인한 교육 수요 증대 • 5일제 근무로 인한 여가 시간의 확보	**S-O 전략** • 주민들의 요구에 맞는 강좌 개설 • 저렴한 수강료 책정을 위한 운영비 확보 전략 확충 • 동아리 활동을 통한 교육 후 교육 내용 활용 방안 수립 • 인터넷 접수 방법을 통한 수강생들의 편의성 도모	**W-O 전략** • 추가 근무 수당이나 주말 근무 수당의 확보를 통한 주말 혹은 야간 교육 활성화 • 시설 확충에 관한 절차의 융통성을 위한 조례안 확충 • 부족한 인원으로 인한 운영의 불편함을 줄이기 위한 자원봉사자 활용 전략 수립
위험	• 주변의 여타 문화센터들의 개소 • 백화점의 문화센터 활성화 • 과정에 따른 불규칙한 수요 • 민간단체의 개소 급증 • 민간 위탁으로의 전화 가능성	**S-T 전략** • 여타 문화센터들이 개설하기 힘든 강좌 또한 개설하여 주민들에게 다양한 교육의 기회 제공 • 저렴한 비용으로 타 기관과의 마찰에 대한 대비책 강구 • 공공기관 운영으로 인한 장점(수강료)을 활용한 운영 계획 수립 • 민간단체 못지 않은 프로그램 개발에 주력 • 동종 센터들과 공생할 수 있는 방안 모색	**W-T 전략** • 과정에 따라 수강생의 편중 현상에 대한 방안 모색 • 인원의 부족을 소리함이나 방문객 의견 수렴을 통한 의견 개진 방향 모색 • 수강생들의 피드백(설문조사)을 통한 의견 수렵 창구 다양화 • 홍보비용의 최소화를 극대화시킬 수 있는 방안 모색

표 12-3 SWOT 분석에 따른 마케팅 전략 대안

	기회(Opportunity)	위협(Treat)
강점(Strength)	① SO 시장기회 선점전략 시장·제품의 다각화 전략	② ST 시장 침투 전략 제품확충 전략
약점(Weakness)	③ WO 핵심역량 강화전략 전략적 제휴	④ WT 철수 전략 제품·시장 집중화 전략

5) SWOT 분석방법의 한계점

① 환경인식의 기법이나 예측, 분석방법이 제대로 갖춰지지 않을 경우, 환경에 대한 자의적인 선별과 해석으로 중요한 환경요소들이 간과될 수 있다.

② 기업능력에 대한 검토에 있어 강점과 약점에 대한 명확한 인식이 쉽지 않다. 더욱이 미래의 시점으로 전환하여 우리 기업의 강점과 약점에 대한 판단 및 분석은 다분히 자의적인 해석에 좌우되며, 시장지능이나 기술지능, 정보지능과 같은 지능발휘에 대한 관점도 결여되어 있다.

③ 강점인가 약점인가에 대한 해석도 명확하지 않다. 강점과 약점의 판단은 실제로 부딪쳐 봐야 알 수 있는 것이다. 즉, 상황이 전개된 뒤 실전에서 그 결과를 놓고, '이것이 강점이다. 저것이 약점이다'는 판단이 가능하다는 것이다. 그러나 사전에 이를 구별해내는 것은 쉽지 않다.

④ 강점과 약점을 구분하는 과정에서는 두드러지지는 않지만 전략적 대응을 위하여 핵심적 역량으로 간주되어야 할 요소들조차, 강점과 약점의 분류에 들어가지 못한다는 점에서 전략 대응의 방향이나 내용에서 빠져 버릴 수도 있다는 점이다. 이러한 점은 후에 핵심역량과 같은 이름의 전략으로 별도의 접근을 시도해야 한다.

⑤ 사전에 관측이 가능한 강점과 약점이란 조건이나 기준에 따라 변화하기 마련이다. 즉, 기업의 진행방향이나 또는 내부 경영자원들의 정비 상황에 따라서 상대적으로나 절대적으로 변화한다. 무엇이 현재의 강점이고 약점이며, 그 강점과 역동성이 어떻게 변화할 것인지를 알지 못한다면, 당면하게 될 미래의 기회요인과 위협요인에 대한 대응의 편성이 잘 될 수도 있지만, 잘못될 수도 있다. 즉, 전략의 유효성이 떨어지게 된다는 점이다.

⑥ 환경의 기회요인과 위협요인 또한 그 인식이 쉽지 않다. 약한 신호의 경우 그것이 기회인지 위협인지에 대한 이해가 불가능하며, 이 두 가지의 항목, 즉 기회와 위협으로 분류되지 않게 되면 SWOT 분석 작업에 고려될 여지가 없다. 물론 SWOT 분석만으로 전략을 모두 수립하게 되는 것은 아니며 일단 SWOT 분석기법의 논리적 프레임 워크상으로는 기업의 역량을 가지고 환경에 대응할 수 있는 것처럼 보이지만, 현실적으로는 기회와 위협요인도, 강점과 약점요인도 그 요인파악에 실패를 하게 될 경우, 그 분석 프로세스 내에 분석해야 할 요인이 추가되지 못함으로 인하여 그릇된 결론을 도출하게 되거나 또는 분석결과의 품질이 형편없는 것으로 나올 수 있다는 분석방법상의 맹점이 있다.

⑦ 추가적으로 SWOT 분석에서는 각 대안들이 서로 어떠한 상관이나 보완관계가 있는지, 환경의 돌파를 위한 대안인지, 사업 환경의 정비나 상황조건에 대응하는 것인지에 대한 구분이 어렵다는 점이다. 따라서 SWOT 분석의 이후 작업에 어려움을 느끼게 된다. 즉, 각 대안들을 종합하고 정리하는 과정에서 각 대안들이 어떠한 부류의 조치를 의미하는지 이해가 어려우며, 그것을 종합화하기가 또한 어렵다.

참고문헌

가영희 외(2008). **성인학습 및 상담**. 서울: 교육과학사.

가재환·김충렬(2005). **21세기 조직행동론**. 서울: 형설출판사.

교육부·국가평생교육진흥원(2014). 2013 평생교육백서.

교육부·한국교육개발원(2015). 평생교육백서.

권두승·최운실(2009). **평생교육경영론**. 서울: 교육과학사.

권두승 외(2006). **평생교육시설과 학원의 교습과정 실태 조사 및 활성화 방안 연구**. 서울: 한국교육개발원.

권인탁(2009). **평생교육경영론**. 서울: 학지사.

김기수 외(2008). **경영학원론**. 서울: 백산출판사.

김기홍 외(2008). **경영학개론**. 서울: 한올출판사.

김문증(1997). **경영학원론**. 서울 : 청묵출판사

김신일·한승희(2007). **평생교육학**. 서울: 교육과학사.

김영규(2006). **제2판 경영학원론**. 서울: 박영사.

김정구 역(2000). 필립 코틀러 저. **(필립 코틀러의)미래형 마케팅**. 서울: 세종연구원.

김중재 외(2007). **경영의 이해**. 서울 : 박영사.

김창걸(1994). **교육행정학신론: 교육행정 및 교육경영**. 서울: 형설출판사.

______(2003). **교육조직행위론**. 서울: 형설출판사.

______(2003). **리더십의 이론과 실제**. 서울: 박문각.

김형관(1995). **교육행정**. 서울: 성원사.

남정걸(2008). **평생교육경영학**. 서울: 교육과학사.

박경재 외(2002). **평생교육교육법제 개선 방안 연구**. 서울: 산학협력연구원 연구보고서.

백방성(1995). **경영학원론**. 서울 : 무역경영사.

성낙돈 외(2009). **평생교육학개론**. 서울: 청목출판사.

신유근(1996). '한국기업최고경영자의 행동 특성과 리더십스타일'. 인사조

직 연구.
안병환 외(2008). **교육행정 및 교육경영**. 경기: 공동체.
오준석 외(2005). **전략시대의 경영학(7판)**. 서울: 웅지세무대학출판부.
오혁진 외(2007). **평생교육경영학**. 서울 : 학지사.
윤중훈 외(2008). **경영학원론**. 서울 : 학현사.
이건창(2006). **현대경영의 이해(제3판)**. 서울 : 무역경영사.
이광로 외(2009). **경영학개론**. 서울 : 신영사.
이찬교·김재웅(2005). **교육행정**. 서울: 한국방송통신대학교출판.
이한건(1994). **경영학개론**. 서울 : 형성출판사.
임창희(2002). **경영학**. 서울 : 학현사.
조동성(2007). **21세기를 위한 경영학**. 서울: 서울경제경영.
최운실·권두승·이장익(2005). **평생교육기관 실태조사 연구**. 서울: 한국교육개발원.
최은수·배석영(2008). **평생교육경영론**. 경기: 양서원.
한숭희(2006). **평생학습사회의 교육학**. 서울: 학지사.
홍신의 외(2005). **최신 경영학원론**. 서울: 명경사.

Andrews, K. R.(1987). *The Concept of Corporate Strategy*. IL: Homewood.
Ansoff, H. I.(1988). *New Corporate Strategy*, N.Y.: Wiley.
Apps, J.(1989). *Providers of adult and continuing eduaction: A framwork*. In S. B.
Ayer, A. J.(1982). *Language, Truth and Logic*. New York: Dover.
Barnard, C. I.(1960). *The Function of the Executive*. Cambridge. Mass.
Bass, B. M.(1985). *Organizational Decision Making*. Homewood, IL: Irwin.
__________(1990). *Bass and Stogdill's Hand book of Leadership: Theory, Research and Management Application*, 3rd ed.

Berne, E.(1977). T*ransactional analysis after Eric Berne: Teaching and practices of three TA schools*. New-York: Harper & Row.

Bertalanffy, L. V.(1968). *General Systems Theory*. N.Y.: George Braziller.

Blake, R. R., & Mouton, J. S.(1985). *The Managerial Grid* Ⅲ. Houston, TX: Gulf.

Blau, P. M., & Duncan, O. D.(1967). *The American occupational structure*. New York: John Wiley.

Blau, P. M., & Scott, W. R.(1962). *Formal Organizations: A Comparative Approach*. San Francisco : Chandler.

Brookfield, S. D.(1987). *Developing critical thinkers: Challenging adult to explore alternative ways of thinking and acting*. San Francisco: Jossey-Bass.

_______________(1988). Ethnical dilemmas in evaluating educational programs, in R. G. Brockett(ed.), *Ethicalissues in adult Education*. New-York: Teachers College Press.

Bryman, A.(1992). *Charisma and Leadership in Organizations*. London: Sage.

Burns, J. M.(1978). *Leadership*. N.Y.: Harper & Row.

Cogan, M. L.(1973). *Clinical supervision*. Boston: Houghton-Mifflins.

Cohen, M., March, J., & Olsen, J.(1972). A Garbage Can Modei of Organization Choice. *Administrative Science Quarterly, 17*.

Conger, J. A., & Kanungo, R.(1987). Toward a behavioral theory of charismatic leadership in Organizational setting. *Academy of Management Review, 12*.

Cranton, P.(1989). *Planning instruction for adult learners*. Tronto: Wall & Thompson.

Dave, R. H.(1976). *Foundations of Lifelong Education.* NY: Pergmamon Press.

Downs, Anthony.(1957). *An Economic Theory of Democracy*. Boston, MA: Addison-Wesley Publishing, Inc.

Dror, Y.(1968). *Public Policy-Making Reexamined.* San Francisco, Calif: Chandler Publishing Co.

Drucker, P. F.(1974). Management: *Tasks, responsibilities, practices*. New York: Harper & Row.

Dubin, R.(1956). Industrial Workers World: A Study of the Central Life Interests of Industrial Workers. *Social Problems,* 3(3), 131-142.

Etzioni, A.(1964). *Modern Organization*. Englewood Cliffs. N. J.: Prentice-Hall, Inc.

________(1967). Mixed-Scanning: A Third Approach to Decision-Making. *Public Administration Review, Vol. 27.*

Fayol, H.(1937). *The Administrative theory in the states*. In Luthe Gulick, & Lyndall. Urwick, eds. *Papers on the science of Administration.* New York: Institute of Public Administration.

Fiedler. F. E.(1967). *A Theory of Leadership Effectiveness*. New York: McGraw-Hill.

__________(1971). Validation and Extension of the Contingency Model of Leadership Effectiveness: A Review of Empirical Finding, *Psychological Bullerin, Vol. 131.*

Grabowski, S.(1976). Training teacher of adult: Models and innovative programs. Syracuse, NY: National Association for Public Continuing and Adult Education, and ERIC Cleaninghouse in Career Duction.

Griffiths, D. E.(1956). *Human Relations in School Administration*. N.Y.: Appleton Century-Crofts, Inc.

____________(1959). *Administrative Theory*. New York: Appleton-Century-Crofts. Inc.

Griffiths, F.(1979). *Administration theory in education: Text and reading*. Midland, Mich: Pendell Publishing Co.

Gulick, L., & Urwick, L. (Eds)(1937). *Papers on the science of administration*. New York: Institute of Public Administration, Colombia University.

Gulick, Luther(1898). Psychological Aspects of Muscular Exercise. *Popular Science Monthly, LIII*, (October).

Hall, Richard H.(2008). *Organizations: Structures, Processes, and Outcomes*. 8th Edition. NJ: Prentice Hall..

Halpin, A. W.(1958). The Superintendent's Effectiveness as a Leader. *Administrations Notebook, Vol. 7*, No. 2, Oct., p.2.

Halpin, A. W., & Winer, B. J.(1959). *A Factorial Study of the Leader Behavior Description*, in Ralph M. Stogdill and Alvin E. Coons, ed., op. cit., ; Andrew W. Halpin, *The Leadership Behavior of School Superintendents* (Chicago: Midwest Administration Center of the University of Chicago), p.4.

Hemphill, J. K., & Coons, A. E.(1950). *Leader Behavior Description*. Columbus, Ohio: Personnel Research Board, Ohio State University.

Hersey, P., & Blanchard, K. H.(1993). *Management of Organizational Behavior: Utilizing Human Resource*, 6th ed.(Englewood Cliffs, N. J.: Prentice-Hall).

Hofer C. W., & Schendel, D.(1978), *Strategy formulation: Analytical concepts*, OH: Cengage Learning, Inc.

Holt, D.(1993). *Management*, Prentice-Hall.

House, E. R.(1990). Ethics of Evaluation Studies. Herbett J. Walberg and Geneva D. Haertel, ed. *The International Encyclopedia of Educational Evaluation*. Oxford: Pergamon Press.

House, R. J.(1977). A 1976 Theory of Charismatic Leadership, in J. G. Hunt & L. L. Larson(eds.), *Leadership: The Cutting Edge*(Carbondale, Ⅲ: Southern Illinois University Press.

Hoy, W. K., & Miskel, C. G.(1991). *Educational Adminstration: Theory, Research, Practice*, 4th ed. New York: McGraw-Hill, Inc.

______________________________(1996). *Educational Administration: Theory, Research, Practice* 5th ed. New York: McGraw-Hill, Inc.

Katz, R. L.(1974). Skills An Effective Administrator. *Harvard Business Review, September-October.*

Kauffman, Stuart A.(2008). *Reinventing the Sacred: A New View of Science, Reason, and Religion*. New York: Basic Books.

Knowles, M. S.(1980). *The modern practice of adult education: From pedagogy to andragogy*. New York: Cambridge Books.

Kotler, P.(1982). *Marketing for Nonprofit Organizations*, NJ: Prentice Hall Inc.

_________(1991). *Marketing Management, Analysis, Planning, Implementation and Control*, 7th ed., Englewood Cliffs, N.J.: Prentice-Hall.

Kouzes, J. M., & Posner, B. J.(1987). *The Leadership Challenge: How to get extraordinary things done in organizations*. San Francisco: Jossey-Bass.

Langrand, P.(1970). *Introduction to Life-long Education*. Paris: UNESCO.

Lewin, K.(1942). Field theory and learning. In 41st. year book of N. S. S. E. 2, *The psychology of learning.*

Lewis, P. V.(1975). *Organizational communications: The Essence of Effective Management*. Columbus, OH.: Grid.

Lindblom, C. E.(1965). *The Intelligence of Democracy: Decision Making Through Mutual Adjustment*. New York: The Free Press.

Lippitt, R., & White, R. K.(1958). An Experimental Study of Leadership and Group Life, Eleanor E. Maccohy et al., *Readings in Social Psychology*, 3rd ed.(New York: Holt, Rinehart and Winston Inc).

Long, H. B.(1983). *Adult learning: Resarch and practice*. Cambridge: The Adult Education Company.

Manz, C. C., & Sims, H. P., Jr.(1991). Super leadership: Beyond the myth of heroic eadership. *Organizational Dynamics, 19*, 18-35.

Mellerowicz, K.(1940). *Allgemeine Betriebswirtschaftslehre*, Berlin: Sammlung Göschen.

Merriam, S. B., & Brockett, R. G.(1997). *The Prefession and Practice of Adult Education*. San Francisco: Fossey-Bass Publishers. Miles & Snow

Miles, R. E., & Snow, C. C.(1978). *Organization Strategy, Structure and Process*, New York: McGraw-Hill.

Parsons, Talcott.(1960). *Structure and Process in Modern Societies*. N.Y.: The Free Press.

Plunkett, W. R., & Attner, R. F.(1994). *Introduction to Management.* International Thomson publishing.

Porter, L. W., & Lawler, E. E.(1968). *Managerial Attitudes and Pance* (Homewood 111. : Richard D. Irwn inc.)

Porter, M. E.(1980). *Competitive Strategy: Techniques for Analyzing Industries and Competitors*. Free Press.

__________.(1985). *Competitive Advantage*, Free Press.

Reddin, W. J.(1970). *Managerial Effectiveness*. New York: McGraw-Hill.

Redfield, C. E.(1958). *Communication in management*. University of Chicago Press.

Rowe, A. J., & Boulgarides, J. D. (1992), *Managerial Decision Making*, Macmillan Publishing Company, New York.

Sarvis, P.(1993). *The education of adults and civil society. Adult Education and state*. N.Y.: Routledge.

Schumpeter, Joseph A.(1934). *The Theory of Economic Development: An Inquiry into Profits, Capital, Credit, Interest, and the Business Cycle*. Harvard University Press.

Schwartz, J. J.(1978). *Corporate Strategy*. Prentice-Hall, 9~12.

Shammir, B., House, R. J., & Arthur, M. B.(1993). The motivational effects of charismatic leadership: A self-concept based theory. *Organization Science, 4*, 1-17.

Shannon, C. E., & Weaver, W. W.(1949). *Mathematical of Communication* Urbana, Ⅲ.: The Univ. of Illinois Press, p.98.

Simon, Herbert A.(1976). *Administrative Behavior: A Study of Decision-Making Process in Administrative Organization*. 3rd ed. N.Y.: MacMillan Co.

Stogdill, R. M.(1974). *Handbook of Leadership: A Survey of Theory and Research*. New York: Free Press.

Szilagyi, A. D., & Wallace, M. J.(1990). *Organizational Behavior and Performance*. 5th ed.(New York, N.Y.: Harper Collins), p.407

Taylor, E. W.(1994). Intercultural competency: A transformative learning process. *Adult Education Quarterly, 44*(3), 154-174.

Taylor, F. W.(1911). *The principles of scientific management.* New York: Harper & Brothers.

Weiner, B.(1979). *A Theory of Motivation for some Classroom Experience.* Journal of Educational Psychology.

찾아보기

•인명색인•

저자소개

안병환

영남대학교 교육학 석사(교육사회학 전공)
영남대학교 교육학 박사(교육사회학 전공)
대진대학교 교육대학원 교수 역임
현 중원대학교 대학원 교수, 한국교육포럼회장

가영희

고려대학교 교육학 석사(상담심리 전공)
인하대학교 교육학 박사(교육사회학·교육행정 전공)
고려대학교 교육대학원 겸임교수, 덕성여대, 세종대, 인하대 외래교수 역임
현 대진대학교 초빙교수, 한국교육상담연구원 부원장

임성우

고려대학교 교육학 석사(상담심리학 전공)
숭실대학교 박사 수료(평생교육 전공)
대진대, 숭실대, 평택대 외래교수 역임
현 주식회사 청소년교육상담연구원 대표이사
주식회사 피플앤피플 기획이사
한영고등학교 교사
미국 국무부 산하 STS교육재단 한국지사 대표지사장

조현구

단국대학교 경영학 석사(무역학 전공)
숭실대학교 교육학 박사(평생교육학 · HRD 전공)
현 중원대학교 겸임교수
한국가정평생교육실천협의회 회장
한국평생교육 · HRD연구소 연구교수
숭실대, 가톨릭대, 여주대 외래교수

평생교육경영론

초판 1쇄 발행 / 2018년 2월 25일
초판 2쇄 발행 / 2020년 8월 31일

공저자 / 안병환 · 가영희 · 임성우 · 조현구
발행인 / 이 중 수
발행처 / **동 문 사**

서울특별시 서대문구 홍제원 1길 12
(홍제동 137-8)
Tel: 02)736-3718(대), 736-3710, 3720
Fax: 02)736-3719
등록번호: 제9-17호
가격: 17,000원

ISBN: 978-89-8251-966-6(93370)
E-mail: dong736@naver.com
www.dongmunsa.com